各章末の質問事例

各章末に質問回答の演習用に質問例を10問ずつリストしてある。この質問のなかには意図的に若干の誤りがあるものが含まれている。記憶違い，思いこみなどに基づく問題について探索をする場合も少なくないからである。

それぞれの質問事例末尾に，回答のヒントとなるように，その章で取りあげたレファレンスブックの図書番号が添えてある。しかし，その図書だけで回答が完結するとはかぎらない。それが最初の手がかりを与えるものとはかぎらず，他の手がかりを求めたうえで，解答に到達できる場合もある。

また，レファレンスブック以外の情報源，とくにインターネット情報資源を使えば，より簡便かつ効率的に適切な結果が得られることが多いかもしれない。

要するに，各質問事例は，それぞれの章で紹介したレファレンスブックを実際に使ってみて，レファレンスブックの特徴を理解するのに役立てるための材料であり，その解答結果を得ることが主目的ではない。むしろ探索過程を通じてレファレンスブックの長所・短所を知り，体験的に問題解決の方法を習得することが望ましい。

CD-ROM版，DVD-ROM版，さらにインターネット上の情報資源などが利用できる環境にあるならば，特定の事実検索の簡便性，迅速性において，レファレンスブックの到底およぶところではない。しかし，探索過程と得られた結果の総体を比較する必要もある。つねに，すべての情報源が自由に使えるわけではない。時と場合によって，いずれの探索ツールがどのような種類の問題解決に適しているのか，各種の情報源の特徴を比較し，それぞれの特徴や限界を知るために質問事例を役立てていただきたい。

JN088689

レファレンスブックス

Reference Books

ブックス

選びかた・使いかた

四訂版

長澤雅男　石黒祐子

共著

日本図書館協会

Japanese Reference Books
How to Select and Use

レファレンスブックス ： 選びかた・使いかた ／ 長澤雅男, 石黒祐子共著. － 四訂版. － 東京 ： 日本図書館協会, 2020. － 247p ； 21cm. － ISBN978-4-8204-2001-9

t1. レファレンス ブックス a1. ナガサワ, マサオ a2. イシグロ, ユウコ s1. 参考図書 s2. レファレンスワーク ①015.2

はじめに

　情報メディアの多様化がレファレンスサービスにおける情報源の変化をもたらし，サービスのありかたを根本から変えようとしている。新鮮かつ多様でデジタルな情報を迅速かつ自由に享受できるならば，それでこと足りると思っている利用者にとっては，わざわざ冊子の印刷物を取り出す必要を感じないだろう。

　しかし，日ごろ取りあえず入手できる情報さえあれば，それで間に合っていると考えているひとであっても，確信の持てる情報を詮索しなければならない問題にぶつかることも少なくないはずである。とりわけ図書館で利用者サービスをする立場にあるひとは，利用者から信頼できる情報が求められている場合，依然として冊子体のレファレンスブックなしでは解決の困難な質問事例が少なくないことを経験されているはずである。

　インターネット上では，玉石混交の膨大な情報が発信されているが，往々にしてその発信源が不明であるとか，あいまいであるといった例に遭遇するだろう。そのような場合，利用者の資料・情報要求に応じ，「〈典拠に基づいて〉回答する（refer する）」ことを責務としているレファレンスサービスの担当者は，そうした情報源だけでは不十分ないしは不適切であると感じているはずである。

　多くのデジタル情報は最新の情報を求める際には足りるとしても，他面，重層的で累積的な知識を求めるのにはなじまないところがある。過去にさかのぼって，ある特定の時点に存在していたはずの情報を求めようとしても，すでに消失していたり，探す手がかりが得られなくなったりしていたという経験は珍しくないであろう。

　冊子体の印刷物はいったん発行されると，その時点で情報内容は定着される。もちろん誤った情報が記録されることもあるが，そのことは情報メディアとしての欠点であると同時に，記録されたもの（情報コンテナとしての記録物）が存在するかぎり，時の経過を超えて不易情報とし

て保持されるという利点でもある。こうした観点から，定評のある情報源を比較照合し，より信頼性の高い情報を選ぶ必要がある。

　インターネット情報資源の検索は容易であったとしても，入手した情報の信頼性に欠けるおそれがあるとか，レファレンスブックの項目に見られるような全体的な構成に位置づけられた情報ではなく，往々にして断片的・非体系的で情報のコンテキストを欠くといった欠点もある。そうした場合，検索された情報評価の手段として定評のあるレファレンスブックを参照あるいは比較して確認する必要がある。その際，レファレンスブックの構造的理解を通じて有効な示唆が得られる。

　事実探索のための情報源としてのレファレンスブックについても，昨今の情報ならともかく，時代をさかのぼるにつれてデジタル化されていないものが多く存在し，いざ調べものをしようとするとデジタル情報だけでは足りないことが少なくない。

　レファレンスサービスにおいて，インターネット情報資源の活用は一層推進されなければならないが，その反面，図書館現場でレファレンスブックがないがしろにされるようなことがあってはならない。当面はインターネットかレファレンスブックかの二者択一ではなく，問題解決の場面に臨んで，それぞれの情報源の特性を理解し，その特性を生かす使いかたをすることが肝要である。

　本書は，『情報源としてのレファレンスブックス』新版の構成を基本とし，2012年8月末現在の視点から，インターネット情報資源と印刷物の相互補完的な利用を念頭において，わが国で出版されているレファレンスブックを広く展望し，その種類の面から特徴を理解するのに役立つタイトルを選ぶことに主眼をおいている。『情報源としてのレファレンスブックス』新版と比較し，図書番号つきのレファレンスブックス465点のうち，除去したタイトルは36点，追加したタイトルは47点にすぎないが，説明文中のタイトルの改訂，増補，追録あるいは継続ものの続刊，終刊に伴う解説の書き替え，追加，削除などの大幅な修正を行なっている。

　とくに，各種のレファレンスブックと関連する他のメディア（CD-ROM版，DVD-ROM版，その他のインターネット情報資源）についてもできるだけ言及することにした。したがって，タイトル索引では，冊

子のタイトルだけでなく，できるだけCD-ROM版，DVD-ROM版つきのものについて，さらに関連するデータベースについても合わせて検索できるようにした。この種のメディアを利用できるようにしている図書館が多くなっているから，レファレンスブックのタイトルを介して，他のメディアを使うこともできよう。

　こうした観点から，古典的なレファレンスブックスを含む，各種の特徴的なタイトルを選択して解題，解説を加えているところから，本書の副題を「選びかた・使いかた」とあらためたことを了解され，レファレンスブックスの効用を理解する一助として，本書が広く利用していただけることを望んでいる。

2012年10月26日

長 澤 雅 男・石 黒 祐 子

改訂にあたって

　このたびの改訂では，2020年1月までに変更が確認された点について修正を行なった。図書番号つきのレファレンスブックについては，新しい版に更新したものが11点，版は変わらないが解説に修正を加えたものが98点である。そのほか図書番号のない文中のレファレンスブックにも多数加筆，修正をしている。URLについては，追加5点，修正36点，削除は5点である。

2020年5月1日

石 黒 祐 子

目　次

本書の読みかた

はじめに　iii

挿図目次

第1章

レファレンスブック・データベース
の情報源

1.0
概　説

　本とか雑誌に記録された(定着された)情報はそれなりに典拠がはっきりしているから，間接的であるとか，読み誤るおそれがあるといった問題はあるにしても，比較的信頼できる情報源である。印刷物など，時々刻々変化する情報に呼応して内容を素早く更新できないために新鮮さを欠くというのは，一面では情報源としての欠点ではあるが，他面では，いったん紙面に記録したならば，ある特定の時点における情報を記録物のかたちで定着させることができるという利点でもある。

　そうした情報源としての特質を持つ本や雑誌であるが，利用者が受身の姿勢では何も与えてはくれない。調べようとして働きかけても，使い慣れていなければ，そこから思うように情報が探せないかもしれない。その内容と性格に応じた適切な利用スキルがないと，うまく情報を引き出せないもどかしさがある。こうしたことから，インターネットの利用が普及し，求める情報が一層簡便に得られるようになってくるのにともない，ますます記録物が敬遠されてしまうのも無理からぬことである。

　もちろん図書館だからといって，本や雑誌をはじめとする記録物に固執することはない。利用者自身でインターネット利用ができるようになっているとともに，レファレンスサービスにおいては積極的にインターネット情報資源を活用し，利用者の情報要求に応じる態勢をとる必要があることはいうまでもない。

　とはいえ，現実的には，インターネットを利用すればあらゆる問題が解決できるようになっているわけではない。それで解決できないときは，あきらめてすむということならば，それでよい。しかし，それでは

満足できず，本とか雑誌を使ってでも問題を解決したいとねがう人も少なくないはずである。図書館にやってくる人のなかには，そうした探求心を持った人がいるはずである。役立ちそうな資料を自分で探そうとしたが，思うようにいかなくて，どうすればよいかと利用者から援助を求められた場合，図書館員であるならば適切に対応できるようでなければならない。

そのために，図書館員には，インターネット情報資源の検索技術とともに，図書館資料を利用するための探索スキルが要請される。図書館は，たとえ規模が小さくても，コレクションはかなりの量にのぼり，ネットワーク環境のもとでの情報源は飛躍的に増大する。たまたま手近な心あたりのものですませられればよいが，未知のことを問われ，それに回答しようとして館内外の膨大な数の本や雑誌のなかから役立ちそうなものを選び出して使い，質問者に満足してもらえるだけのサービスをするのは容易なことではない。

基本的な対応としては，どんな本を使えばよいのか決まっていない場合は，まず問われている主題とその主題の何について明らかにすればよいのかを確認したうえで，回答に役立つ情報源あるいは探索ツールとしての本を選ぶことになる。そのような本を選ぶ際には，本の主題と種類の両面が考えられるが，本書では，主題を問わず，多様な問題に対して共通性のある探索を進めることができるよう，種類の面から本を選ぶことを優先したい。

本の種類といってもさまざまな観点から類別できるが，ここでは，まず〈読むための本〉と〈調べるための本〉とに大別する。この後者に属するのがレファレンスブックである。レファレンスブックは一種の濃縮情報源として，それ自体から情報を引き出すことができるとともに，それを介して種々の情報源にアクセスすることのできる検索媒体でもある。つまり，レファレンスブックは調べることを目的として編集された本であり，こうした情報源について理解を深めておくことは，適切な探索方法を駆使するためにも基本的に必要なことである。

しかし，レファレンスブック自体も大変な数にのぼり，書名を覚えるだけでも容易なことではない。実際，仮に覚えたとしても新陳代謝が激

しいために，あまり実効性があるわけではない。むしろ必要に応じて適切なレファレンスブックを選び出すことのできる道具（ツール）を活用することができたほうがよい。そのようなツールを取りあげ，全章の総論的な役割を果たすのが本章である。

したがって，まず「レファレンスブックとその種類」(1.1) において，〈レファレンスブックとは何か〉を明らかにし，それを〈事実解説的なレファレンスブック〉と〈案内指示的なレファレンスブック〉とに大別して，個別の種類を取りあげる。前者に属するのが辞書，事典，便覧，図鑑，年鑑，地図帳などであり，後者に属するのが書誌，目録，索引，抄録などである。

これらのレファレンスブックの各種類については2章以下で取りあげ，それぞれに属する主要なタイトルを紹介することになるので，本章では，レファレンスブックとしての共通性に基づいて，その評価上の着眼点を明らかにする。刊行された本であるからといっても，それが必ずしも信頼に値する情報源であるかどうかは自明ではないから，その点検が必要である。また現物にあたって評価することは，レファレンスブックの内容を理解するのにも役立つ。

したがって，「レファレンスブックの評価」(1.2) においては，その製作面（編著者，出版者，出版年），内容面（範囲，扱いかた，項目の選定，排列，検索手段，収録情報の信憑性），形態面（印刷，挿図類，造本）の諸点を評価上の着眼点として取りあげる。形態面は別として，多くの点においてインターネット上の情報資源を評価する際の着眼点としても共通するところがあるだろう。

問題解決において，それに役立ちそうなレファレンスブックを選ぶのが先決であるが，通常使い慣れているタイトルは別として，さまざまな主題の多様な種類のレファレンスブックのなかから適切なものを選び出すためには，それらをリストし，選ぶのに参考になるよう内容解説を加えて編集された「レファレンスブックのガイド」(1.3) を使うのがよい。

さらに，文献資料を探索するのであれば，「書誌の書誌」(1.4) を使うのがよい。本章では，こうした二次資料としてのレファレンスブックの理解に役立ち，それを選び，利用するための三次資料ともいうべきもの

を中心に取りあげる。

　なお，近年，新しく刊行されるレファレンスブックのみならず，従来冊子であったものも少なからずデジタル化されており，CD-ROM 版，DVD-ROM 版などのほか，データベースとしてインターネット上で利用できるようになっている。これらの情報資源は，今日ではレファレンスサービスにおいて不可欠なものとなっている。

1.1
レファレンスブックとその種類

　ところで，ここにいう〈レファレンスブック〉というのはどのような本であろうか。あらかじめこの〈調べるための本〉について理解しておく必要がある。本は読むためにつくられているといえるが，必ずしも最初から最後まで読み通さなければ利用目的が達せられないわけではない。その一部を参照する目的で利用できるように編集された本もある。それが〈調べるための本〉であり，レファレンスブック（reference book）あるいは参考図書とよばれ，〈読むための本〉と区別される。

　参考図書は学習のための参考書すなわち〈学習参考書〉や，研究・調査のために参考に供した資料という意味の〈参考資料〉と同じく，〈参考〉ということばが用いられるために，しばしばこれらと混同される。もちろん，学習参考書や参考資料が参考図書である場合もあるが，そのすべてが参考図書ではない。したがって，本書では，ことばのうえでの混乱を避けるために，カナ書きの〈レファレンスブック〉を用いることにする。

　レファレンスブックが調べるための本であるならば，そのなかに書かれている特定の記事が容易に参照できるように編集されていなければならない。そのようなレファレンスブックを定義するならば，〈既知の情報を整理して項目見出しのもとにまとめ，それを一定の順序（五十音順，年代順，その他の体系順）に排列することによって，特定の情報が容易に見つけ出せるように編集された知識の本〉であるといえよう。

　この定義にしたがうならば，レファレンスブックであるためには，少なくとも

4

(1) 〈内容面〉既知の情報あるいはデータを収録していること

(2) 〈形式面〉参照しやすいように編集されていること

(3) 〈形態面〉冊子体の本(以下，図書という)であること

という三つの要件を満たしていなければならない。

したがって，〈知識の本〉とはいっても，新しい研究成果を公表した科学論文とか新しい知見を加えて論証した研究論文などは，オリジナルな情報源(一次資料)であり，創造的著作そのものは，ここにいうレファレンスブックとしての要件を欠いている。レファレンスブックの収録内容は，一次資料を何らかのかたちで加工，再編成した記録情報，つまり二次資料である。しかも問題解決のための道具(ツール)として，内容項目が検索しやすいように編集された図書がレファレンスブックである。

もっとも，上記の三つの要件すべてが揃わなくても，レファレンスブックと同じように利用できるものもある。たとえば，資料集，法規集，図譜図録類などに，部分的に要件を満たすものが比較的多く見られる。多くの図書館では，これらをレファレンスブックに準じるものとして，レファレンスコレクションに含めている。

何かをつくろうとするときに，よい道具を選ぶのが大切であるといわれる。それと同じように，情報を求めて問題を解決しようとするときにも，適切なレファレンスブックが選べるかどうかが決定的に重要である。とりわけレファレンスブックはその種類の特性を生かして使えば効果的であるから，問題に応じた適切な種類のレファレンスブックを選ぶために，主題面のみならず種類の面からも絞っていく必要がある。

したがって，どんなレファレンスブックがあるのか，「レファレンスブックの種類」(図1)について展望しておいたほうがよい。レファレンスブックはさまざまに類別できるが，以下ではその特性により，事実解説的なものと，案内指示的なものとに大別したうえで，主な種類を簡単に紹介する。

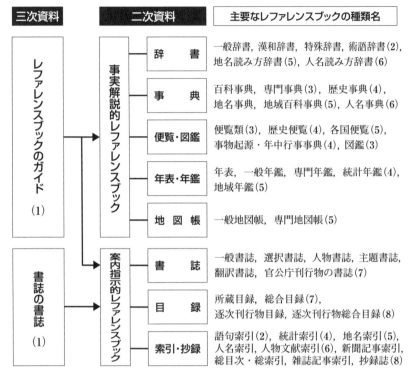

三次資料	二次資料	主要なレファレンスブックの種類名
レファレンスブックのガイド (1)	事実解説的レファレンスブック	**辞書** — 一般辞書, 漢和辞書, 特殊辞書, 術語辞書(2), 地名読み方辞書(5), 人名読み方辞書(6)
		事典 — 百科事典, 専門事典(3), 歴史事典(4), 地名事典, 地域百科事典(5), 人名事典(6)
		便覧・図鑑 — 便覧類(3), 歴史便覧(4), 各国便覧(5), 事物起源・年中行事事典(4), 図鑑(3)
		年表・年鑑 — 年表, 一般年鑑, 専門年鑑, 統計年鑑(4), 地域年鑑(5)
		地図帳 — 一般地図帳, 専門地図帳(5)
書誌の書誌 (1)	案内指示的レファレンスブック	**書誌** — 一般書誌, 選択書誌, 人物書誌, 主題書誌, 翻訳書誌, 官公庁刊行物の書誌(7)
		目録 — 所蔵目録, 総合目録(7), 逐次刊行物目録, 逐次刊行物総合目録(8)
		索引・抄録 — 語句索引(2), 統計索引(4), 地名索引(5), 人名索引, 人物文献索引(6), 新聞記事索引, 総目次・総索引, 雑誌記事索引, 抄録誌(8)

［注］( )内の数字は本書で取りあげている章の番号

図1 レファレンスブックの種類

1.1.1
事実解説的なレファレンスブック

　事実解説的なレファレンスブックからは, それぞれの利用法に即した使いかたをするならば, 必要とする情報そのものを求めることができる。この種のレファレンスブックは, いわば濃縮情報源というべきもので, 辞書, 百科事典, 専門事典, 便覧, 図鑑, 年表, 年鑑, 地図帳, 地名事典, 人名事典などがこれに属している。以下, これらについて簡単に説明する。

a. 辞　書
　単語を見出し語とし, それに解説を加えた項目を一定の順序に排列し

た図書を辞書という。個別の書名に通常〈辞典〉の語が用いられているが，本書ではこの種のものの総称として〈辞書〉を用い，〈字書〉，〈字引〉などを含むものとする。ここにいう辞書は，「図2　辞書の種類」(p.32)に見られるように，主な種類だけでも実に多様である。なお，これらの具体的な種類，タイトルは第2章で取りあげる。

b.　百科事典

本来，辞書はことばをことばに即して解説することを主目的とする〈ことば典〉であったが，今日では関連するさまざまな事柄の説明を加えることによって，〈こと典〉的な性格を加味しているものがしだいに多く出版されるようになってきている。

代表的な〈こと典〉としての百科事典は，あらゆる知識領域にわたることば，事物，事項，人物とその活動，動植物，土地などに関する多面的な解説記事を，できるだけ網羅的かつ包括的にまとめることによって，知識の全分野を総覧できるよう意図して編集されている。しかし，現実にはいろいろな制約があって，どんな大部な百科事典といえども決して森羅万象にわたることがらを記録した万能な情報源とはなりえていない。

各見出し語のもとに，百科事典と同じように多面的な解説を与えているが，主題分野や対象地域を限定した種類の事典がある。前者は主題百科事典，後者は地域百科事典といわれている。この種の百科事典は専門事典との区別があいまいであり，また，専門事典とよぶべきものにも〈百科事典〉という書名がつけられていることもある。

c.　専門事典

主題百科事典のように特定主題を多面的に扱い，くわしい解説を与えている大部な事典から，専門領域の術語を収録し簡潔な解説を加えている用語集まで，広狭さまざまな主題を対象とする多様な性格の事典がある。これらを編集方法によって大別すると，特定の主題に関する用語，事項，人名などの項目を一系排列（五十音順またはABC順）にしているものと，主題にふさわしい体系を立て，それに基づいて大項目のもとで，中項目，小項目，ときとして細項目などを設けて段階的に解説しているものとがある。「図3　事典・便覧の種類」(p.59)は，百科事典その他の事典類を示したものである。

なお，地名項目のみ，あるいは人名項目のみを見出し項目にして事典形式に編集されたものは，それぞれ地名事典あるいは人名事典とよび，本書では，主題専門事典とは別に，第5章および第6章で取りあげる。

d. 便　覧

しばしば事典と混用されるものに便覧がある。とくに，大項目主義で体系的に編集されている場合，書名の与えかたしだいで，事典とよばれたり便覧とよばれたりする。便覧は概して実用性に富み，統計的数値，実例，諸表，図，さし絵などを豊富に用いて特定分野の用語や事項を解説し，体系的に編集されていることが多い。

便覧に相当するハンドブック（handbook）が〈handyな本〉に由来するように，便覧は〈覧（み）る〉のに便利なだけでなく，形態的にも扱いやすく簡便に参照できるように編集されている。これには百科便覧といったものもあるが，特定の主題に関する理論的解説と実用的データを収載したハンディなものが多い。また，その内容は一般的な〈ハウツーもの〉から専門家向きの〈データブック〉まできわめて多様である。そうした多様性を反映してか，具体的な書名には便覧，ハンドブックのほかに，〈要覧〉，〈必携〉，〈ガイドブック〉，〈マニュアル〉，〈データブック〉など，さまざまな呼称が用いられている。

ここにいう便覧は，この種のものの総称であり，書名では便覧と名づけられていても，一方には事典とほとんど区別できないようなものがあり，他方には概説書と何ら変わらないものがある。また，主題分野によっても，異なった性格の便覧がつくられている。しかも，ハンディな1巻ものの便覧が，改訂のたびに多様な内容を盛り込み，大部な複数巻のセットものになることさえある。その結果，便覧とは名のみで，ハンディな形態的特徴を失っているものが少なくない。

したがって，便覧の定義はむずかしい。あえて定義するならば，便覧とは一定の体系にしたがって，実例，諸表，図などを豊富に用いて，比較的実務に役立つように術語や各種の専門事項を解説しているハンディな図書であるといえよう。

そのような便覧は，類別の観点をどう決めるかによって，さまざまな種類に分けられようが，便宜上，一般便覧，専門便覧，歴史便覧および

統計便覧に分けることにする。これらはしばしば改訂されて新版が出されたり，毎年新しい内容を盛り込んで逐次に発行されたりする。

　なお，一般便覧には，〈百科便覧〉，〈～べんり事典〉，〈～ものしり事典〉，〈～宝典〉，〈～情報源〉などの書名のもとに，雑多な知識を小冊子にまとめたものが含まれる。また暦書から由来するアルマナック（almanac）は，今日では年鑑形式で発行される統計便覧の性格が強い。便覧の事例は第3章の「便覧類」(3.3) のほか，第4章の「歴史便覧」(4.2)，第5章の「各国事典・便覧」(5.2) でも紹介する。

e. 図　鑑

　便覧にも図，さし絵を多用したものはあるが，図鑑ほどではない。図鑑はいうまでもなく，写真や図絵を主体にして編集した図書であり，生物や事物の形状，仕組み，色彩などを図解，図示している点に特徴がある。したがって，具体的なかたちあるものについては，くわしい解説を読まなくても，写真や図絵によって視覚的に細部にわたる理解が助けられる。もっとも，絵や写真が入っている絵入り本のすべてが図鑑類として扱われるわけではない。

　ここに図鑑というのは，図の説明に多くの紙数を割いているかどうかは別として，あくまでも図のほうを主体にして解説を加えた図書であり，しかもレファレンスブックの要件を満たすものを念頭においている。したがって，書名に〈図鑑〉という語が用いられているものにかぎらない。図録，図譜，図説，図解，図集など，さらに事典，総覧などとよばれるものも図鑑類に含まれることがある。なお，図鑑の事例は第3章の「図鑑」(3.4) で取りあげる。

f. 年　表

　歴史関係の特徴的なレファレンスブックとして年表がある。年表は年代順（ときには月日順）に関係事項を取りあげて解説し，年代の面から各種のデータを探し出せるように編年体に編集した図書である。歴史の分野で数多くの年表が作られていることはいうまでもないが，その他の分野でも時系列的な問題を取りあげる際に，編年体で編集された結果，年表形式をとることがある。したがって，『理科年表』のように，書名に〈～年表〉とあっても，ここにいう年表ではない。

年表は，その編集の意図から見て，〈読むための年表〉と〈調べるための年表〉とに大別することができる。後者に属する年表のうち，その索引があって，本表中の事項への手がかりを与えている年表がレファレンスブックの要件を満たしているといえよう。なお，各種の年表については第4章の「年表」(4.4) で解説する。

g. 年　鑑

年表は数年から数千年のスパンを対象にしているのに対して，年鑑は主として1年を対象に，毎年1回ずつ継続的に発行される逐次刊行物であるところに特徴がある。

多くの年鑑は年間の推移を明らかにする年誌，年間の概観などとともに，統計，資料，図解などによって当該年間のトピックをはじめとする各種の事項を解説し，名簿，文献，規程，その他便覧的な記事を添えている。ただし，年鑑のすべてがレファレンスブックとしての要件を満たしているわけではない。

レファレンスブックとしての年鑑には，〈年報〉，〈要覧〉，〈便覧〉，〈白書〉，さらに〈年表〉とよばれるものも含まれている。それぞれの内容はおのずからこれらの呼称に反映されているといってよい。

年鑑もさまざまに類別することができる。本書では，便宜上，一般年鑑，専門年鑑，統計年鑑に分け，これらについては，主として第4章の「年鑑」(4.5)，「統計年鑑」(4.6.1) で，さらに第5章の「地域年鑑」(5.4) で解説する。

h. 地図帳

つぎに地理関係のレファレンスブックとして欠かせないのが地図帳である。地図帳（アトラス）はいうまでもなく，各種の地図を編集した図書であり，しばしば付録資料を添えることによって地理便覧的な性格を備えている。編集の素材として選ばれた地図の種類によって，一般地図帳のほかに，たとえば，歴史地図帳，産業地図帳，経済地図帳，交通地図帳など，各種の専門地図帳が編集される。それらがレファレンスブックであるためには，地図上の地名，地域，その他の関係情報が容易に探し出せるように，〈地図（地名）索引〉が添えられていなければならない。

i. 地名事典

地図帳と並んで地理関係の特徴的なレファレンスブックは地名事典である。これは地名を見出し語にして，その読みかた，地理上の位置，人文・自然地理的特徴などを解説し，事典形式に編集したものから，地図（地名）索引に簡単な解説を加えただけのものまで，種類は多様である。なお，地名事典については第5章の「地名事典」(5.7) で取りあげる。

j. 人名事典・名鑑

最後に，人物・人名関係のレファレンスブックを取りあげよう。このうち，特徴的なものとしては，人名事典，名鑑類がある。人名事典は，人名を見出し項目にしているが，地名事典と同じように，事典形式に編集されているところから，事典とよばれる。すなわち人名を見出しのもとに，別名，生没年，略歴，業績などの履歴事項について解説を加えて編集したものである。

一方に，かぎられた数の人物を選び一人ひとりについて長文の伝記的記述をしている〈伝記集成〉あるいは伝記事典と見なされるものがあり，他方に，履歴事項を簡潔に摘記した〈名鑑〉ないし〈ディレクトリ〉がある。これらを両極とし，その中間にさまざまな性格のものが編集されている。ちなみに，団体機関名鑑は人名見出しの代わりに，団体名あるいは機関名を見出しにして名鑑形式に編集したものである。

なお，人名事典，名鑑については，第6章の「一般人名事典・人名鑑」(6.1)，「専門・架空人名事典」(6.2) および「名鑑」(6.3) で取りあげる。

1.1.2
案内指示的なレファレンスブック

案内指示的なレファレンスブックは，情報ないし情報源への案内（ガイド）を主なはたらきとしているところから，このように名づけられている。ここにいう情報ないし情報源を一次情報ないし一次資料とよぶならば，案内指示的なレファレンスブックは典型的な二次資料である。この種のレファレンスブックには，書誌，目録，索引などが属している。

これらによって，書誌情報は別として，求めている情報そのものを入手することができるわけではない。求める情報を記録している図書，雑誌などにはどんなものがあるのか，それはどこにあるのかなど，必要と

される図書とか雑誌に関わる情報とか，その所在についての情報を求めるために利用される。このような道具（ツール）的に利用されるところから，この種の資料はしばしば〈書誌ツール〉ともよばれている。

　なお，書誌ツールが手がかりとして与えてくれるのは書誌データである。ここにいう書誌データは，たとえば，図書の場合には，著者名，書名（タイトル），出版地，出版者名，出版年，ページ数（あるいは冊数）などであり，雑誌記事の場合には，その記事名，執筆者名，収載誌名・巻号，所収ページなどである。

a. 書　誌

　書誌ツールの代表例が書誌（bibliography）である。書誌は，いわゆる文献資料（以下，資料という）を収録対象とし，それらの書誌データを一定の排列方式にしたがってリストしたものである。ここにいう資料は，書誌データによって表わせるものであれば，図書，雑誌，パンフレットなどのほか，それらの一部であってもよい。

　ここにいう書誌は，「図7a　書誌の種類」（p.164）に示すように，列挙書誌であり，一次的書誌と二次的書誌とに大別することができる。一次的書誌は収録資料の出版地，出版年，出版形態などによって制約されることはあるが，包括的かつ網羅的であることを特色とする。これらはまた，一般書誌ともよばれる。

　この種の包括的・網羅的に書誌情報を提供する一次的書誌を利用して，ある一定の基準あるいは観点を設けて，収録資料を選び出してつくることのできる種類の書誌が二次的書誌である。もっとも，しばしば一次的書誌が不備であるために，それだけを利用していたのでは満足な書誌がつくれないことがある。なお，各種の書誌についての解説は主として第7章「図書・叢書の情報源」に譲りたい。

b. 目　録

　書誌が文献リストあるいは文献目録とよばれるように，目録（catalog）と上述の書誌ということばはしばしば混用される。しかし，書誌と区別する意味において目録ということばが使われる場合は，収録されている資料がどこにあるのか，その所在が明らかな資料の書誌データのリストをいう。たとえば，特定の図書館の〈所蔵目録〉とか，複数の図書館の

所蔵資料を対象とする〈総合目録〉などとよばれる場合が本来の意味での目録である。

　目録がつくられた時点では，そこに収録されている資料は実際に存在し，それに基づいて書誌データが記述され，その所在を指示している点に目録の特徴がある。目録が所在指示機能を持つといわれるゆえんである。なお，目録の種類については，第7章の「図7b　目録の種類」（p.166）で紹介する。

c. 索　引

　もう一つ，書誌，目録と混用されるのが索引（index）である。しかし，これらの異同は索引の定義によって明らかにすることができる。すなわち，索引は，特定の資料ないし資料群に含まれている資料ないし情報を容易に見つけ出すことができるように，それらを一定の排列方式にしたがって収録し，その所在を示しているリストである。したがって，索引は書誌や目録と同様に，資料の書誌データを索引対象にしている種類，つまり書誌単位レベルの索引と，その記録内容を索引対象にしている種類つまり記録内容レベルの索引とに大別することができる。

　前者の書誌単位レベルの索引と書誌とは文献リストとしての共通性があり，さらに所在指示機能を持つという面で，書誌単位レベルの索引と目録とに共通性があるところに混同の原因がある。これらの区別は，索引の種類について理解するならば，一層明瞭になる。なお，索引の種類については，第8章の「図8b　索引の種類」（p.191）の解説において改めて取りあげることにする。

　もっとも，慣用的には，図書の所在を確かめるためのリストを目録といい，図書の一部とか雑誌・新聞所収の論文や記事の所在を確かめるためのリストを索引ということが多い。

　なお，書誌単位レベルの索引の具体例は主として第8章で扱うが，第7章の「叢書合集の書誌・細目索引」（7.7）においても紹介する。また記録内容レベルの索引については，第2章の「語句索引」（2.8），「詩歌索引」（2.9）のほか，いくつかの章において言及することになる。

d. 抄　録

抄録は図書，雑誌論文などの原著作（以下，原著論文という）の内容を簡潔かつ客観的に要約したものである。その要約のくわしさによって，指示的抄録と報知的抄録に分けられる。前者は，原著論文の比較的短い要約（サマリー）であって，原著論文の主旨をとらえ，それについて注意を喚起し，抄録を読んだ人が少なくとも原著論文を参照するかどうか判断することができる程度のくわしさのものである。後者は，原著論文の内容を比較的詳細に要約し，研究の目的，対象，方法，結果，結論その他の主要な論点やデータを与え，原著論文を参照しなくても，その内容を把握することができる程度のくわしさのものである。この区別は相対的なものであり，両者を明確に区別することはむずかしい。

また作成者によって抄録が区別されることもある。原著論文の著者自身が作成した抄録を著者抄録といい，著者以外の人によって作成された抄録を第三者抄録あるいは非著者抄録という。著者抄録は原著論文を発表する際に論文に添えて収載されるところから，それが雑誌論文の場合には同誌掲載抄録とよばれることがある。

著者抄録（あるいはそれに修正を加えたもの），第三者抄録などを収録対象として定期的に発行される逐次刊行物が抄録誌である。これは，抄録文のほかに，原著論文を参照するために書誌データが加えられているところから，索引誌としての機能も果たすことができる。

わが国では，抄録誌の発達が思わしくないために適当な事例をあげることはむずかしい。したがって，第8章の「抄録誌」(8.7) のもとでは1例を示すのみである。

1.2
レファレンスブックの評価

上述のように，レファレンスブックの主なものだけでも，その種類は多様である。これらを問題解決のための有効なツールとして役立てるためには，適切なものを選んで，目的にかなった使いかたをしなければならない。したがって，あらかじめレファレンスブックの種類とその特徴を把握しておいて，どんなときに，どんなレファレンスブックを使えば

よいのかについて，自分なりに判断をくだせるだけの基礎知識が必要である。

　一般書とくらべ，レファレンスブックはその書名，目次，序文などによって目的，範囲，利用対象，特徴などを明示していることが多い。これらの諸点が内容面から見て十分達成されているかどうかを検討することはレファレンスブックの評価にあたり，まず必要なことである。そのうえで，これが一定の利用上の見地から評価されることになる。

　いうまでもなく個人の立場からなされる評価と図書館でなされる評価とは異なる。個人の場合は自分でそれを必要とするかどうかで評価が決まってくる。しかし，図書館では，つぎのような種々の目的をもってレファレンスブックの評価が行われる。すなわち，(1) レファレンスコレクションを構成するため，(2) 特定のレファレンスブックの選択・受入れのため，(3) 自館で所蔵するレファレンスブックとか新刊のレファレンスブックの情報的価値を理解するため，利用者にそれを紹介するため，などである。その目的によって評価上の力点もおのずから異なってくるだろうが，評価に際しては，既存のコレクション中の個々の図書の情報的価値と利用者の要求とを十分勘案しなければならない。

　一般に，それぞれのレファレンスブックは，その種類に応じた特性を持っている。したがって，これらを同一の評価基準のもとに評価することは，それぞれの特性を無視することにもなりかねない。なぜならば，レファレンスブックの特性はきわめて多様であり，それぞれのレファレンスブックが意図している目的に即した評価をすることによってはじめて的確に内容を把握することができるからである。

　それにもかかわらず，レファレンスブックとしての要件を満たすという共通性から導かれる評価上の着眼点は，比較的単純に評価をするうえで参考になる。それらはレファレンスブックの製作に関わる要素，その内容に関わる要素および形態に関わる要素の三つに分けられる。

1.2.1
製作に関わる要素

　ここにあげる要素はレファレンスブック自体の評価を直接左右するものではない。しかし，このような着眼点に留意することによって，現物

を評価するための予備的知識を得ることができる。したがって，以下の各事項に関する予備知識を他の資料を参照することによって集めておく必要がある。その際，たとえば編集者の人物，編集経歴などを確かめるためには人名録や各種名簿を，同類のレファレンスブックの有無を確認するためには書誌類を，どんな評価が与えられているかを知るには書評を調べるといった方法がある。

a. 編著者

レファレンスブックの編者または著者は，それが存在することに最も深く関わっている個人あるいは団体である。個人であれば，その経歴・著作・その他の業績などを知ることによって評価の手がかりが求められる。多数の執筆者の原稿を編集したものであれば，執筆者とともに編集者の編集歴その他の業績が評価の目安となる。学会・研究会などの団体名が編者として表示されているレファレンスブックも少なくないが，その場合にも実際に編集を担当した人はだれなのかを確かめるのがよい。

往々にして表面的な権威づけのために，その執筆・編集あるいは翻訳などに直接関係のない著名人の名義をかりて，たとえば監修者，校閲者，監訳者などと表示しているような場合があるから，十分に注意する必要がある。

編著者に関しては，担当項目に付された署名が問題になる。客観性を目指している多くのレファレンスブックにおいて，署名の有無は他の資料ほど大きな意味を持たない。しかし執筆者によって異なる内容となりがちな主題のものについては，署名によって執筆者が明らかにされているならば，評価上の手がかりとなる。一般に署名つきの項目であれば，担当した執筆者の責任が明確になり，編集上の手違いも起こりにくいという利点もある。ただし，単に販売促進を意図し，著名人のネーム・バリューを利用しただけの署名もあるから，編著者名の肩書きと署名表示を鵜呑みにしてはならない。

b. 出版者

レファレンスブックは，他の一般書と同様に，商業出版社，非営利出版者のいずれからも刊行されている。しかし大部なレファレンスブックを刊行することのできる出版者は比較的かぎられている。したがって，

これまでの出版歴や専門領域と照らして，その出版者が扱っているレファレンスブックの専門分野，種類などがふさわしいものであるかどうかを検討するのがよい。

同一出版者が刊行する各種のレファレンスブック（たとえば，百科事典，専門事典，人名事典，書誌索引類など）の項目の比較照合も重複点検に有効である。たとえば，百科事典から特定分野の項目を選んで専門事典がつくられるような場合もある。

従来あまりレファレンスブックを手がけていなかった出版者でも新たにレファレンスブックの出版を企画することがある。このような場合には，不慣れなために概して欠陥が多くなりがちであるから，もっぱら収益を目的とした拙速編集ではないのか，注意深く点検する必要がある。

もちろん，商業出版社といえども，必ずしも営利追究のみを目指しているわけではない。とくに記念出版事業として学術振興に寄与するための出版企画であったり，特定の出版費補助その他の経費支援を受けたりして，レファレンスブックを刊行する場合もある。

他方，大学出版局，政府関係の各種機関，学協会などの非営利出版者が必ずしも営利を目的にせず，商業出版社が手がけないテーマを取りあげることがある。このような場合，信頼のおける編集・出版が期待される反面，販売面に十分な配慮を欠いているために，内容的にはすぐれていても，往々にして編集上の不手際が生じたり，形態面で魅力のないものになったりするおそれがある。

c. 出版年

レファレンスブックはいうまでもなく情報を求めるために使われるツールであるから，正確な情報を記録しているものと期待される。しかし，もともとは正確であった情報も出版後の時の経過とともに誤りが生じてくることがある。そこで，出版年が新しいことは必ずしも内容の新しさを保証するものではないが，その内容も新しかろうと推定され，新しい出版年のものが求められる。その意味で，出版年は図書の内容を検討する一応の目安になるから，いつ出版されたものかを調べておくとよい。

レファレンスブックには大部なセットものが多く，全巻を一挙に出版するのは困難な場合がある。その主題にもよるが，出版の開始年から完

結年までが長期間にわたると，内容的な非整合，陳腐化が生じやすい。したがって，2年以上にわたって出版されるセットものについては初回と最終回の出版年に注目する必要がある。

　出版年は版に応じて与えられる。版表示が改められると，出版年は変わってくる。ただし，内容の改変を伴わない版表示は無視してよい。形態面だけの変更にとどまるもの（たとえば，復刻版，縮刷版，普及版，新装版など）は原版の出版年が目安になる。しばしば刷次（printing）とすべきものに版次（edition）が用いられることもあるが，この場合には，内容の変更がなされないかぎり，同様の扱いをする。要するに，内容の改訂あるいは増補が行われた本来の版表示に対する出版年を採るべきである。

　改訂増補された新版は旧版より新しい情報を含んでいると推定することができる。しかし，このことは必ずしも新版の情報内容が旧版よりもすぐれていることを意味するものではない。旧版でも，その権威を確立しているもの，新版では削除されてしまった情報を収録しているために，依然として有用性を保っているものがあるからである。

　しかし，一般に数次にわたる改訂を経たという実績は，内容がその都度改められ，しかもそれ相応の需要もあったことの証左である。また，改訂はなされていなくても，長期にわたって着実に販売され，増刷や新たに復刻版が出されるようなレファレンスブックについても，同じような権威が認められる。

1.2.2
内容に関わる要素

　レファレンスブックの評価は，それ自体を評価対象としなければならないことはいうまでもない。したがって前項で述べた製作に関わる要素は，内容に関わる要素の評価の目安を与えるものであるにすぎない。つまり評価者はあくまでも評価しようとするレファレンスブックそのものに即し，内容の評価に重点をおいて検討しなければならない。

　レファレンスブックの内容については，全体の構成とその構成部分との両面から評価することができる。全体の構成については一般書と大きく異なる点はない。しかしレファレンスブックは多量の情報を圧縮して

簡潔に記録することを特徴としているために，一定の体系を保っていても，記述が断片的になりがちである。したがって，相互に連絡を欠く長短さまざまな記述項目が全体的調和を保つようにするため，どのように配慮されているかを検討しなければならない。そのためには項目の順序とともに，項目相互間の参照の有無と，その適切さを調べる必要がある。

レファレンスブックの内容をなす構成部分は，一般書と同様に，標題紙，序文，凡例，目次，本文および索引からなっている。このうち，本文の排列によっては，目次あるいは索引は省略されることがある。

評価すべきレファレンスブックについて，これらの構成部分を個別に評価する。すなわち書名，序文，凡例などに表明されている方針ないし意図が，実際に現物にあたって点検した内容に十分反映しているかどうかである。この検討を進めるために，凡例から構成，範囲および利用対象の設定について読み取り，そのことが記述・表現方法とその排列方法にどのように反映しているかを点検しなければならない。

a. 範囲の設定

書名によって表現されている主題が実際に扱われていることは当然であるが，隣接分野とか関連主題がどのように扱われているか，さらに添えられている参考文献や付録の利用によって，どのような付加的情報が得られるかなどを含む主題範囲についてはとくに点検を要する。本文の主題とは関連の薄い余分な付録などはないほうがよい。

一般に広範な主題を扱っているレファレンスブックの場合には大部になりがちであるが，さもなければ詳細さに欠けるきらいがある。このような場合，どの程度細部にわたって注意が行き届いているかについて，類書などと同一項目の比較対照をすると特色がとらえやすい。

主題とともに，地域，時代などの面から範囲を確定することが必要な主題もある。たとえば，『現代日本文学大事典』と題するレファレンスブックがあったとしよう。この場合，書名によってほぼ主題内容について見当をつけることはできる。しかし，関連分野ないし隣接分野としてどの領域（たとえば国語学，哲学，芸術学，社会学など）を対象としているか，日本文学に影響を及ぼした外国文学の扱いはどうか，さらに現代という時代範囲はどのように設定されているか，仮に明治以降とすれ

ば，それ以前の江戸文学について触れられているかどうかなどを点検する。これらの諸点は目次や索引項目を手がかりに本文を点検することによって見定めることができる。なお，範囲について検討する際に，補遺の部分が巻末あるいは別立てで添えられているならば，合わせて点検をする必要がある。

b. 扱いかた

主題の扱いかたが均質であるか，特定の主題あるいは項目が重点的に解説されているかなどがまず問題になる。レファレンスブックにおける解説では，概して執筆者の個性は失われ，平均的な扱いをされていることが多い。しかし主題内容によってしばしば特徴づけが行われる。たとえば，社会科学分野のレファレンスブックでは，特定の分野を重点的に扱い，それが特徴となっていることがある。このような編集上の観点を確かめ，それがどのように記述・表現されているかを検討する。それはどのような利用対象を考慮した扱いかたであるか，適切な表現様式をとっているかどうかである。

同一の主題に関する情報が求められていても，その専門分野に通じた人と，専門外の人とではおのずから要求内容は異なるだろう。専門家であっても，その専門との関わりかたしだいで扱いを異にしたものを求めるはずである。

学術的であるか通俗的であるかについては，評価者の主観的判断基準のみに頼ることはできない。それぞれのレファレンスブックが設定している利用対象に合致した用語を使用し，あるいは適切な解説を施しているかどうかは，対象としている利用者の立場から検討する必要がある。

c. 項目の選定

記述・表現方法に関連して項目の立てかたおよび項目の解説のくわしさが問題となる。大項目主義をとるレファレンスブックは人名，事項名，術語など，それぞれの体系のうちで，それらを包括する相対的に上位の概念にあたることばを項目見出しとして選び，そのもとで小項目を織り込んで解説する方式をとるものであり，小項目主義というのは，逆に最も下位の概念にあたることばを選ぶ方針をとっているものをいう。一般に大項目主義のものは体系的な知識を比較的くわしく読みとるのに適し

ているが，簡潔にすばやく特定の情報（データ）を求めようとする際には不向きである。小項目主義のものはこれと長短逆の特徴を持っているといえよう。さらに，大，中，小項目を織り込んだ折衷方式ともいうべきものもあるが，この方式は必ずしも三者の長所のみを備えているわけではない。

このような意味での大項目とか小項目とかは，必ずしもその項目のもとの記述量の多寡をいうのではない。小項目のもとでも詳細な長文の解説を加えているものもあれば，大項目でも簡潔な解説を与えているものがある。大項目，中項目，小項目のいずれの項目を立てるのが適当であるかは，他の要素と勘案して判断しなければならない。その際，参照の有無およびその程度，排列方法，索引のくわしさなどの諸点との関係が重要であるといえよう。

d. 排列方法

一般に，和文のレファレンスブックでは項目の読みを表わす現代かなづかいの見出し表記によって排列される。しかし出版年が古くても依然として利用されているレファレンスブックにおいては歴史的かなづかいによるものが見られる。

今日では，それらの見出し語は原則として五十音順排列であるが，清音，濁音，半濁音，促音，拗音，長音の扱いかたは必ずしも一様ではない。また，漢字の場合には部首分類，さらには画数順などによる排列方法がある。他方，欧文のものでは見出し語の ABC 順によるものが多い。この場合も必ずしも単純ではない。字順排列か語順排列かによって排列上の差異が生じる。

そのほか主題によっては何らかの体系的分類順，年代順，地域順などにしたがっている場合がある。こうした上位の排列のもとでの下位の排列が五十音順，ABC 順など，いずれであるかも検討する。

どのような排列方式を採るにしても，その内容との関連において適切な排列であるか，さらに必要な情報が容易に検索できるように配慮されているかどうかの点検が大切である。

e. 検索手段

レファレンスブックは容易にしかも素早く目指す情報が探し出せるよ

うに編集されていなければならない。検索の難易は本文の排列方式に大きく左右される。したがって，検索の便を図って，本文中に適宜参照指示を加え，また本文の項目に対してコンテンツリスト，梗概などを添えることによって，解説の体系がとらえやすいよう配慮されているものもある。

とくに注意すべきは，本文と別立ての追補部分がある場合である。索引は統合されているか，別立てか，追補部分の目につきやすさと合わせて点検する必要がある。

いずれにしても，検索を目的として利用されるのは，本文の排列とともに，本文に対する目次，索引であるから，これらの種類，詳細さ，参照の多寡などを本文との関係において点検する。レファレンスブックがいかに豊富な情報を収録していようとも，適切な検索手段が講じられていなければ，その有用性は著しく減殺されるからである。

f. 収録情報の信憑性

レファレンスブックの評価において最も重要な着眼点は，そこに記録されている情報が信頼できる正確な情報であるかどうかである。正確な情報はレファレンスブックの生命である。一般に時間的経過とともに情報が陳腐化する傾向があるために，新鮮な情報が求められるが，情報が新しければ，信頼できるというわけではない。

単に新しい情報を求めるのであれば，インターネット情報資源を利用すればよい。レファレンスブックにおいては，記録されている情報がいつの時点の情報であるか，その時点での情報として信憑性があるかどうかの問題が重要である。

レファレンスブックといえども人間がつくるものであるから，執筆者の記憶違い，誤記遺漏などがありうる。また，製作過程で誤植，脱落などが生じないともかぎらない。その誤りの有無を確認するためには，必要に応じて権威ある一次資料または同類のレファレンスブックとの比較検討がなされなければならない。

既述のように，机上版，新装版，普及版などとして新しく出版されたものであっても，内容の変更を伴わない版表示のものは原版と同一内容とみなしてよい。しかし，改訂版とか増補版といった場合，改訂・増補

の程度は必ずしも自明ではない。したがって，どのような内容の変更がなされたかについて点検する必要がある。

新旧両版の目次・索引の項目見出しの比較対照を行い，新項目，削除項目，変更項目などを調べるのが一つの方法である。とくに旧版が出版されてから新版が出版されるまでの間に生起した変化が，新版にどのように反映されているかを調べるため，変更を要すると考えられる項目（たとえば，新しい事件，統計的データ，特定の人物の没年，新たな知見など）を選んで，両版の項目について記述量・内容を実際に比較することによって異同を点検するとよい。

また編集ものにおいて，分担執筆者の署名があれば，担当の責任が明らかになるから，既述のような点を考慮したうえで，評価の手がかりにすることができる。しかし執筆者の知名度または署名の有無によって，直ちにその内容の良し悪しが評価できるわけではない。さらに引用文献その他の典拠資料が明記されているかどうか。もし明記されているならば，それが権威ある資料であるか，あるいはそれらからの無批判な孫引きではないかなどを詮索する必要がある。

ただし，評価の過程で一部の誤りを発見したからといって，そのレファレンスブック全体の価値を見誤ってはならない。まったく誤りのないレファレンスブックはまれであるといってよい。レファレンスブックがつくられた時点において正しかった情報が時の経過とともに誤ってしまうこともある。

したがって，誤字，誤植その他の欠点があったとしても，その特性と比較考量し，各種のレファレンスブックを使い分けることによって，その欠点を補うような使いかたをするのがよい。つまり，運用の妙を発揮することが肝要である。あらかじめ現物を手にとって評価するのは，運用上のスキルを養うためでもある。

1.2.3
形態に関わる要素

印刷発行された図書は，特定の情報を検索するためのメディアとしては，電子メディアには大きく劣るが，特定の箇所を容易に通覧することができるように記録されている冊子の利点を忘れてはならない。検索の

難易は利用者のスキルに依存するところが大きいが，それは図書の形態にも関わっている。

　以下では，冊子体の図書を念頭において，その形態的側面を印刷，挿図および造本に分け，それぞれの着眼点について述べる。

a. 印　刷

　レファレンスブックは豊富な情報をできるだけコンパクトに収録するために種々の工夫が施されている。その結果，文字が小さく，字間，行間が詰められ，余白が少なくなりがちである。形態的に簡便な利用を図るための必要な措置ではあるとしても，それが極端にすぎると参照しにくくなり，利用上の障害となる。したがって，判型に対する文字のサイズは適当であるか，字間，行間は適当か，見出しはよく目立ち，インデンションの扱いは適当か，刷り上がりは鮮明かなどの諸点について点検する必要がある。

b. 挿図類

　ここでは挿絵，図版，表，図表などを挿図類と総称する。図鑑類をはじめ，レファレンスブックには挿図類を含むものが多い。したがって，レファレンスブックの評価にあたって挿図類の点検は欠かせない。挿図は機能的美的両面においてすぐれていることが望ましいのはいうまでもない。具体的にはつぎのような評価点をあげることができる。(1) 視覚に訴えるほうが適当な内容であるか，(2) 内容が理解しやすく，しかも注意をひくか，(3) 関連項目の記述を的確に補足しているか，(4) 関連記事に近接する位置に挿入されているか，(5) 関連記事の主要な面を強調しているか，(6) 要領を得た説明があるか，などである。

　上記の諸点には挿図の種類，構成，鮮明度，色調などが関係する。たとえば，実物写真，模型図解，写生図のいずれがよいかについては，個々の目的にふさわしいかどうかで判断する。写真は実物を真実に伝えるものといわれるが，その色調によってかなり印象を異にする。また，たとえ鮮明な写真であってもサイズ，アングルなどによっては無意味どころか誤解を招くおそれがある。写生図とか模型図解によって部分的に誇張や大胆なデフォルメを加えたりしたほうが印象を強め，効果的な場合もある。もっとも，そのような場合には適切な解説によって誤解を避ける

ように配慮されているかどうかについても留意する必要がある。その他の挿図についても同様で，単に販売促進上，見栄えをねらって内容とかけ離れた挿図が加えられていないのか，注意を要する。

また挿図数の多さを誇るレファレンスブックも少なくない。しかし，必要とされる挿図の数は扱っている主題によって，また利用対象によっても異なる。たとえば，哲学のような抽象的な解説の場合には挿図は少ないが，動物学とか建築学のように具体的な生物，建築物などを扱う場合には，当然挿図は多くなる。したがって，一概に挿図の多寡を問題にすべきではない。

c. 造　本

造本とは図書の"印刷・製本・装丁，また用紙・材料などの製作技術面に関する設計とその作業"（『広辞苑』）をいうが，印刷，挿図などについてはすでに述べたので，ここでは主として図書の造りの面に焦点をあてることにしよう。

レファレンスブックは，その一部を参照することによって利用目的が果たせる種類の図書であり，一般書と比べて，形態的に大部であり，多くの人びとによって頻繁に利用される。そのために比較的傷みやすい。

したがって，レファレンスブックの形態上の評価に際しては，一般図書にもまして下記の諸点について留意しなければならない。すなわち，(1)造本が堅牢であるか，(2)開閉が容易であるか，(3)ページが繰りやすいか，(4)ノンブルや柱が揃っているか，(5)きれいな化粧裁ちか，(6)チリが等分であるか，(7)のり入れが適当か，(8)背の丸みが整っているか，(9)表紙が立派に貼りあがっているか，(10)背文字が明瞭であるかなどである。

これらの諸点は用紙，クロスなどの材料が良質で製本技術がすぐれていてはじめて満足なものとなる。それは単に保存力があるということだけではなく，造本美をも伴っていることが望ましい。

以上，評価上の着眼点を三つに分けて解説したが，これらに基づく評価結果は絶対的なものではない。既存の類書との比較によって得られる相対的なものである。とくに図書館の場合は，類書と比較した場合，どのような長所，短所があり，それをレファレンスコレクションに加えた

場合，どの程度の情報源を補足することになるかについて，価格その他の諸条件を勘案して検討が加えられる。

1.3
レファレンスブックのガイド

　レファレンスブックは問題解決に役立つように編集された濃縮記録情報源である。したがって，特定の問題を解決しようとする場合，適切なレファレンスブックを選んで使うことができるならば，有用である。

　しかし，具体的な問題に直面したとき，おびただしい数の多種多様なレファレンスブックのなかから，その解決に役立つ適当なタイトルを選び出すのは容易ではない。

　そんな場合に役立つのが〈レファレンスブックのガイド〉である。これは個々のレファレンスブックの書誌データ（書名，編著者，出版者，出版年，ページなど）を収録対象とし，その内容解説（解題）を加えてリストしたものである。すなわち，どんな種類の，どんな内容の，どんな使いかたのできるレファレンスブックがあるのかを知り，必要に応じて，適切な種類のレファレンスブックを選び出す際に手がかりを与えてくれる案内書ないし手引き書というべきものである。

　この種のガイドには，分野を限定しない一般的なもののほか，特定の分野のものもある。以下には，一般的なガイドの代表例を紹介するにとどめるが，これらを利用するならば，特定分野のガイドを探すことは比較的容易である。

日本の参考図書 第4版　同編集委員会　日本図書館協会　2002　1081p　　*101*
　わが国で1996年末までに出版されたレファレンスブック（その後の若干のものを含む）7033点を NDC に準じて分類し，できるだけ主題見出しを設け，あるいはレファレンスブックの種類によって細分排列し，解説を付している。書誌データのほか，ISBN，定価を付記したものもある。巻末に書名索引と事項索引がある。なお，旧版にあったものをすべて収録しているわけではないから，同「解説総覧」（1980）を補完的に利用する必要がある。追録誌として同「四季版」があるほか，「四季版」（137－182号）と第4版とを収録した「日本の参考図書 Web 版」がある。なお，国立国会図書館のサイトに「参考図書紹介」があり，キーワード，NDC，書誌事項，紹介文などの項目から検索すると，国立国会図書館で受け入れた参考図書を解題つきで見

つけることができる。

年刊参考図書解説目録 1990-2002　日外アソシエーツ編集部　日外アソシエーツ　1994-2003 **102**

　わが国で刊行されたレファレンスブック（児童向けを含む）を対象とする年刊の解説つき書誌。表示年と同年に刊行されたレファレンスブックをNDCに準じて排列し，その種類名を小見出しを立てて収録している。記載事項は書名，編著者名，出版者名，出版年月，ページ数，大きさ，価格などからなり，それに目次の抜粋あるいは内容の要約を添えている。書名，著編者名，事項名の各索引がある。2003年以降は年刊ではなく，2003-2007（2008），2008-2010（2011），2011-2013（2014），2014-2016（2017），2017-2019（2020），2020-2022（2023）の累積版が『参考図書解説目録』として出版されている。CD-ROM版「CD-キーワードで引く参考図書　2.4万冊」は『年刊参考図書解説目録』の1990年から2000年までのデータを累積したもの。

調査研究参考図書目録 改訂新版　図書館流通センター　2002　2冊 **103**

　1987年から2002年6月までに，わが国で出版されたレファレンスブック約2万3000点をNDCに準じて分類排列している。上巻には総記から技術・工学まで，下巻には産業から文学までの分野のレファレンスブックを収録し，児童図書編を添えている。解説は選択的で，主要なレファレンスブックには☆印を付している。下巻末に件名，書名，著編者名の各索引がある。なお，1983年から98年6月までの出版物を対象にしている旧版も合わせて利用したほうがよい。

全情報シリーズ 日外アソシエーツ　1990- **104**

　各種のレファレンスブックを紹介するシリーズ名とその収録期間を示す。主として，第2，3章で扱う『辞書・事典全情報』は「45/89」(1990)，「90/97」(1999)，「1998-2005」(2006)，「2006-2013」(2013)，第3，4章で扱う『便覧図鑑年表全情報』は「45/89」(1991)，「90/99」(2001)，「2000-2010」(2010)，第4章で扱う『年鑑・白書全情報』は「45/89」(1991)，「1990-2002」(2003)，2003-2012 (2013)，第5章で扱う『紀行・案内記全情報』は海外編「45/91」(1992)，日本編「45/91」(1993)，「1992-96」(1997)，「1997-2001」(2002)，「2002-2007」(2008)，第6章で扱う『名簿・名鑑全情報』は「45/89」(1991)，「1990-2004」(2005) がある。同じく第6章で扱う『伝記・評伝全情報』は「45/89」(1991) に始まり，西洋編，日本・東洋編の2編に分けて追録が出されている。最新版は「2019-2022」(2023)。

　欧文の主要なレファレンスブックについては拙著『情報と文献の探索』（第3版8刷　丸善　2000）で紹介している。とくに著名なレファレンス・ガイドとしては，*Guide to Reference Books* (11th ed. Robert

Balay. Chicago, American Library Association, 1996), *Walford's Guide to Reference Material* (8th ed. Marilyn Mullay and others. London, Library Association, 1999-2001. 3vols.), *The New Walford: Guide to Reference Resources* (Ray Lester. London, Facet Pub., 2005-2008. 2 vols.) がある。

1.4
書誌の書誌

　レファレンスブックのガイドは，書誌，索引，目録などの案内指示的なレファレンスブックも主要な独立刊行物であれば収録している。しかし，それらを主な収録対象にしているわけではないから，当然収録漏れは生じるだろう。したがって，案内指示的なレファレンスブックについて調べようとするときには，それらを主たる収録対象としている〈書誌の書誌〉を使ったほうがよい。

　ここにいう書誌の書誌は，書誌，索引，目録などの書誌類すなわち文献リスト類をさらにリスト化したものであるから，資料を探すためのツール(道具)類を探すためのツールということができる。以下には，一般的な書誌の書誌を紹介するにとどめるが，これらによって専門的な書誌類を探す手がかりが得られることはいうまでもない。

日本書誌の書誌　天野敬太郎　巌南堂　1973-81　　　　　　　　**105**
　独立刊行の書誌のほか，図書や雑誌の一部に掲載された書誌を収録する。第1巻「総載編」は「維新前の部」と「維新後の部」からなり，1965年までに印刷発行された一般書誌，約6500点を収録している。第2巻は「主題編Ⅰ」(図書・図書館学，哲学，心理，宗教，歴史，地理)で，明治元年から1965年までに発行されたもの，第3巻は「主題編Ⅱ」(芸術，語学，文学)，第4巻は「人物編Ⅰ」(芸術，語学，文学)で，それぞれ明治以降1970年までの出版物を収録対象とする。第5巻は明治期から1967年を収録対象とする「主題編Ⅲ」(社会科学分野，自然科学・工学・産業)と「人物編Ⅱ」(1934-1967を対象)からなる。第3巻，第4巻は日外アソシエーツ(1984)，第5巻は金沢文圃閣(2006)から刊行。

書誌年鑑　'82-　中西 裕，深井人詩　日外アソシエーツ　1982-　　　**106**
　人文・社会科学・生活科学分野を主な対象とし，図書とその一部，あるいは雑誌

に収載された書誌類を収録した書誌。2019年版は主として2018年1月から12月に国内で発表された書誌を収録し、書誌目録と書誌解説の2編構成。いずれの編も排列はキーワードの五十音順。2018年版以降の編者は有木太一。

　『日本書誌の書誌』(*105*)と『書誌年鑑』(*106*)とのあいだの収録期間のギャップを埋めるものとして、1966年から80年までの主題書誌を収録する深井人詩編『主題書誌索引』(日外アソシエーツ　1981)、1966年から77年までの人物書誌を収録する同編者の『人物書誌索引』(日外アソシエーツ　1979)がある。なお、前者には「81/91」(1994)、後者には「78/91」(1994)、その後それぞれに「1992－2000」(2003)、「2001－2007」(2009)、「2008－2014」(2016)、「2015－2021」(2023)の追録がある。「2001－2007」以降、中西裕編。「2015－2021」は有木太一、中西裕共編。

日本書誌総覧　日外アソシエーツ　2004　15,881p　　　　　　　　*107*
　1945年から2003年までに図書として刊行された各種の書誌、目録、記事索引など2万4772点を収録した書誌の書誌。書名、巻次、著者名、出版者、刊行年、ページ等の記述からなり、解説、価格も付している。書誌類を分野別に一覧できる人名・事項別索引つき。

1.5
データベースのディレクトリ

　かつてはオンラインで提供されるデータベースのディレクトリとして『データベース台帳総覧』、CD-ROMについては『世界CD-ROM総覧』が発行されていたが、いずれも2005年、2001年を最後に刊行されていない。

　データベースを紹介するツールとしては、国立国会図書館ホームページの「調べ方案内」に「リサーチ・ナビ」(https://rnavi.ndl.go.jp/jp/)があり、テーマごとに参考資料、関係Webサイトを紹介するとともに、主として国内において無料で公開されているデータベースへ案内をしている。

第**1**章の 質問事例

1－1　1987年から2001年末までに出版された薬用植物関係の辞典，図鑑，便覧類を探したい。これらを多数リストしている本はないか。　(*102*)

1－2　比較的近年に発行された英語の語源辞典にはどんなものがあるか。その書名，出版年とともに，内容解説をしている本が見たい。　(*102*)

1－3　白黒図版しか収載していないようだが，4冊セットの『日本史図録』は，いつ，どこから出版された，どんな内容の本か。　(*101*)

1－4　2000年4月から翌年の3月までに発行された食品・栄養関係の辞典，ハンドブック類の内容解説をしている本はないか。　(*102*)

1－5　19世紀から英国で改訂を重ねてきた故事成語辞典で，日本でも1990年代に翻訳された本とは何か。書名に編者名がついているようだ。　(*102*)

1－6　昭和40年代に，どこかの林業試験場で編集された赤松関係の文献目録には，黒松関係の文献は収録していないのか。　(*101*)

1－7　こけしに関するレファレンスブックには，どんなものがあるか。主なものの書名および簡単な内容解説をしている本がないか。　(*101*)

1－8　藤沢周平著作年譜が何かの本に収載されていたらしいが，その本というのは何という書名で，いつ出版されたのか。　(*106*)

1－9　スポーツ医学関係のトレーニングマニュアルが90年代半ばに刊行されたようだが，それはどんな内容で，どこから出版されたか。　(*101*)

1－10　日本で第二次大戦あるいはそれ以前に，どんな本が発売禁止処分になったかを調べるのに役立つ文献リストはないか。　(*105*)

第2章

言語・文字
の情報源

2.0
概　説

　ことばあるいは文字に関する情報要求は日常頻出する。ことば自体について疑問が生じるだけでなく、ことばはさまざまな問題解決のための手がかりとして用いられるからである。とりわけ、キーワード検索において、キーワードとしてのことばの役割は重要である。

　ことばとか文字について情報を求めるためのレファレンスブックとしては辞書が役立つことはいうまでもない。こうした辞書は近年急速に電子化されている。辞書の CD-ROM 版が増え、検索エンジンのポータルサイトに各種の辞書があり、多機能でコンパクトな電子辞書が手っ取り早く利用できる。これらの電子メディアを使う際には、検索画面に確かめたいことばや文字(仮に読めなくても)を一部(前方・後方一致など)でも入力すれば、容易かつ迅速に結果が得られることが多いから、かさばる冊子の辞書が敬遠されるのも当然であろう。

　とはいえ、網羅性、正確性の面でその結果がつねに信頼できるわけではない。とくにインターネット上では多様な辞書が存在し、辞書のリンク集、そのリンク集のリンク集があって、思いがけないことば、文字について知る手がかりを得ることができる。しかし、それを利用するかどうかは自分の判断に任されていることが多い。

　その意味で、ベースとなっている冊子の辞書の種類、語彙数、その他の特色を知っていることが適切な利用評価に役立つはずである。また電子メディアが使えなかったり、それでは不十分であると思われたりするとき、冊子の辞書が決め手になることが多い。したがって、これらの電子メディアと冊子の辞書とをうまく組み合わせて使うならば、より効率

的に信頼できる結果を得ることができよう。そのためにも，検索方法だけでなく，あらかじめ冊子の辞書の特徴について理解しておくことも必要である。

　ひとくちに辞書といってもいろいろな種類がある。本章では言語辞書を中心に取りあげるが，辞書としての共通性があるとともに，種類ごとにも個別の特性がある。

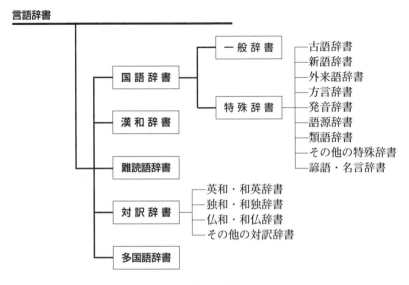

図2　辞書の種類

　「辞書の種類」（図2）は，まず見出し語およびその解説に用いられている言語の数によって大別したうえで，各種類を列挙したものである。すなわち，見出し語を同じ国語で解説している一か国語辞書（以下，国語辞書という），見出し語を異なる国語で解説している二か国語辞書（以下，対訳辞書という），さらに見出し語を，それと異なるふたつ以上の対応する国語で解説している多国語辞書（ポリグロット）に分けている。

　国語辞書は，見出し語の種類によって大別することができる。その一方は，現在通用の普通語（一般語）を広く収録している辞書すなわち「一般辞書」（2.1）であり，他方は，語彙の種類（たとえば，外来語，方言な

ど)を選んで解説した辞書，あるいはことばの特定の側面(たとえば，発音，語源など)を解説した辞書すなわち「特殊辞書」(2.5) である。

　日本語の場合，漢字や漢語の読みかたを示し，その意味を解説した「漢和辞書」(2.2) は欠かせない。もっとも，漢字だからといって，その読みかたがすべて漢和辞書によって解決できるわけではない。しばしば難読の漢字，漢語を集めて読みその他の解説を加えた「難読語・当て字辞書」(2.3) を必要とする。これも特殊辞書の一種であるが，本章では漢和辞書と隣接する位置に1節を設けている。

　さらに，今日では，外国語の辞書が多数刊行されている。このうち，ある原語に対応する訳語を別の国語で示す形式の対訳辞書は広く使われているが，本章では日本語から外国語を，外国語から日本語を知るための「対訳辞書」(2.4) を例示的に取りあげる。

　以上のほかにも種々雑多な種類の辞書がつくられている。したがって，解決したい問題を前にして，どんな種類のいずれの辞書を使えばよいか，目的に応じた適切な種類のものを選ぶ必要がある。もっとも，つねに最適な辞書が使えるわけではないから，必要に応じて次善のものでも活かして使えるようでなければならない。

　そのためには，第1章で紹介した「レファレンスブックのガイド」(1.3) を使い，各種の辞書への手がかりを求めるのがよい。たとえば，『日本の参考図書』(*101*) の「言語」の章をはじめ，日外アソシエーツ刊『辞書・事典全情報』(*104*) からも多数拾い出すことができる。

　もちろん，ことばの問題であっても，辞書の利用に固執することはない。ちょうどよい辞書がない場合には，百科事典や各種専門事典を使って解説が得られることもある。すなわち，それがどういう関係のことばか分からないときには，百科事典の索引を手がかりにするのも一つの方法である。それが特定の分野の専門用語であることが分かっているならば，その専門事典ないし「術語辞書」(2.6) を利用したほうがよいかもしれない。

　しかし，百科事典や専門事典は本来ことがらについて解説する〈こと典〉であって，語義の解説を求めるには必ずしも適当ではない。ことばについてことばに即した解説を求めるには〈ことば典〉としての辞書が

適している。したがって，百科事典や専門事典は第3章であらためて紹介し，本章では言語辞書を中心に取りあげたい。

　もっとも，上述のように辞書にもさまざまな種類があり，国語辞書といわれるものが近年〈こと典〉的な性格を強めている。そうしたこともあって，言語辞書と各種の事典とを明確に区別することが困難になってきている。両者が広義の辞書に含まれるゆえんである。

　なお，ことばが手がかりとなるところから，ことわざ，名句，引用句などを収録している「諺語・名句辞書」(2.7)，さらに索引の一種と考えられる「語句索引」(2.8)，「詩歌索引」(2.9) も，特定の作品中に用いられている語句を対象にしたものであるから，本章において取りあげることにする。

2.1
一般辞書

　辞書は冊子でなくても，電子辞書その他に収載され，またCD-ROM版やDVD-ROM版として，検索エンジンのポータルサイトとして，あるいは各種のデータベースとして簡便に利用できるものが多くなってきた。これらの検索しやすさは到底図書のおよぶところではない。近年，大型辞書も電子化されるようになってきたが，有料であるものも多く，ことばについて詳細に調べるとなると，冊子のものに対する依存度は依然として高い。

　国語辞書は特定の種類のことばに限定せず，さまざまなことばを収載対象にしているので，語数の多寡だけでなく，語彙の種類にも注目すべきである。手ごろな中型ないし小型の辞書にもそれなりの特色があることを念頭において，その特色を生かすような使いかたをするのがよい。

　辞書は図2に示すように一般通用の普通語を収録した一般辞書と，語彙の種類，解説などが特定的な特殊辞書とに大別することができる。前者は，ことばの種類を問わず，一定の順序にしたがって多様な見出し語を排列して解説を加えているから，冊子の辞書であっても求めることば(文字)の読みかたさえ分かれば，その解説への手がかりは簡単に得られる。本節では，一般辞書の見出しのもとで，冊子の大型普通語辞書を中

心に紹介し，各種の特殊辞書は後述(2.5)する。

広辞苑 第7版　新村 出　岩波書店　2018　2冊　　　　　　　　　　　*201*
　漢語，外来語，俗語，方言，隠語，慣用句，ことわざなどの国語項目のほか，あらゆる分野の事項，人名，地名，書名など広範にわたる固有名詞を表音式かなづかいの五十音順に排列した〈こと典〉的辞書。付録『漢字小辞典』，『アルファベット略語一覧』とあわせて約25万項目を収録。語釈がいくつかあるときは語源に近いものからあげ，専門用語には分類略語を示し，漢語やことわざにはしばしば漢籍の出典を添えている。机上版第7版2冊と付録(2018)のほか，DVD-ROM 版，ダウンロード版や見出しのかな表記を逆から読んだ場合の五十音順排列をした『逆引き広辞苑』(第5版対応　1999) もある。

大辞泉 第2版　小学館　2012　2冊　　　　　　　　　　　　　　*202*
　横3段組みの2巻ものの〈こと典的〉な国語辞書。百科項目，略号，カタカナ語，ことわざ慣用句，難読語など，多岐にわたる分野を幅広くカバーする25万項目からなる。付属の DVD-ROM には，本文，画像，地図データが収録され，五十音検索，ジャンル検索，見出しの前方一致，部分一致検索のほか，本文を対象とした全文検索が可能。2013年から2015年まで年一度のデータ更新が行われ，最終的には27万8400項目，画像1万2750点となった。2021年 DVD-ROM は再更新，30万4000項目を収録。年2回更新される「デジタル大辞泉」は2023年11月現在，30万9353語を収録し (https://daijisen.jp/digital/index.html)，有料のオンライン辞書・事典検索サイト「ジャパンナレッジ」(https://japanknowledge.com) や無料辞書サイトの「コトバンク」(https://kotobank.jp)，「goo 辞書」(https://dictionary.goo.ne.jp)，「Weblio」等に搭載されている。

大辞林 第4版　松村 明 等　三省堂　2019　20, 70, 2969, 45, 16, 72, 4p　*203*
　現代語の記述に重点をおき，古語，専門用語，固有名詞，百科項目なども含む約25万1000項目を収録し，約2600の図版，約120の図表を挿入した〈こと典〉的辞書。現代語としての一般的語義を優先的に解説し，順次，特殊な意味，用法を記している。国語項目では用例を重視し，語の変遷について語源，語誌，用法などを注記している。さらに，熟語として頻繁に用いられる漢字約3200を選び，その意味，熟語例を示している。第3版は購入者限定ではあるが，「三省堂デュアル・ディクショナリー」からオンラインで利用できる。そのほか『漢字引き・逆引き大辞林』(1997) もある。

日本国語大辞典 第2版　同編集委員会　小学館　2000-2002　13冊と別巻　*204*
　約50万項目を収録するといわれた初版 (1972-76) に，用例等を増補した大部な〈こと典〉的辞書。普通語，古語，外来語，方言，俗語，隠語，慣用句，ことわざのほかに，地名，人名，動植物名，その他の事項名を含む。かな見出しのもとに，

それに相当する漢字表記，品詞の表示，意味の解説，用例，典拠，語源，発音など
を適宜添え，挿図も加えている。別巻は漢字索引と方言索引。「ジャパンナレッジ」
にも収録され，オンラインで利用できる。「精選版」（3冊 2006）は「コトバンク」
にも収録されている。

　これらのほかに，古語から現代語までの約14万語以上を収録した『新
潮国語辞典　現代語・古語』（第2版　山田俊雄 等　新潮社　1995）も
充実した辞書である。これを基礎にして明治以来のことば約7万9000語
を選んで解説した『新潮現代国語辞典』（第2版　2000）もある。百科事
典的な性格の強い『大辞典』（平凡社　1953-54　13冊，復刻版は1994
26冊）も刊行当時の時代性を反映し依然として利用価値を保っている。
　さらに，7万7000語を収録した用例の多い『新明解国語辞典』（第8版
三省堂　山田忠雄 等　2020）のほか，『岩波国語辞典』（第8版　西尾 実
等　2019），多くの新語，新義語を収録する『三省堂現代新国語辞典』（第
7版　小野正弘 等　2024）など，それぞれに小型ながら特色のある辞書
として定評がある。

2.2
漢和辞書

　わが国は古くから大陸文化の影響を強く受け，漢語を日本語とし，漢
字を日本の文字として用いてきた。したがって，ことばに関する情報要
求のうちには，漢和辞書によらなければ解決できないものが少なくな
い。むかしから，〈字引き〉とよばれる漢和辞書が数多くつくられてき
たのもそのためである。以下には，今日広く使われている大部な漢和辞
書を中心に紹介する。

講談社新大字典 上田万年 等　講談社　1993　174, 2776, 94p　　　　　***205***
　国字化した文字を豊富に収載し，難読の地名，姓名なども見出しにしていること，
篆書のかたちにまでさかのぼって字源を明らかにし，音については漢音，呉音，唐
音のほか，日本古来の慣用音を採用していること，同音異義欄を設けて解説してい
ることなどの点で特色がある。『大字典』（栄田猛猪 等　1917年初版）を大幅に改訂し
たもの。親字については常用漢字新字体を収録し，異体字等4000字を補充し，親字
数を2万1000字とし，熟語も11万語を採録している。巻頭に音訓索引があり，巻末

に総画索引がある。

字通　白川　静　平凡社　1996　2094p　　　　　　　　*206*

　漢字の成り立ち，意味の展開を知るのに便利。親字をその字音によって五十音順
に排列。巻頭に字音索引，字訓索引，巻末に部首索引，総画索引，四角号碼索引が
ある。漢字の構造を通じて字の初形と初義を明らかにする字源の字書『新訂字統』
（2004），漢字の訓義をその定着過程を通じて明らかにする『字訓』（1987）と合わせ
て三部作をなす。『字訓』新訂版（2005）では現代かなづかいが見出しに付記され，
索引にも立項される。なお，『字通』には CD-ROM 版（2003），普及版（2014）がある。

大漢語林　鎌田　正，米山寅太郎　大修館　1992　94, 1805p　　　*207*

　親字1万4000字を収載し，豊富な語例，用例を採用した漢和辞書。JIS 漢字はす
べて収録し，常用漢字表で認められた漢字は色刷りで示している。巻頭に音訓索引，
巻末に総画索引，付録に〈故事成語名言分類索引〉のほか，中国学芸年表，中国歴
史地図などがある。さらに，別冊の『大漢語林語彙総覧』（1993）には五十音順の〈語
彙索引〉と〈四角号碼索引〉がある。

大漢和辞典　修訂第2版　諸橋轍次　大修館　1989－90　13冊および別巻2冊

　　　　　　　　　　　　　　　　　　　　　　　　　　　　　　　208

　正字のほか，略字，俗字，国字など親字は約5万。熟語，故事名言，格言などの
ほか，人名，地名，動植物名，書名，事件名など熟語は約50万。さまざまな事物事
項名などを合わせて収録する最も大部な漢和辞書で，漢字を見出しとする百科事典
といってよいほど包括的である。解説には用例，出典のほか，しばしば挿絵を加え
ている。第13巻は総画索引，字音索引，字訓索引などからなる。同 USB 版（2018）。
2021年「ジャパンナレッジ Lib」にも収録された。なお，別巻として「語彙索引」（修
訂第2版　1990）および「補巻」（2000）の2冊がある。『広漢和辞典』（1981－82　4
冊）は，この初版を基礎にして，親字約2万字，熟語12万語を選び，新たに百科項目，
国字，俗字，中国簡化字なども加えたものである。

2.3
難読語・当て字辞書

　一般の国語辞書では，見出し語の読みで排列されているから，読みか
たが分からないことばを確かめようとする場合には手がかりが得られな
い。他方，漢字で書かれているならば，漢和辞書が使えそうだが，それ
にも載らないような特殊な，あるいは珍しい読みが与えられることばが
ある。そのようなことばを難読語という。とくに，わが国の地名や人名

にこの種の難読語が多く見られる。地名，人名については，それぞれ第5章，第6章で扱うことにし，ここでは，それらに限定されない各種の難読語を集めた辞書を取りあげる。

当て字・当て読み漢字表現辞典 笹原宏之　三省堂　2010　901p　　　***209***

　和語・漢語はひらがな，外国語はカタカナ見出しの約1万1000を五十音順排列し，原則として現代かなづかいによる一般的な口語形で示し，用例，出典を付している。巻末に「当て字・当て読み概説」がある。

宛字外来語辞典 同編集委員会　柏書房　1979　310, 70p　　　***210***

　主として幕末・明治期の外来語のうち，地名，人名などの固有の名称を漢字で表わしたものと，和語で宛字が用いられていることば，さらに外来の原語に対応してつくられた同じ概念の造語や訳語などの見出し語を首字の画数順に排列し，読み，原語，別表記，解説，出典などを添えている。「一般件名・人名」と「地名」との2部のほかに，これらを補足する「参考資料」と「音訓索引」がある。同新装版(1997)。

難訓辞典 中山泰昌　東京堂出版　1956　579p　　　***211***

　難読語のほかに，漢字の音・訓のみでは読みにくいもの，一般に読み誤りやすいものを収録し，その正しい読みかたと意味を解説している。第1部は一般語，第2部は姓名，地名からなる。地名には，網羅性はないが，県・国・郡名，山川湖沼名，古地名を含む。付録には，数を添えてよばれる名数の一覧表「名数録」がある。

日本難訓難語大辞典 同編集委員会　遊子館　2007　395, 20p　　　***212***

　通常の読み方では国語辞書で引きにくい慣用語や日本独自の訓読みのため漢和辞書でも引くことが困難な用語，さまざまな当て字，古文書などの歴史資料の難訓難語約1万6000項目を採録。頭字部首別総画索引がある。

2.4
対訳辞書

　特定の言語の単語について，対応する他の言語で語義，用法などを解説した辞書が対訳辞書(双解辞書)である。ここでは英語，ドイツ語，フランス語などのことばを調べることのできる英和・独和・仏和辞書および日本語を手がかりにして英語・ドイツ語・フランス語を知るために役立つ和英・和独・和仏辞書を取りあげる。

英和・和英辞書

オックスフォード・カラー英和大辞典 福武書店 1982 8冊 **213**
　Concise Oxford Dictionary を基礎にして語彙を選び，挿図を多用して〈こと典〉的性格を備えた *New Oxford Illustrated Dictionary*（1976）を原典として編集した学習者向きの辞書。訳語の後に英語の相当語句を添え，カラー写真，図解など，約4000点の挿図によって解説を補足している。第8巻末に〈図版和英索引〉，〈部分名称英語索引〉がある。

研究社新英和大辞典 第6版 竹林 滋 等 研究社 2002 2886p **214**
　初版（1927）は *Concise Oxford Dictionary* の翻訳を基礎にして編集された歴史を持つ。その後，改訂増補を重ねながらわが国の標準的な辞書に成長し，約26万語を収録している。普通語のほかに百科項目を増強し，専門語，固有名詞，ラテン語その他の常用される外来語も多数含む。〈語法〉，〈類義語〉欄などがある。同CD-ROM版，オンライン版「Kenkyusha Online Dictionary」（会員制）。

研究社新和英大辞典 第5版 渡辺敏郎 等 研究社 2003 2827p **215**
　旧版を一新し，単語，熟語，成句，学術用語，動植鉱物名，さらに固有名詞，接頭語，接続語など約13万をかな見出し（漢語表記を付す）の五十音順に排列し，対応する英訳語を与えている。複合語約10万，用例25万といわれる。巻末に，和英対照日本国憲法，日本史年表，世界史年表，日本官公庁一覧などがある。同CD-ROM版，オンライン版。

リーダーズ英和辞典 第3版 高橋作太郎 等 研究社 2012 2472p **216**
　読むための辞書を目指し，専門語，固有名，イディオムなど約28万項目を収録する。初版，第2版を全面的に改訂したもの。英式綴りと米式綴りがある場合は米式綴りを優先する。発音は国際音声記号による。同CD-ROM版，オンライン版。

　これらのほかに，英和，和英辞書は数多く出版されており，電子メディア化も盛んである。見出し語に重要度ランクを示し，新語・新語義を多く含み，25万5000語を採録した『ジーニアス英和大辞典』（小西友七，南出康世 大修館 2001），研究社の中型辞書として特色のある『新英和中辞典』（第7版 竹林 滋 等 2003）がある。
　また『プログレッシブ英和中辞典』（第5版 瀬戸賢一，投野由紀夫 小学館 2012），『小学館プログレッシブ和英中辞典』（第4版 近藤いね子，高野フミ 2011）などが刊行されている。『講談社英和中辞典』（川本茂雄 1994）も文法典の機能を持つ辞書として評価が高い。三省堂の

各種の辞書も広く知られている。たとえば,『新グローバル英和辞典』(第2版　山岸和夫　等　2001),『新クラウン英和辞典』(第5版　河村重治郎編　田島伸悟改訂　1995) と和英の『新クラウン和英辞典』(第6版　山田和男　1995),さらに『コンサイス英和辞典』(第13版　木原研三　2002) ならびに『コンサイス和英辞典』(第11版　三省堂編修所　2002) が版を重ねている。

2.4.2
独和・和独辞書

　英語の対訳辞書の豊富さに比べると, ドイツ語との対訳辞書の数はかなり限定される。そのなかから比較的充実しているものを次に紹介する。

Grosses deutsch-japanisches Wörterbuch ［大独和辞典］相良守峯
博友社　1958　1801p　　　　　　　　　　　　　　　　　　　　　**217**
　見出し語には, 一般語, 専門語などのほかに, 人名, 地名などの固有名詞, 方言, 俗語などをも含む。語源のあるものは見出し語の直後に添え, しばしば対応する英語も併記している。名詞には性別を, 形容詞, 動詞, 副詞で不規則変化をするものはそのかたちを, 訳語の前にはしばしば同義語または反義語を示している。

独和大辞典 第2版　国松孝二　等　小学館　1998　2853p　　　**218**
　普通語, 方言, 俗語のほか, 人名, 地名, 略語, さらに各種変化形や接辞も含め, 合わせて約16万の見出し語からなる。各見出し語のもとには発音, 語義, 用例, 語源を示し, 解説には多くの挿図を加えている。付録にドイツ語圏年表, 主要参考文献などを添えている。初版 (1985) に約1万の見出し語を追加したもの。

和独大辞典 木村謹治　博友社　1952　2633p (復刻)　　　　　**219**
　見出し語をヘボン式ローマ字によって排列し, 同一語で多くの意味を持つものは分類し, 訳語, 例句, 例文をそれぞれ分けて収録している。歴史的かなづかいに慣れないと使いづらいが, 熟語, 例文は豊富である。なお, 句は名詞, 形容詞, 副詞, 動詞の順に排列する。1937年に博文館から刊行された同書に基づく復刻版である。

　このほか, 三修社から見出し語11万の『新現代独和辞典』(ロベルト・シンチンゲル　等　1997, 新装版　2008), 7万9000語の『現代和独辞典』(1980, 新装版　2009) がある。また『郁文堂独和辞典』(第2版　富山芳正　等　1993),『三省堂独和新辞典』(第3版　1981), さらに『クラウン独和辞典』(第5版　新田春夫　三省堂　2014, CD-ROM 付) もある。
　和独では,『郁文堂和独辞典』(第4版　富山芳正　等　2002) が6万

3000語を収録しており，句例，文例も豊富である。

2.4.3

仏和・和仏辞書

小学館ロベール仏和大辞典 同編集委員会　小学館　1988　26, 2597p　　***220***
　一般語 6 万，専門語 4 万，固有名詞，略語，記号，接頭辞，接尾辞，ラテン成句など，合わせて12万語を収載し，その用例は25万におよぶ。現用尊重の編集方針を採り，現用語義を優先排列し，新語義，新略語を積極的に採用している。単語は単独では意味が取りにくいことを考慮し，とくに連語関係を重視している。巻末に動詞活用表がある。

新スタンダード仏和辞典 鈴木信太郎 等　大修館　1987　12, 1979p　　***221***
　一般フランス語を中心に収録し，新語，略語，固有名詞，動詞活用形など，さらに接頭辞，接尾辞なども必要に応じて見出し語に加え，合わせて約 6 万5000語を収録している。なお，成句，慣用句も各語義区分のなかに配置している。付録に，数詞・数の表現，地域圏名・県名・県庁所在地，世界の国名，フランス人の名などがある。この基礎となっているのが『スタンダード仏和辞典』（増補改訂版　鈴木信太郎 等　大修館　1975）である。

スタンダード和仏辞典 朝倉季雄 等　大修館　1988　11, 1391p　　***222***
　動植物や専門用語，新語，外来語も収録した辞書。見出し語は約 3 万7000語，派生語を含めれば約15万語におよぶ。見出し語の排列は五十音順で，訳語は直訳をさけ，そのことばの正しい使いかたを明らかにするために，豊富な例文を用いている。付録に世界の国名，主要地名，手紙の書きかたなどがある。

仏和大辞典 伊吹武彦 等　白水社　1981　42, 2651p　　***223***
　約 8 万5000語を収録する文例の豊富な辞書。見出し語のもとに，発音，語源を示し，一般的な語義を優先し，順次解説している。そのあとに熟語，慣用句，ことわざ，さらに類義語などを示している。

　上掲のもの以外に，仏和では，フランス語学習に役立つようにフランス基本語辞書を目指した『白水社ラルース仏和辞典』（三宅徳嘉，六鹿豊　白水社　2001），語彙および語義の豊富な『新仏和中辞典』（増補改訂版　井上源次郎 等　白水社　1982），2 色刷で 4 万7000語を収録し，「和仏インデックス」を付した『クラウン仏和辞典』（第 7 版　天羽 均 等　三省堂　2015, 音声は Web），約 6 万5000語を収録した『ロワイヤル仏和中辞典』（第 2 版　田村 毅 等　旺文社　2005）などがある。
　また，『小学館プログレッシブ仏和辞典』（第 2 版　大賀正喜 等　小学

館　2008），『ディコ仏和辞典』（中條屋　進　等　白水社　2003，新装版 2016，『現代フランス語辞典』（第2版　白水社　1998）の改訂版），和仏 では『コンコルド和仏辞典』（高塚洋太郎　等　白水社　1990）など，いず れも学習用として広く利用されている。

2.5
特殊辞書

　国語辞書は，一般辞書と特殊辞書に大別することができる。後者に属 する辞書には，特定の種類の語彙を見出し語にして解説をしている古 語，新語，外来語，方言などの各種辞書，また発音辞書，語源辞書のよ うに，ことばの発音あるいは語源の面だけについて解説した辞書がある。 特殊辞書としては，実際に特殊すぎる辞書もおびただしく刊行されてい るから，以下に紹介するものは，この種の辞書のわずかな事例である。

2.5.1
古語辞書

　過去において使われていたけれども，現在では普通に通用する語とし て使われなくなったことばを古語という。一般辞書にも古語は収録され ている。とくに大部な辞書であれば，比較的多くの古語を含んでいる。 しかし，一般辞書には収録されていない古語および用例も少なくない。

　したがって，古語について確かめたい場合には，古語辞書を使ったほ うがよい。もっとも，古語辞書はその種類によってかなり異なる解説を していることがあるから，必要に応じて比較対照しながら利用するのが 望ましい。

岩波古語辞典 補訂版　大野　晋　等　岩波書店　1990　1534p　　　　　*224*
　奈良時代から江戸時代の前半期までの古典に現われた主要な語約4万3500語を採 録し，歴史的かなづかいによる五十音順に排列している。語義の解説は簡潔である が，その理解を助けるために用例を示している。付録に，基本助動詞解説，官職制 度の概観などがある。

角川古語大辞典 中村幸彦　等　角川書店　1982－99　5冊　　　　　*225*
　上代から近世末までの古典に現われた用語のほか，人名，地名，書名などの固有 名詞を含む語（単語および連語）を見出し語とする。典拠を示し，語義については原

典に即した用例をあげて解説し，現代語にいたる歴史をたどることができるよう意
図している。同 CD-ROM 版。「ジャパンナレッジ セレクト」にも収録。

古語大辞典 中田祝夫 等　小学館　1983　1936p　　　　　　　　　*226*

　上代から近世までの古典作品に加えて，訓点資料，古辞書，キリシタン資料など
の国語資料や，歴史，仏教，演劇，茶道，武道関係文献などから約 5 万5000語を選び，
語形，語義の両面から解説している。用例，出典を添え，〈語誌欄〉を設けて，語源，
語構成，語形，語義，語誌，位相，類義語，対義語との関係を解説している。

時代別国語大辞典 上代編　上代語辞典編集委員会　三省堂　1967　58, 904, 190p
　　　　　　　　　　　　　　　　　　　　　　　　　　　　　　　　　　　　　227

　古事記，日本書紀，万葉集，風土記など，上代の各種の文献から語を選んだ古語
辞書。ただし，地名，人名，神名，書名，年号などの固有名詞は除いている。見出
し語の歴史的かなづかいによる五十音順排列で，各項目は上代語の漢字表記をあげ，
品詞，活用などを添えている。語義としては豊富な用例から導かれた意味・機能が
示され，原則として二つ以上の用例（出典）をあげている。付録に，上代語助数詞一
覧，上代の諺，干支・月名，氏姓・冠位位階制度，資料解説などがある。これに継
続し，室町時代から織豊時代の約200年間に使われた 7 万語を収録している「室町
時代編」(1985 – 2001　5 冊）がある。

　このほか，専門的であるが，新しい古語辞書として『古語大鑑』(同編
集委員会　東京大学出版会　2012 –　）の刊行が始まり，第 2 巻まで刊
行されている（2023年11月末現在）。時代別では，『上代語辞典』(丸山林
平　明治書院　1967），近世市民の日常語の辞書として使える『江戸語
大辞典』(前田 勇　講談社　1974, 新装版　2003），『江戸時代語辞典』(潁
原退蔵 等　角川学芸出版　2008）などがある。

2.5.2

新語辞書

　古語に対して，現代の人びとが使用していることばが現代語である。
そのような現代語の意味をさらに限定的に解し，比較的近年に使われ始
めた新しいことばとか，現代的な意味で新たに使用されていることばの
みを選んで収録している辞書がある。この種の辞書は新語辞書のほか，
現代語辞書，現代用語辞書などともよばれている。

イミダス：情報・知識 集英社　1987 – 2007（年刊）　　　　　　*228*
　2006年版は横 3 段組みで，経済，産業，日本政治，各国情勢，社会生活，健康，

サイエンス，テクノロジー，文化，ホビー，スポーツの各分野に大別し，それぞれ中項目を分担執筆者が解説している。巻頭に〈項目索引〉，〈アルファベット略語索引〉，巻末にカタカナ語・欧文略語がある。冊子体の出版は終了したが，「imidas」サイト内で冊子体『イミダス』をベースとした「時事用語事典」が提供されている。

現代用語の基礎知識 自由国民社　1948 - （年刊）　　　　　　　　　**229**

　1948年の初版は小冊子にすぎなかったが，その後しだいに収録語数を増やし，1972年版以来，B 5 判に拡大した。2019年版は縦 5 段組み。ジャンル別用語解説として，政治，世界情勢，経済，産業・経営，情報メディア，科学・技術，医療・健康，社会，暮らし，文化，スポーツ等の章を設け，新しい動きを理解するうえで役立つ新語，時事用語を解説。巻頭に図版中のキーワードを含めた五十音順索引，ABC順索引がある。巻末では本文に収録されていない外来語・カタカナ語，欧文略語を解説。2000年から2019年分を収録した DVD-ROM 版があるほか，最新版が「ジャパンナレッジ」に収録されている。

知恵蔵　朝日現代用語 朝日新聞社出版局　1989 - 2007（年刊）　　**230**

　2006年版は横 3 段組みで，国際関係，政治，社会，経済・産業，サイエンス・テクノロジー，文化・芸術，生活，スポーツの 8 分野をそれぞれ中項目のもとで分担執筆者が解説している。巻頭に総索引を，巻末に「外来語・カタカナ語／略語」一覧を設けるほか，別冊付録「情報日本地図」がある。同 CD-ROM 版。2007年版からは Web 版。2007年版を基に新規データが追加・更新され，「コトバンク」等から提供されている。

2.5.3
外来語辞書

　外来語とは，他の言語体系のなかのことばが借用され，自国のことばに加えられ，それを使うことが社会的に認められるようになったことばである。したがって，そのことばが使われるようになった当初は新語とみなされ，しばしば新語辞書に収録される。外来語が広く受け入れられると，やがて一般辞書の収録対象になることも多い。したがって，外来語はしばしば新語辞書，さらに一般辞書によっても調べることができる。しかし，古くから使われている外来語の由来などを含め，外来語について専門的に調べようとするときは，外来語辞書が有用である。

角川外来語辞典 第 2 版　荒川惣兵衛　角川書店　1977　1643p　　**231**

　新旧のいわゆる外来語および漢字音でありながら，やまとことばと思われがちな外来語で，大衆化もしくは通俗化したことば約 2 万5000語を収録し，明らかに中国

語と分かるものや専門用語は除いている。五十音順排列の見出し語のもとに，原語，国，言語学的説明，語源，分類（語の属する分野），語義の解釈・説明を加え，参照語（変化形，同義語・反義語など），出典，用例などを示している。

図解外来語辞典 吉沢典男，大沢泰夫　角川書店　1979　797p　*232*
　約１万6000語の外来語を158部門に類別し，図解を示して解説している。巻末に五十音順（欧語・略語は ABC 順）索引がある。姉妹編ともいうべき『外来語の語源』（吉沢典男，石綿敏雄　角川書店　1979）は約6400の見出し語のもとに，語義，借入時期，語源などを解説している。

　このほか，文化史的な価値を持つ外来語を採集したといわれる『外来語辞典』（増補　楳垣　実　東京堂出版　1972），小型ながら約５万8500語を収録する『コンサイスカタカナ語辞典』（第５版　三省堂編修所　2020）などがある。

2.5.4
方言辞書

　外来語はもともと言語体系が異なる語についていわれるが，ことばは同一の国語であっても地域によって異なった発達を遂げることがある。その結果，語彙，音韻，文法のうえで，標準語として知られている言語と違う言語団のことばが生まれてくる。これを方言とよんでいる。ここには，方言を全国的に採録している方言辞書をあげておく。

全国方言辞典 東條　操　東京堂出版　1951　881p　*233*
　方言集，その他の文献および直接に採録した方言から約４万語を選び，表音式に書き表し，同じ語源に由来するものは１項目にまとめ，五十音順に排列し，それぞれの語義と使用地域を明らかにしている。同『標準語引分類方言辞典』（1954）は，天地季候，鳥獣虫魚，草木菌藻，肢体健康など，意義によって標準語を14部門に分け，そのもとに本書所収の方言を分類した部門別五十音順索引である。

日本方言大辞典 尚学図書　小学館　1989　３冊　*234*
　近世以降の方言約20万項目を，かな見出しの五十音順に排列している。各項目は，漢字欄，品詞欄，語釈，方言の使用地域，例文，出典，文献番号などからなる。方言分布地図178枚も収載している。別巻は語彙の種類別に検索できる「標準語引き索引」である。なお，同社から『標準語引き日本方言辞典』（2004）も刊行されている。

　あらかじめ，いずれの地域の方言について調べるのかが分かっている

場合には，その地域限定の方言辞書あるいは方言集を使うこともできる。この種の辞書(方言集)は数多く出版されているが，以下には，若干の方言辞書を例示的に列挙する。

北海道方言辞典 増補改訂版　石垣福男　札幌　北海道新聞社　1991　466p

標準語引東北地方方言辞典 森下喜一　桜楓社　1987　494p

岩手方言アクセント辞典 森下喜一　第一書房　1986　647p

仙台方言辞典 浅野健二　東京堂出版　1985　378p

庄内方言辞典 佐藤雪雄　東京堂出版　1992　697p

米沢方言辞典 上村良作　桜楓社　1977　422p

会津方言辞典 龍川 清，佐藤忠彦　国書刊行会　1983　374p

茨城方言民俗語辞典 赤城毅彦　東京堂出版　1991　1015p

埼玉県方言辞典 手島 良　桜楓社　1989　385p

江戸語辞典 大久保忠国，木下和子　東京堂出版　1991　1238p

(同新装普及版　2014)

新潟県方言辞典 大橋勝男　おうふう　2003　267p

信州方言辞典 足立物蔵　松本　遠兵パブリコ　1978　268p

近世上方語辞典 前田 勇　東京堂出版　1964　1213p

京ことば辞典 井之口有一，堀井令以知　東京堂出版　1992　328p

大阪ことば辞典 堀井令以知　東京堂出版　1995　213p

瀬戸内海方言辞典 藤原与一　東京堂出版　1988　870p

鳥取県方言辞典 森下喜一　鳥取　富士書店　1999　553p

岡山方言事典 同刊行会　岡山　日本文教出版　1981　577p

広島県方言辞典 村岡浅夫　南海堂　1981　643p

山口県方言辞典 新訂　山中六彦　徳山　マツノ書店　1975　331p

香川県方言辞典 近石泰秋　風間書房　1976　742p

高知県方言辞典 土居重俊，浜田数義　高知市文化振興事業団　1985　707p

長崎県方言辞典 原田章之進　風間書房　1993　725,166p

宮崎県方言辞典 原田章之進　風間書房　1979　540,50p

鹿児島県方言辞典 橋口 満　桜楓社　1987　1031p

奄美方言分類辞典 長田須磨，須山名保子　笠間書院　1977-80　2冊

琉球語辞典 半田一郎　大学書林　1999　27,968p

2.5.5
隠語・俗語辞書

　隠語は特定の職業に従事している人びと，ある社会階層に属する人びと，学生などの仲間うちで，特別の表現効果をもって使われていることばであり，相互のあいだでは日常的に普通語に織り込んで用いられている。隠語はそれを用いている人のあいだではよく分かり合って使われているけれども，一般の人には理解しにくいことばである。以下に示すように，隠語辞書は隠語のほか，それと重なりのある職業語，卑語，俗語などを含むことが多い。

隠語辞典 楳垣 実　東京堂出版　1956　600p　　　　　　　　　　　*235*
　特定の職種の人，学生など，一定の仲間のあいだで用いている隠語，俗語など，約1万7000語を収録している。ひらがな（外来語はカナ）の見出し語のもとに，文字表記，品詞，参照見出し語，語釈，参考事項，語源，用例，出典，参照語，類別（どういう社会階層，集団で使われているか），その語が使用されていた年代などにわたって解説している。巻末に種類別隠語索引，分類主要同義語索引などがある。

隠語大辞典 木村義之，小出美河子　皓星社　2000　1488,205p　　*236*
　明治以降，昭和40年代前半までに出版された警察関係資料，雑誌等に収録されている隠語集を再編集してまとめた隠語集成ともいうべきもの。時代，使用地域，集団等による語釈の異同等も示している。同社の雑誌記事検索データベース「ざっさくプラス」に基づき，雑誌記事から採録した語を増補した『新修　隠語大辞典』（2017）も出版されている。

日本俗語大辞典 米川明彦　東京堂出版　2003　697p　　　　　　*237*
　明治期から平成期までの若者語，卑語，隠語，流行語，差別語，口頭語形など，一般の国語辞書では選ばれにくい6300語以上を選んで見出し語とし，五十音順に排列し，約1万2000の用例をあげて解説している。同新装版（2020）。

2.5.6
発音辞書

　ことばの音声の面を明らかにした辞書が発音辞書である。たとえば，以下のような発音，アクセントやその書き表わしかたを示している辞書である。

NHK 日本語発音アクセント新辞典 NHK 放送文化研究所　2016　1484, 255p
238

　約7万5000語をひらがな見出しのもとに五十音順に排列し，発音アクセントを示す。旧版に掲載された語の3500に変更を加えたほか，日本・外国の地名，長い複合語の項目数を大幅に増やす。使用頻度の高い動詞，形容詞は終止形だけでなく活用形でのアクセントも示す。巻末では複合名詞や数詞＋助数詞のアクセントについても解説する。

　ほかに全国アクセント比較表を付した『全国アクセント辞典』(平山輝男　東京堂出版　1960)，東京の発音，アクセントに焦点をあてたCDつき『新明解日本語アクセント辞典』(第2版　秋永一枝　三省堂　2014) などがある。

2.5.7
擬音語辞書

日本語オノマトペ辞典：擬音語・擬態語4500 小野正弘　小学館　2007　701p
239

　日本語に特徴的といわれるオノマトペ（擬音・擬態語）約4500語の見出しのうち，延べ2470語を取りあげ，自然，人間，事物に3大別した「意味分類別さくいん」がある。本文は五十音順排列で用例を豊富に紹介し，意味・用法について解説。付録に漢語オノマトペ編，鳴き声オノマトペ編，巻末に五十音順索引がある。

現代擬音語擬態語用法辞典 飛田良文，浅田秀子　東京堂出版　2002　16, 694p
240

　からから，りんりん，にっこり，ゆらゆらなどのような，音や状態を表わすことば1064語を選んで五十音順に排列し，その用例，アクセント，意味，用法，類義語との相違などを詳しく解説している。同新装版(2018)。

2.5.8
語源辞書

　個々の単語のもとのかたちや意義を語源というが，語の成立・由来なども合わせて解説が求められることがある。語源については『日本国語

大辞典』(*204*) をはじめ，大型の一般語辞書においても解説されていることはあるが，わが国では語源を専門に解説している語源辞書の発達は悪い。以下は数少ない語源辞書の例である。

日本語源広辞典 増補版　増井金典　京都　ミネルヴァ書房　2012　6, 1163, 34p
241

　庶民の生活に根ざした基本的日本語の語源を示すことを目的とし，文献による語源に加え，方言や地名姓氏などのなかの伝承的語源も含む。日本語源と中国語源との関連を調べ，約4万1000項目を解説する。分野別索引を付す。

暮らしのことば新語源辞典 山口佳紀　講談社　2008　957p　　　　*242*
　衣食住に関することばなど，日常的に広く使われている身近なことば約3500語を選んで，五十音順に排列し，その語源，さらにその意味の変遷や表記の由来なども解説している読みもの風の辞書。しばしば語の初出時代，出典などを加えたものが見られ，解説を補足する図版，写真が多く挿入されている。

日本語源大辞典 前田富祺　小学館　2005　1273, 7p　　　　　　　　*243*
　『日本国語大辞典』(*204*) の「語源説」を採録したものであるが，それを整理し直すだけでなく，新しい文献からの例のほか，挿図も加えている。付録として主要人名解説(五十音順)，語源説出典の解説のほか，「コラム収録語彙索引」がある。

　このほか，『五十音順日本語語源解読辞典』(飯野睦毅　東陽出版 2006) は横組みだが，語源を解読した日本語を五十音順に排列し，解読の方法，正しい語義と出典例を示しており，『語源海』(杉本つとむ　東京書籍　2005) は，歴史的かなづかい要覧，主要用例出典一覧，主要語源資料年表などを収載している。また，東京堂出版から一連の『語源辞典』が刊行されている。「植物編」，「動物編」(吉田金彦　2001)，「形容詞編」(吉田金彦　2000)，「名詞編」(草川昇　2003) の各編，および『衣食住語源辞典』(吉田金彦　1996)，『動物の漢字語源辞典』(加納喜光 2007) などがある。

2.5.9
類語辞書

　同義語あるいは反義語を求めるためとか，あることばの意味をより的確にとらえるために，同義語(反義語)辞書が使われる。また，類似のことばすなわち類語のうちからより適切な表現を求める際にも，この種の

辞書が利用される。ことばを語義によって分類排列した辞書をシソーラスとよぶが，たとえば『日本語語彙大系』(池原 悟 等　岩波書店　1997　5冊，同 CD-ROM 版) は，30万語を3000種類の意味属性で分類した一種のシソーラスであり，類語辞書としての役割も果たすことができる。

三省堂類語新辞典 中村 明 等　2005　1400, 321p　　　　　　*244*
　自然，人間，文化の三本柱を軸として，天文，気象，物象，土地，植物，動物など18のジャンルごとに日常使われることば約5万項目を排列し，語釈，用例を付し，詳しい五十音順索引で検索の便を図っている。イラスト422点を収録。

日本語シソーラス 第2版　山口 翼　大修館　2016　38, 1583p　　　*245*
　語句を意味によって，抽象的関係，位相・空間，序と時間，人間性，知性・理性，人間行動，社会活動，自然と環境の8つに分類し，それぞれを細分して1040のカテゴリー，9110の小語群を設けたシソーラスで，五十音順索引によって本文の検索ができる。延べ33万語を収録。『日本語大シソーラス』(2003)の改訂版。

類語国語辞典 大野 晋，浜西正人　角川書店　1985　256, 1309p　　*246*
　単語，複合語，慣用句などのことば約6万2000を意味上の類縁性により〈語彙分類体系表〉に基づいて分類排列し，用例，語釈など，簡単な解説を添えている。巻頭の五十音順索引によって本文中の見出し語を検索することができる。同編者の『角川類語新辞典』(1981) に2000語を増補したもの。

類語辞典 広田栄太郎，鈴木棠三　東京堂出版　1955　746p　　　*247*
　漢語，和語，古語，敬語，方言，成句などにわたって，類語，同義語の見地から整理した辞書。見出し語には通用の語を選び，多数の参照見出しを付している。漢字の同訓異義の説明もある。巻末に季題一覧，逆引枕詞，助詞一覧などがある。新装版の『東京堂類語辞典』(2011) も出ている。

類語大辞典 柴田 武，山田 進　講談社　2002　296, 1495p　　　*248*
　日本語を意味によって100のカテゴリーに分類したシソーラスタイプの辞書で，約7万9000項目を解説し，豊富な用例も加えている。巻頭の小分類一覧と五十音順索引によって本文中の項目を容易に検索することができる。

　また，あることばと反対の意味を持つことばや対照語を集めた『反対語対照語辞典』(北原保雄，東郷吉男　東京堂出版　1989，新装版2015)，『反対語対照語辞典』(同編纂委員会　柏書房　1998)，『新修反対語辞典』(峯村文人　集英社　1988) がある。

2.6
術語辞書

術語は，専門分野において主としてその専門家が専門的な事項や関係を伝達するために用いるいわゆるテクニカル・タームであり，学術語，専門語ともいわれる。それぞれの学問分野や技術領域で独自につくられたことば，あるいは日常語でも，専門の立場からそれを転用し，新たな定義づけをして用いていることばなどが術語辞書に含まれている。したがって，術語辞書は一種の専門事典でもあるが，ことばの辞書として，たとえば，文部省（現 文部科学省）と各学会等との共編シリーズ『学術用語集』の専門別各編がある。

これらの多くに収録されている術語は国立情報学研究所提供の「オンライン学術用語集」Online Scientific Terms（http://sciterm.nii.ac.jp/）によって横断検索することができたが，2016年 J-GLOBAL に統合された。

これらの編集に関わった関係学会の多くでは，これを基礎にして専門事典を編集している。たとえば，『図書館情報学用語辞典』（日本図書館情報学会用語辞典編集委員会　丸善　1997）は，そのひとつである。最新版は第 5 版（2020）。また，『科学技術45万語英和対訳大辞典』，同『和英対訳大辞典』（日外アソシエーツ　2001）のように，この学術用語集や JIS 用語に重点をおいて術語を集大成したものもある。

過去に出版された多数の用語辞書類を復刻集成したものに『近代日本学術用語集成』（龍渓書舎　1988　7 冊）があり，これには，その第 2 期「大正篇」（1990　17冊），第 3 期「大正補遺篇」（1994　9 冊），第 4 期「昭和篇」（2009　12冊）も引き続いて刊行されている。また『近代用語の辞典集成』（大空社　1994－96　42冊）もある。いずれも大部なセットであり，かなり規模の大きな図書館でないと揃えられていない。

2.7
諺語・名句辞書

ことわざ，格言，名言，名句などを収録して解説しているものは，辞

書的なものから読みもの風のものまで，大小取り混ぜて実に多彩である。ことわざ辞典とか，名言辞典と称するものの多くは辞書の形式をとるが，他の特殊辞書とはやや性格を異にしている。しかし，ことわざや名句は言語辞書にもしばしば用例として含まれており，これらはことばから手がかりを求められることが多い。したがって，この種の辞書も一種の特殊辞書とみなして，以下に紹介する。

故事成語名言大辞典 鎌田 正，米山寅太郎 大修館 1988 1335, 116p **249**
　中国古典に現われることばを中心に，漢訳仏典や日本の古典中のものも含め，約6400語をあげ，見出し語句の第1字目の漢字の読みによる五十音順に排列し，その解説に合わせて出典を示している。巻末に見出し語句・類句・関連語の索引と主要人名・書名の索引がある。

故事俗信ことわざ大辞典 第2版 北村孝一 等 小学館 2012 9, 1523p **250**
　日本のほか，中国さらに西洋から伝来したことわざ，格言，わが国の各地に伝わる俗信，俗説，ことば遊びなど，約4万3000項目を収録し，典拠と用例を添えて解説している。旧版にあった「総語句索引」はないが，代わりに全文データを収録したCD-ROMが添付され，見出しの部分一致，完全一致，本文を対象とした部分一致などの検索ができる。「ジャパンナレッジ」にも収録される。

新編故事ことわざ辞典 鈴木棠三 創拓社 1992 1638p **251**
　日本で用いられてきた故事，ことわざ，格言など約2万2000項目を収録し，用例，出典を示し解説している。「活用索引」と名づけた索引はトピックから検索できる1万6000項目からなる。同編者の『故事ことわざ辞典』（東京堂出版 1956）と『続故事ことわざ辞典』(1961) とを統合した新版に相当する。

世界ことわざ大事典 柴田 武 等 大修館 1995 1312p **252**
　日本，東アジア・北アジアなど，10の文化圏のもとに国・地域・民族別の108項目を立て，さらに〈世界の古典〉の1章を設け，テーマや形式による見出しのもとにことわざを取りあげて解説している。巻末に日本のことわざ索引，キーワード索引がある。

世界の故事名言ことわざ総解説 改訂12版 自由国民社 2017 8, 45, 16, 956p
253
　各国の歴史，古典，詩歌，文芸，神話伝説などに表われたことば，動植物の名前の由来，各国のことわざなどを分類解説している。巻頭に，これらのことばの五十音順索引がある。

中国故事成語辞典 新訂版 加藤常賢，水上静夫 角川書店 1982 670p *254*
　故事成語を見出しとし，意味，解説，出典，類句，参考（エピソード，歴史的な重要事項など）を添えて五十音順に排列している。巻末に，見出しと類句中の主要な成語の五十音順索引がある。同編者の『中国故事名言辞典』（新訂版 1981）は同じ形式の姉妹編で，相互補完関係にある。

中国故事成語大辞典 和泉 新，佐藤 保 東京堂出版 1992 11, 1366p *255*
　中国の古代から現代まで用いられている故事，成語，謡諺8500項目を採録し，その見出し語の読みの五十音順に排列し，意味，出典あるいは用例などを解説する。巻末に，収録語句の原文を検索する「総画索引」を付す。

中国古典名言事典 諸橋轍次 講談社 1972 1020p *256*
　(1)論語，孟子，大学など，(2)史記，漢書，後漢書など，(3)雑書から選んだ名言の3部からなる。各項目は書き下し文，原文，解説からなる。それぞれに関係する約500人の人名略解がある。索引は〈自然〉，〈人間〉，〈家と社会〉など主題分類のもとに，さらに細目を立てる形式の件名索引，冒頭の文字からだけでなく，その他の主要な語句から引ける語句索引および人名索引がある。同新装版(2001)。

和英日本ことわざ成語辞典 山口百々男 研究社出版 1999 646p *257*
　日本のことわざとその英訳，類句をあげ，それとよく似た意味をもつ英語のことわざおよびその類例を採録する。

　このほか，名言名句を集めたものに，『漢文名言辞典』（鎌田 正，米山寅太郎 大修館 1995)，各国の名言については『世界名言集』（岩波文庫編集部 岩波書店 2002)，『世界名言大辞典』（梶山 健 明治書院 1997，新装版 2018) がある。また日本の名言では『日本名言名句の辞典』（尚学図書 小学館 1988)，『日本名句辞典』（鈴木一雄，外山滋比古 大修館 1988) などがある。

2.8
語句索引

　特定のことばがどんな文献に現われたのか，その典拠を知るだけならば，大型の国語辞書あるいは引用語辞書の利用で足りることが多い。しかし，さらに，特定の文献のどの部分に書かれているのか，その文脈を確かめるには，これらの辞書だけでは足りない。そんなときに役立つの

が語句索引である。

　ここにいう語句索引は，特定の作者の作品（あるいは作品群）中に用いられたことばを五十音順（または ABC 順）に排列し，そのことばが作品のどの部分にあるのか所在を示している索引である。わが国では，『栄花物語語句索引』，『新約聖書語句索引』などの書名に〈語句索引〉が使われているが，国文学関係では，『万葉集総索引単語篇』，『紀貫之全歌集総索引』，『かげろふ日記総索引』，『与謝野晶子全歌集総索引』など，書名に〈総索引〉を用いるものが多く見られる。また，主要な語句を選んだという意味合いで〈要語索引〉を用いているものもある。

　語句索引のうち，すべての語句を索引見出し語にし，その所在を示すとともに，文脈（コンテクスト）を明らかにするために前後のことばを添えている索引を総語句索引という。これは〈コンコーダンス（concordance）〉に相当する呼称である。コンコーダンスといえば〈バイブル・コンコーダンス〉が連想されるほど，聖書のそれはよく知られているから，その事例を以下に紹介しておく。

聖書語句大辞典 日本基督教協議会　教文館　1959　1483, 34, 70, 54p　　　***258***
　口語聖書（新約は1955年版，旧約は1958年版）に基づいて約20万語を選び，五十音順に排列した用語索引。同じ訳語になっている原語句を，訳語のもとに原語別にまとめている。巻末の原語索引は旧約の部（ヘブル語，アラム語）と新約の部（ギリシア語）とからなる。

新共同訳聖書コンコルダンス 増補改訂版　キリスト新聞社　1998　93, 1406p
　　　　　　　　　　　　　　　　　　　　　　　　　　　　　　259
　同社発行の『新聖書大辞典』の聖書用語の約5000項目のほか，さらに7000項目を追加し，約1万2000項目を「一般項目」，「地名・人名」に分けて収録している。

　古今東西を問わず，古典的な作品について語句索引がつくられている例は多い。とくに，索引作成にコンピュータが広く利用されるようになり，その成果としての語句索引は著しく増加し，冊子としてよりは，多くはデータベースとして活用されている。

　歌集のなかの特定の和歌を探すための索引とか，詩集のなかの特定の詩を探すための索引を詩歌索引という。和歌あるいは詩の一部が引用されているとき，あるいはその句とか一節が分かっている場合，それがどんな歌集あるいは詩集のなかにあるものなのかを知ろうとするとき，この種の索引を利用することによって，その所在ないし典拠を明らかにすることができる。

　外国では詩集や歌集を対象にしたこの種の索引が少なからず出版されているが，わが国にはそれらに相当するものが少なく，出版物として広く普及してはいない。したがって，以下に代表的な 1 点をあげるにとどめる。

新編国歌大観 同編集委員会　角川書店　1983-92　20冊　　　　*260*
　　第 1 巻「勅撰集編」，第 2 巻「私撰集編」，第 3 巻「私家集編 I」，第 4 巻「私家集編 II，定数歌編」，第 5 巻「歌合編，物語・日記等収録歌編」，第 6 巻「私撰集編 II」，第 7 巻「私家集編 III」，第 8 巻「私家集編 IV」，第 9 巻「私家集編 V」，第10巻「定数歌編 II」。各巻は「歌集」編と「索引」編とからなる。歌集では，原歌に一連番号（大観番号という）を付し，索引では，それら原歌のすべての句を五十音順に排列し，歌集名と大観番号を付している。これによって，和歌の各句のいずれかを手がかりにして，原歌，作者，所収歌集などを明らかにすることができる。同 DVD-ROM 版。「ジャパンナレッジ　セレクト」にも収録。

第**2**章の　　　質問事例

2 - 1　〈ピーコート〉というデザインのジャケットはいつ頃登場したか。この〈ピー〉の意味と原語を知りたい。　　（*228*）

2 - 2　〈椋鳥〉の語源にはどんな説があるか。また，鳥の一種としての意味のほか，どんな意味で使われているか。　　（*204*）

2 - 3　吉野山の桜を〈花おそげなる・・・〉と詠んだ平安時代の歌人は誰か。また，その和歌はどんな歌集に載っているか。　　（*260*）

2－4　〈りっしんべん〉に〈暴〉という旁の字は，どう読めばよいか。読みかたとともに，この漢字の意味も知りたい。　（*208*）

2－5　向日葵を家に植えるとよくないという意味の民間のいい伝えがあるそうだが，それはどのようにいわれているか。　（*250*）

2－6　〈ブックビルディング〉は本とか出版物関係のことばではないらしい。どんな分野で使われる，どういう意味のことばなのか。　（*229*）

2－7　〈三稜草〉，〈四応花〉，〈五加〉，〈六月菊〉，〈七葉樹〉，〈八仙花〉はいずれも植物名である。それぞれどう読めばよいか。　（*211*）

2－8　〈テンプラ〉ということばが，わが国の文献に現われたのはいつごろのことか。また，それを記録している文献があれば知りたい。　（*231*）

2－9　人の性格や気質を表わすのに，〈社交性〉，〈凝り性〉などの表現があるが，ほかには，どんなことばがあるか。　（*245*）

2－10　〈思い出す〉という意味のことを，〈あじつける〉とか〈けっけだす〉という地方があるそうだが，それはどの地方なのか。　（*234*）

第3章

事物・事象
の情報源

3.0
概　説

　物ごと，現象，事件，生物などに関わる性質，内容，状態など，さまざまな問題の解決に際して，最初に思い浮かべるレファレンスブックといえば，「百科事典」(3.1) ではなかろうか。とりわけ大部な百科事典ならば，森羅万象にわたるさまざまな事項について解説しているはずであり，何ごとによらず大抵のことについて言及しているものと期待してよさそうである。かつて，大部な百科事典が編集されたならば，他の文献資料は無用になるのではないかと危惧された時代さえあったのである。

　事実，多くの百科事典は包括的，網羅的に情報を盛り込もうという意図をもって企画され，可能なかぎりあらゆる主題にわたって多面的に解説するよう配慮した編集がなされている。したがって，百科事典はさまざまな事物・事象に関わる問題解決のために少なくとも最初の手がかりを与えてくれる可能性は高い。こうした点において百科事典はすぐれた情報源であるといえよう。

　しかし，大部な百科事典の場合，企画から編集作業を経て完成にいたるまでには長期間を要し，最新の情報を盛り込もうとして編集されると，かえって内容的な陳腐化を早めてしまいがちである。そこで，内容の新しさを確保するために，百科事典年鑑のかたちで補遺的な情報を収録することも行われてきたが，冊子で刊行されるかぎりタイムラグは避けられない。

　近年，DVD-ROM 版のみならず，データベースとしてインターネット上で利用できる電子百科が出現したことは，こうした弱点を補ううえで有効である。有料か無料かを問題にしなければ，たとえば，『世界大

百科事典』(*301*)，『日本大百科全書』(*302*)は，「ジャパンナレッジ」，「コトバンク」(ただし，「コトバンク」ではいずれも旧版)を利用することができる。

CD-ROM版あるいはDVD-ROM版といえども，更新度合いによっては必ずしも冊子より新しい情報を提供するとはいえないが，インターネットと連携して最新情報を検索する方法もある。他面，電子百科で手がかりを得た項目について，詳細は冊子の百科事典によって読みとるような使いかたをすることもできる。

百科事典は包括的・網羅的にさまざまなことがらを解説している反面，解説が概括的で専門的なくわしさに欠けるという指摘がなされている。その点では専門的な問題を詳細に調べるには「専門事典」(3.2) によって百科事典を補完する必要がある。

また，百科事典には本文に便覧的要素を加味したり，別冊として便覧を添えたりしているものもあるが，それで足りるわけではない。情報の提示のしかたあるいはそのコンパクトな形態による利便性において，独立刊行の「便覧類」(3.3) がより有用性を発揮する。これらの種類だけでも，「事典・便覧の種類」(図3) に見られるように，多種にわたるために，すべてを本章で取りあげることはできない。

さらに百科事典は，図版，その他の挿図類を多用しており，かなりの程度，図鑑の働きも兼ねているが，具体的な事物の検索，同定を行おうとするには，どうしても専門の各種「図鑑」(3.4) に頼らなければならなくなる。

したがって，この章では，事物・事象に関わる問題を解決しようとする際に，探索の起点となる百科事典をまず取りあげたうえで，それを補完する役割を果たし，あるいは併用することによって，より有効な情報を得ることのできる種類のレファレンスブックすなわち専門事典，便覧，図鑑を順次紹介することにしたい。

もちろん，これらは相互に補完関係にあるだけでなく，さまざまな情報探索の際に，手始めに参照する道具すなわちクイック・レファレンスツールとしても有用である。

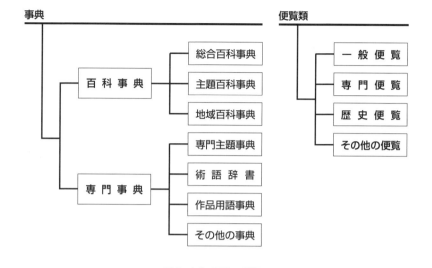

図3 事典・便覧の種類

3.1
百科事典

　百科事典は〈アルファベット順の小宇宙〉といわれるように，知識の全分野を総合的に集大成することを意図してさまざまな部門から項目見出しを選び，そのもとに解説を加え，五十音順（あるいは ABC 順）または体系順に排列したレファレンスブックである。多くの場合，知りたいことが容易に探せるように，本文の内容に対する索引類がつけられている。

　かつては各時代の知識を総覧できるような大項目主義の部門別編集が主流であったが，しだいに検索の利便を優先した小項目主義の一系排列（五十音順，ABC 順など）の百科事典が多くを占めるようになった。さらに，1980年代以降，検索機能を最大限に発揮できる〈オンライン・エンサイクロペディア〉が普及するとともに，マルチメディアの特性を活かした〈電子百科〉を標榜するものが出現するにいたった。

しかし，依然として通覧参照に適した冊子の百科事典の存在意義は失われてはいない。以下には，わが国の代表的な多巻ものの百科事典を紹介する。

世界大百科事典 改訂新版　平凡社　2007　31冊および別冊　　　***301***

初版（1955-59）以来改訂を重ねている。大・中・小の約9万項目を織り混ぜ，五十音順に排列し，かなり専門的な要求にも応えうるくわしい解説を与え，署名を付している。学術専門的な解説が多いが，参考文献は添えられていない。横3段組み。第31巻は約40万項目からなるカラー図版索引，和文・欧文索引である。第32巻は「日本地図」，第33巻は「世界地図」，第34巻は「百科便覧」である。補遺巻として「アルマナック」（第2版　2005）がある。CD-ROM版，DVD-ROM版のほか，Web版が「コトバンク」や「ジャパンナレッジ セレクト」から提供されている。

日本大百科全書 第2版　小学館　1994-97　26冊　　　***302***

約13万項目を五十音順に排列した小項目主義の百科事典。縦4段組み。ただし，人間の生活・文化の形成に関係の深い事項はくわしい記述項目にまとめ，活字を大きくして3段組みにしている。必要に応じて，解説末尾に参考文献を添えている。また，項目内容に応じて，用語解説，作品解説，年表，人物紹介などの囲み記事欄を設けている。写真，図表，地図などを多数挿入し，色彩豊かに仕上げ，一般的な利用対象を想定した編集をしている。第25巻の索引は約50万項目。1997年に補巻1冊を刊行。同社刊の『国語大辞典』を加えたDVD-ROM版「スーパーニッポニカ」があるほか，「コトバンク」，「ジャパンナレッジ」からも提供されている。

ブリタニカ国際大百科事典 第3版　ティービーエス・ブリタニカ　1995　20冊　　　***303***

英語の百科事典として権威のある *New Encyclopaedia Britannica* を底本として翻訳し，大項目主義で，必要に応じて項目ならびに解説を補足した日本語版。旧版の「リファレンスガイド」とよばれていた小項目主義の6冊セットは「小項目版」としてDVD-ROM版となる。「ブリタニカ・オンライン・ジャパン」もある。

なお，百科事典は多巻もので大部だからよいというわけではない。参照しやすい利便性の面では1冊ものの百科事典に特色がある。たとえば，フルカラー版『新世紀ビジュアル大辞典』（増補新装版　学習研究社2004，同CD-ROM版），『大事典NAVIX』（講談社　1997）などの1冊ものがある。

『オールカラー・6か国語大図典』（小学館　2004）は，百科項目をイラストで示した一種の多国語辞書である。

専門事典

専門事典には，特定の分野の知識に限定しているが，百科事典のよう
に編集した〈主題百科事典〉とよぶにふさわしいものと，専門用語に簡
潔な解説を付している専門用語集ないし術語辞書（2.6）とよばれるよう
なものとを両極とし，その中間にさまざまな性格のものが数多く存在し
ている。

専門事典というと，一般の百科事典とくらべて，専門的にくわしい解
説や特殊な解説を与えていると思われがちであるが，必ずしもそうでは
ない。百科事典から特定分野の項目だけを選んでつくられた事典のよう
に，一部の分野にかぎって解説しているところから専門事典とよばれて
いるにすぎないものもある。そのような事典から百科事典以上の情報を
求めようとしても無理である。

しかし，典型的な専門事典は，収録項目についてその専門の観点から，
比較的くわしい解説を与え，しばしば参考文献を添えて，専門的な利用
に耐えるよう編集されている点に特色がある。したがって，その主題あ
るいは分野がはっきり分かっている事項，用語あるいは人名などに関す
る情報を求めようとするときには，まず当該主題の適当な専門事典がな
いのか，物色してみるのがよい。

この場合，第1章で紹介した『日本の参考図書』（*101*）をはじめ，「レ
ファレンスブックのガイド」(1.3) を利用するのがよい。特殊専門的な事
典の存在を知るためには日外アソシエーツ刊『辞書・事典全情報』
（*104*），出版ニュース社刊『辞典・事典総合目録　1996』(1995)など，事
典類をリストしたものを使うのもよい。これらによって『日本の参考図
書』には収載されていない専門事典への手がかりを得ることができる。

以下には，各分野の包括的で比較的大部なものを中心に，各種の専門
事典を NDC に準じて排列し，簡単に紹介する。なお，歴史事典は第4
章で取りあげる。

情報学事典 北川高嗣 等　弘文堂　2002　1140p　　　　　*304*
　諸科学の専門用語，理論，方法論を情報の視点から体系的に収録する方針のもと

に，情報基礎，情報法・情報政策，情報経済，情報工学・情報科学，生物情報，情報文化，情報複合領域の7つのテーマを設け，小項目の見出しを立て，原語表記を添えて署名入りで解説している。必要に応じて関連項目を指示し，主要文献をあげている。巻頭に項目分類目次，巻末に和文・外国語事項，和文・外国語人名の各索引がある。

岩波哲学・思想事典 広松 渉 等　岩波書店　1998　1929p　　　　*305*
　西洋のみならず，インド，中国，朝鮮，日本，イスラム圏などの哲学および社会思想，科学思想，宗教思想，芸術理論，文学理論などを含む分野の事項名，人名，書名など，約4100項目を五十音順に排列し署名入りで解説している。参考文献を付している項目もある。巻末に，重要語，漢字人名，カナ人名，欧文の各索引がある。

　ほかに，『哲学事典』(改訂新版　平凡社　1971)や，『哲学辞典』(第4版　森 宏一　青木書店　1985)，大項目主義をとる『現代哲学事典』(山崎正一，市川 浩　講談社　1970)がある。また，英語の思想史事典として定評のある *Dictionary of the History of Ideas*（1973-74）を翻訳した『西洋思想大事典』(平凡社　1990　5冊)もある。

最新心理学事典 内田伸子 等　平凡社　2013　33,870p　　　　*306*
　旧版(1981)を全面的に改訂し，新たな編集方針に基づき，理論，方法，生理，知覚，学習，言語，認知，感情，性格，臨床，社会，教育，発達，司法，産業，進化の16の分野を設定し，心理学上の事項を488の中項目にまとめている。術語数は7000。項目中には小見出しを与え，解説中の重要語は目立つように太字体にしている。巻末に，和文索引，欧文索引がある。索引項目数は和文，欧文合わせて1万4000余。

　ほかに，中辞典として編集された『心理学辞典』(中島義明 等　有斐閣　1999)があり，心理学の領域と関連する隣接諸科学の用語・事項(4021項目)，人名（347項目）の見出しを五十音順排列のもとに解説し，豊富な関連・参照の項目を加えるとともに，参考文献（巻末リストとして一括）を添えている。同CD-ROM版。

日本の神仏の辞典 大島建彦 等　大修館　2001　9,1364p　　　　*307*
　神道，仏教，民俗信仰をはじめ，修験道，道教，陰陽道，キリスト教など，それぞれの宗教のジャンルを含む範囲にわたっている。古事記や日本書紀などに現れた約4000の古典神，著名な諸社を加えた約6000の神社，仏教の各宗派にわたる約2500の寺院，約2500の民俗神など，全体で約1万9000項目を五十音順排列し，項目末尾に執筆者を添える。

神道大辞典 京都　臨川書店　1969　3冊（復刻）　　　　　　　　　　*308*
　神名，神社名，祭祀，祭器具，行事，神道，学説，書籍，神社建築，神職，神道学者など，神道に関する事項，用語，人名を見出し語とする小項目主義の事典。原本は平凡社から1937－40年に刊行されたものであるだけに，一括されている別刷りの図版は不鮮明であるが，これだけ網羅的に関係項目を取りあげている類書はない。ただし，民俗学的側面からの解説を求めるのは無理である。縮刷版（1986）もある。

神道史大辞典 薗田稔，橋本政宣　吉川弘文館　2004　5, 1226, 102, 40p　*309*
　日本古来の神道文化は，歴史の中でどのように人々にとらえられてきたのか。神話の世界から現代まで，神道を理解するための4100項目を，最新の成果をもとに，仏教や儒教，天皇，貴族，国家との関わりの中で発展してきた神道の歴史を詳細に解説する。巻末に便利な官国幣社一覧，府県社一覧，海外神社一覧，年度別神社一覧等を付載。

日本仏教史辞典 今泉淑夫　吉川弘文館　1999　5, 1117, 112p　　*310*
　わが国仏教の理解を助けるために4700項目余を選び，寺院・僧侶から経典・思想に至るまで平易に解説し，仏教の歴史とその思想を提示した辞典。「聖衆来迎図」，「板碑」，「経筒」など多数の図版を付載。巻末に詳細な索引を付す。

　このほかに，『仏教大辞彙』（再版　龍谷大学　冨山房　1972－74　7冊）がある。また『仏教大辞典』（織田得能　名著普及会　1977　3冊），『日本仏教語辞典』（岩本裕　平凡社　1988）は，いずれも日本の古典文献に使われている仏教語を数多く収載している。『仏教辞典』（再版　宇井伯寿等　東成出版社　1953）の解説は簡略であるが，経典名や書名には『仏書解説大辞典』（*717*）その他の文献への参照指示がなされている。
　さらに『仏教語大辞典』（中村元　東京書籍　1975　3冊）の改訂版『広説仏教語大辞典』（2001　4冊）は仏典や仏教文献に現われた術語および日本，朝鮮，中国などの民間信仰や寺院などで用いられている仏教語を解説している。用語解説および叢書目録と索引からなる『総合仏教大辞典』（法蔵館　1987　3冊），仏教用語と日本仏教史に関する事項を中心に解説した『仏教大事典』（古田紹欽等　小学館　1988）も一般利用者向けの平易な事典である。

世界キリスト教百科事典 教文館　1986　1033p　　　　　　　　*311*
　World Christian Encyclopedia（1982）の和訳を基礎にした事典。世界各国のキリスト教およびその宗派の歴史と現勢を比較的に解説したもの。キリスト教関係団体

の活動も明らかにしている。宗教用語(英和)一覧，各種統計資料がある。

新カトリック大事典 上智学院同編纂委員会　研究社　1996－2010　6冊　　　***312***
　旧約・新約聖書学，教理神学，倫理神学，倫理学，実践神学，典礼学，教会法学，世界各国の教会，キリスト教の諸教会，教会史などにわたる項目を五十音順に排列。項末に文献欄を設け，執筆者の署名を付す。第5巻「総索引」は日本語索引と外国語・日本語対照表。別巻(2010)は補遺部分と資料編(キリスト教史年表，歴代ローマ教皇など)，別巻索引からなる。「Kenkyusha Online Dictionary」にも収録。

歴史学事典 尾形 勇 等　弘文堂　1994－2009　15冊と別巻1冊　　　***313***
　歴史学の「概念」，「素材」，「方法」に大別し，「概念」のもとでは，王と国家，法と秩序，戦争と外交，所有と生産，民衆と変革，宗教と学問，身分と共同体，コミュニケーション，人と仕事，交換と消費に分かち，「素材」のもとでは，からだとくらし，かたちとしるし，ものとわざ，「方法」のもとでは，歴史家とその作品，歴史学の方法，に分ける。それぞれに執筆者と関連文献を付している。各巻ごとに文献表と和文・外国語の事項・人名索引があるほか，別巻にも総索引，全項目一覧表がある。

世界考古学事典 平凡社　1979　2冊　　　***314***
　世界全域の考古学関係の項目を収載する。とくに日本，東南アジアについて重点をおく約6000項目には，関連分野として，人類学，民族学などの成果も取り入れている。下巻は世界諸地域の概説，地図，和欧の文献および索引からなる。

歴史考古学大辞典 小野正敏 等　吉川弘文館　2007　1247, 104p　　　***315***
　歴史学，考古学のほか，民俗学，美術史，建築史など，関連分野から3270項目を採録し，五十音順に排列し，豊富な図表と図版を用いて解説している。各項目末に基本的な参考文献をあげるとともに，執筆者名も付している。巻末に索引と図版目録(104p)がある。

社会科学大事典 同編集委員会　鹿島研究所出版会　1968－71　20冊　　　***316***
　政治学，法律学，経済学，社会学などの分野にとどまらず，哲学，心理学，統計学，応用数学，歴史学，人文地理学，労働科学，医学，教育学などの諸分野にもおよぶ関係用語，人名(日本人は故人のみ)，事項などの項目を選んで五十音順に排列し解説を加えている。日本とアジアの歴史と現状に重点をおき，社会科学の総合化を目指したもの。第20巻は和文・欧文の各事項索引，人名索引である。

　学術的な性格の強いものとして，戦前には，社会思想社編『社会科学大辞典』(改造社　1930)があった。これは1929年現在でまとめられた成果であるが，歴史的にさかのぼって当時の関係項目を調べようとする場合には有用である。

政治学事典 猪口 孝 等　弘文堂　2000　1327p　　　***317***

　社会思想，実証理論，比較政治，国際政治を基本分野とし，哲学，歴史，社会学，心理学など，関連分野も含む事項，人名を見出しとし，原語表記（もしあれば）を付記して解説し，関連項目，主要文献を付記した項目を五十音順に排列している。巻頭に〈テーマ別項目分類目次〉，巻末に和文事項，外国語事項，和文人名，外国語人名の各索引がある。

現代政治学事典 新訂版　大学教育社　ブレーン出版　1998　1223p　　***318***

　政治学原論，政治史，政治思想史，行政学，国際政治，法学，社会学，経済学関係の事項，人物を対象とする小項目主義の五十音順事典。事項見出しには外国語を併記，人名見出しには生没年を付記している。また，参考文献を付記している項目も少なくない。索引は日本語事項，外国語事項，日本語人名（外国人を含む），外国語人名の4種類からなる。

現代法律百科大辞典 伊藤正己 等　ぎょうせい　2000　8冊　　　***319***

　法律用語の平易な解説を目指し，約5500項目を約880人が分担執筆し，五十音順に排列する。1999年9月現在の法令に基づいて解説し，図表，書式を織り込んで理解を助けている。第8巻は総索引，判例索引，問答索引と資料編からなる。CD-ROMつき。

　このほか，法律関係では，『新法学辞典』（杉村敏正 等　日本評論社1991），『新法律学辞典』（第3版　竹内昭夫 等　有斐閣　1989）などは旧版以来定評がある。法律用語については，『有斐閣法律用語辞典』（第5版　法令用語研究会　2020，同CD-ROM版，ダウンロード版，オンライン版），『法律類語難語辞典』（新版　林 大，山田卓生　有斐閣　1998）がある。また，一般人向きには『図解による法律用語辞典』（補訂4版追補　自由国民社　2013，同CD-ROM版，ダウンロード版）がある。

経済学大辞典 第2版　熊谷尚夫 等　東洋経済新報社　1980　3冊　***320***

　"経済社会の構造と機能を貫く基本問題の体系的な関連を解明し，分化した現代経済学説に対して総合的な視点を提供する"ことを目指した初版（1955）の方針を受け継いだ改訂版。市場機構，経済変動，分配，経済政策，財政，金融など19の大項目を設け，中項目で解説し，参考文献を添えている体系的事典。第3巻末に和文と欧文の各事項索引，人名索引（カナ見出し），付表索引がある。

　専門的な事典として，このほかに『経済学辞典』（第3版　大阪市立大学経済研究所　岩波書店　1992）がある。これは近代経済学とマルクス

経済学の両分野の研究成果を約1680項目にまとめた中・小項目併用の事典である。また『大月経済学辞典』（大月書店　1979），『体系経済学辞典』（第6版　高橋泰蔵，増田四郎　東洋経済新報社　1984）も専門的な事典として知られている。

有斐閣経済辞典 第5版　金森久雄 等　有斐閣　2013　1604p　　　　*321*
　"経済用語の国語辞典"を目指し，五十音順に排列した2万1000項目について簡潔な解説を与えている。第5版のページ数は増えているが，ハンディさを目指すため，経済史を割愛し，項目数を第4版と同数に調整している。和英・英和辞書としても使えるように欧文表記を付している。巻末に欧文索引がある。同CD-ROM版，ダウンロード版。

人口大事典　日本人口学会　培風館　2002　18,999p　　　　*322*
　世界の人口，世界と日本の人口問題，人口思想と人口学説，人口統計と人口分析，家族と人口再生産，地域人口と人口移動，人口の社会経済的側面，人口政策，の8部24章のもとに192項目を解説したハンドブックタイプの事典。付録に，主要人口統計，関係機関・団体，関係年表，人口地図がある。

経営学大辞典 第2版　神戸大学大学院経営学研究室　中央経済社　1999　1048p
　　　　323
　欧米の経営学のみならず，社会主義諸国の企業経営の新しい概念や理論を明らかにし，経済学，社会学，心理学，哲学などの関係項目も署名入りで解説している。巻末に和文索引，欧文索引がある。

会計学辞典 第6版　神戸大学会計学研究室　同文館　2007　59,1431p　　*324*
　近年の法体系の変革に伴い財務会計，監査，国際会計など大幅に改訂し，会計学領域にとどまらず，広く関連事項も含む4500項目以上を見出し語に立てて五十音順排列し，相当する外国語を付記して解説している。巻頭に体系目次，巻末に和文事項，英文事項，人名の各索引がある。

会計学大辞典 第5版　安藤英義 等　中央経済社　2007　73,1459p　　*325*
　企業会計，財務諸表，財務会計，簿記，原価計算，管理会計，経営分析，会計情報システム，監査，非営利組織の会計，企業社会会計，会計法規，会計団体，会計学者，税務会計の15部門構成とし，4300項目以上を五十音順に排列して解説する。巻頭に体系順項目一覧を，巻末に和文・欧文の項目索引を付す。

社会学事典　日本社会学会同刊行委員会　丸善　2010　26,945p　　*326*
　第1部「社会学の見方－基礎と理論」，第2部「社会学の使い方－応用と実践」の2部からなり，420の中項目のもとに解説する。巻頭に見出し語の五十音順索引

がある。巻末に，海外文献原典表記一覧，社会学関連文献年表のほか，事項索引・人名索引がある。

新社会学辞典 森岡清美 等 有斐閣 1993 1726p *327*

社会学の関連分野をも包括する領域の約6000項目（約1割は人名項目）からなり，各項末に参考文献を付している。巻末付録に世界各国，各地域における社会学の歴史と現状紹介がある。索引は和・欧の事項索引と人名索引からなる。

現代教育学事典 青木一等 労働旬報社 1988 876p *328*

「子ども・青年の発達と教育」，「教育の内容と方法」，「学校と教職員」，「生涯学習と社会教育」，「教育制度・教育行政・教育思想」，「教育の歴史と人物」の全6編の体系目次を巻頭におき，本文は小項目からなる見出し項目を五十音順に排列している。各項目の解説には署名を付し，豊富な相互参照指示をしている。巻末に資料（学校制度と法，教科・学習指導要領の変遷・審議会答申，民間教育研究運動，教育関係国際文書のほか），事項・人名などの索引がある。

新教育学大事典 細谷俊夫 等 第一法規出版 1990 8冊 *329*

学校教育にかぎらず，広範な教育事象に関する項目を含んでいる。2600項目以上を取りあげ，〈意義〉，〈歴史〉，〈研究法〉などの小見出しを設けて解説し，必要に応じて参考文献を添えている。第7巻は資料，第8巻は統計・年表・索引である。

日本民俗大辞典 福田アジオ 等 吉川弘文館 1999-2000 2冊 *330*

民俗学のほか，文化人類学，民族学，歴史学，社会学などの関連分野から選んだ約6000項目について執筆者の署名入りで解説した五十音順排列の事典。本文に挿図を加えるほか，各巻末に原色図版を収載している。下巻に和文索引，欧文索引，さらに難読語について読みの手がかりを与える頭字索引がある。本書から約700の重要項目を選んだのが『精選日本民俗辞典』（福田アジオ 等 2006）である。

このほか，民俗語（生活伝承語）の観点から信仰，慣行，習俗，文芸，芸能関係の語を収載している『日本民俗語大辞典』（石上 堅 桜楓社 1983）があり，風俗関係では，江戸末期に書かれた喜多川守貞の『守貞漫稿』を底本にして編集した『近世風俗事典』（人物往来社 1967），生活文化史としての視野で各時代の風俗に関する用語を取りあげ，五十音順排列のもとで解説した『日本風俗史事典』（日本風俗史学会 弘文堂 1979）などがある。

文化人類学事典 石川栄吉 等 弘文堂 1987 935p *331*

事項，人名，民俗，部族，語族など約2600項目を五十音順に排列した小項目主義

の事典。挿図，写真を含む解説もある。また，多くの項目末に参考文献を添えている。巻末に，和欧の事項索引，人名索引，民俗・語族索引がある。同縮刷版(1994)。

科学・技術大百科事典　朝倉書店　1999　3冊　　　　　　　　　　　　*332*
標準的な英語の科学事典 *Van Nostrand's Scientific Encyclopedia*（第8版1995）収載の約6800項目を和訳し，訳語見出しに欧文表記を添えた項目を五十音順に排列している。各巻ごとに英語項目の索引がある。

岩波理化学辞典　第5版　長倉三郎 等　岩波書店　1998　1854p　　　*333*
物理学，化学を中心に，自然科学の全領域にわたる術語，人名などを見出し語とする1万2000の小項目からなる。付録には，諸表，記号，命名法，研究機関などが収められている。巻末に，52万項目の和文索引のほか，欧文索引，ロシア語索引がある。同 CD-ROM 版。

現代数理科学事典　第2版　同編集委員会　丸善　2009　16, 1454p　*334*
物理の数理，生命の数理，計算機科学，経済の数理，数理統計学，OR，制御理論，情報の理論，数値計算，認知と学習，数理の基礎の11分野にわたり，数理科学の諸相を解説する。和文と欧文の事項索引，和文と欧文の人名索引がある。

岩波数学辞典　第4版　日本数学会　岩波書店　2007　3, 32, 1976p　*335*
理論数学，応用数学の関係事項および人名を515の中項目にまとめ，五十音順（第1，2版は ABC 順）に排列して事典形式にしたもの。各項目見出し語に英仏独語を併記（第2，3版は露語も併記）し，各項末に参考文献を付している。また付録として，公式，数表がある。索引は和文，欧文の2種と人名索引（露語名は割愛）とからなる。第4版のほぼすべてと第3版の本文を収録した CD-ROM つき。

物理学辞典　3訂版　同編集委員会　培風館　2005　14, 2670p　　　*336*
高校の教科書に出てくる事項から最先端の専門分野の事項まで含む，約1万3500の関係用語，人名などからなる小項目主義の五十音順排列を基本とし，大項目，中項目も交えている。英語索引もある。

化学辞典　第2版　同編集委員会　森北出版　2009　1716p　　　　　*337*
有機・無機工業化学，生化学，公害・エネルギー問題など，科学の各分野を広範に網羅した実用的項目を増補している。見出しの読みの五十音順排列で，対応する外国語は原則として英語を付記する。付表として，原子量表，分光的数値換算表，おもな核種表などのほか，巻末に ABC 順の欧文索引がある。

天文学大事典　同編集委員会　地人書館　2007　7, 815p　　　　　　*338*
文部科学省の『学術用語集　天文学編』をはじめとする各種の辞書，用語集から約5000語を選び，原則として小項目とするが，重要度に応じて中項目，大項目とし

ても解説している。巻末に，付録として星座・恒星の固有名，おもな恒星，おもな
二重星・実視連星などをあげ，欧文索引を付す。

地学事典 新版　地学団体研究会同編集委員会　平凡社　1996　2冊　　　***339***
　約2万の地学関係用語を見出しとする小項目主義の五十音順排列の事典。各項目
に英独仏露語などを併記し，定義を与えたのち，具体的に解説している。第2巻に
付図・付表と索引をまとめ，54の図表を収録するとともに，約3万4000項目からな
る外国語索引と古生物分類表，生物界系統図などを付している。

医学生物学大辞典 朝倉書店　2001　3冊　　　***340***
　International Dictionary of Medicine and Biology（1986）の翻訳を基礎にする。
医学，生物関係用語にとどまらず，広く化学，薬学，その他の関連語も含む15万語
を簡潔に解説し，同義語，対照語等も付記している。

岩波生物学辞典 第5版　巌佐 庸 等　岩波書店　2013　2171p　　　***341***
　生物学の急速な変化にともなう研究成果と関連概念の増加・多様化に対応して，
旧版を大幅に改訂したもの。第4版の項目約1万1160に，新たに1000以上の項目を
追加し，五十音順に排列。各項目見出しに外国語を併記したうえで，比較的詳細に
解説している。付録に，分類階級表，ウイルス分類表，生物分類表があり，巻末には，
和文索引，欧文索引がある。同CD-ROM版。

　上記のほかに，定評のある欧文の事典の翻訳を基礎にした特色のある
事典も見られる。たとえば*Dorland's Illustrated Medical Dictionary*（第
28版　1994）を翻訳編集した『ドーランド図説医学大辞典』(第28版　広
川書店　1997)，*Stedman's Medical Dictionary*（第27版　2000）を翻訳
編集した『ステッドマン医学大辞典』(改訂第6版　同編集委員会　メジ
カルビュー社　2008, 同CD-ROM版)などがある。また，わが国の医学，
生物科学関係者が分担執筆している『南山堂医学大辞典』(第20版　南山
堂　2015, 同CD-ROM版) も改訂を重ねて定評があり，医学，薬学の
ほか，化学，物理学，生物学，心理学，農学等の関連分野の用語を広く
収録している。さらに，医学・医療の分野の用語約5万とともに，カラー
写真・図解約2500枚を収録した『医学書院医学大辞典』(伊藤正男 等
第2版　2009) も版を重ねている。

建築大辞典 第2版　彰国社　1993　2090p　　　***342***
　都市工学，造園，インテリア，デザイン，工芸，人間工学，防災工学などの関連
分野を含む領域の事項名，人名，文献名，建築物名など，約3万4500項目からなる

小項目主義の五十音順排列の事典。難読語集を付している。

新編農学大事典 同編集委員会　養賢堂　2004　42, 1786p　　　　*343*
　「農学の発達」,「日本農業の立地と生産方式」から「農業改革」などにわたり,
50にのぼる大項目を立て,それぞれ中・小・細項目を設け,署名入りで解説してい
るハンドブックタイプの事典。巻頭に詳細目次があるほか,巻末に索引がある。付
録は品種特性表,農産物の規格,成分表などからなる。「第2次増訂改版」の内容
構成を全面的に改めたもの。

園芸大百科事典 講談社　1980 - 81　13冊　　　　　　　　　　　*344*
　第1 - 8巻は園芸植物のうち,主として日本で栽培されている花卉,野菜果樹類,
山野草などを収めている。カラー写真を多用した図鑑風の事典。第9 - 11巻は園芸
知識とその応用の事典で,基礎知識,栽培の技法,その応用などを扱っている。第
12巻「園芸便利事典(付・総索引)」のほか,別巻「花の生活カタログ」がある。

花卉園芸大百科 農文協　農山漁村文化協会　2001 - 2002　16冊　　　*345*
　(1) 生長・開花とその調節, (2) 土・施肥・水管理, (3) 環境要素とその制御, (4) 経
営戦略／品質, (5) 緑化と緑化植物, (6) ガーデニング／ハーブ／園芸療法, (7) 育種
／苗生産／ハイテク活用, (8) キク, (9) カーネーション, (10) バラ, (11) 1・2年草,
(12) 宿根草, (13) シクラメン／球根類, (14) 花木, (15) ラン, (16) 観葉植物／サボテン／
多肉植物の各冊からなる。

新潮世界美術辞典 秋山光和 等　新潮社　1985　1647, 149p　　　*346*
　古今東西の絵画,彫刻,考古学,建築,工芸,デザイン,書,美学,批評および
文学史などの分野を包括する領域から人名,地名,作品様式,用語,主題,技法な
どにわたる約1万700の項目(主として小項目)を選んで解説している。描き図版約
500点,単色写真約700点を含む。索引は欧文索引,難読索引からなる。

世界美術大事典 小学館　1988 - 90　6冊　　　　　　　　　　　*347*
　1984年にイタリアで刊行された百科事典(28巻)のうち,美術に該当する3巻の日
本語訳。絵画,彫刻,建築,工芸,写真,デザイン,生活美術などのほか,都市,
庭園,図像なども含む領域の西洋,東洋の美術に関する人名,地名,用語など,大・
中・小項目を織り込んで約7300項目を五十音順に排列したオールカラー事典。

角川日本陶磁大辞典 矢部良明 等　角川書店　2002　1484, 86p　　*348*
　陶磁関係用語,作品名など7300項目を五十音順排列のもとにすべて署名入りで解
説する。約1200点のカラー写真を挿入している。付録に,陶磁器編年図表,国宝・
重要文化財一覧,関係文献一覧,美術館・博物館一覧などがある。

ニューグローヴ世界音楽大事典 講談社　1993－95　21冊と別巻2冊　*349*
　音楽事典として定評のある *The New Grove Dictionary of Music and Musicians*
(1980) の翻訳に基づき，アジア，アフリカ，とくに日本関係の項目，1960年以降に
活躍した人物についての項目の増補改訂を行なっている。事項，人名約2万3600項
目からなり，第21巻は和文・欧文索引と民族音楽関連用語一覧，別巻1は「書誌・
史料」等，別巻2は「参考文献」である。

標準音楽辞典 改訂第2版　音楽之友社　2008　2冊　*350*
　音楽のあらゆるジャンルを網羅する目的で，楽語，曲名，人名など約1万4000の
小項目を五十音順に排列して解説。人名項目は見出しに続けて生年月日，生地，没
年月日，没地等を示す。譜例，図版，写真など約2500点を添え，下巻末には欧文索引，
難訓索引がある。

演劇百科大事典 早稲田大学演劇博物館　平凡社　1960－62　6冊　*351*
　日本の演劇，すなわち雅楽，能，歌舞伎，新劇，民俗芸能などを中心に，映画，
テレビなどの演劇，芸能も含む古今東西の演劇関係の事項を約1万4000の大・小項
目で解説している。第6巻には付録の世界演劇年表，芸能系譜，県別民俗芸能暦，
能・狂言現行曲名表のほか，五十音順索引，難訓索引，外国語索引がある。1983年
に新装復刊。

最新スポーツ科学事典 日本体育学会　平凡社　2006　919p　*352*
　分野別目次に，体育哲学，体育史，体育社会学，体育経営管理，体育心理学，運
動生理学，バイオメカニクス，発育発達，体育方法，測定評価，体育科教育学，保健，
スポーツ人類学，スポーツ法学，スポーツ医学の15分野を設け，約500の大項目，
3500の小項目を選んで解説し，項末に参考文献，執筆者名を添え，巻末に和文索引，
欧文索引を付す。

言語学大辞典 亀井 孝 等　三省堂　1988－2001　6冊および別巻　*353*
　「世界語編」(1－4巻) は，世界の言語名をカナ表記の見出しのもとに五十音順排
列して解説する。「補遺・言語名索引編」(第5巻) は，補遺のほか，和文，欧文，漢
字の各索引からなる。「術語編」(第6巻) は専門用語を解説している。別巻の「世界
文字辞典」(2001) は世界の文字に関する約300項目を五十音順に排列し，各文字の名
称，系統，歴史，使用状況，文字組織，字形などを図版つきで解説している。

国語学大辞典 国語学会　東京堂出版　1980　1253p　*354*
　国語学，国語・言語関係の事項名，書名，人名などを約1600項目にまとめ，五十
音順に排列し，必要に応じてくわしく解説し，参考文献を添える形式をとる。相互
参照も多い。付録に，国語年表，国語学関係参考文献・講座等内容一覧，影印本目
録がある。巻末に事項，書名，人名からなる索引と欧文索引がある。

集英社世界文学大事典 同編集委員会　集英社　1996-98　6冊　*355*
　第1-4巻で各国の文学関係人名約1万2570項目を，第5巻で文芸用語，文学史，文学事象，流派，団体，文芸思想，新聞・雑誌等に関する事項約3200項目を解説し，五十音順に排列している。第5巻末に世界文学年表を付し，第6巻には，人名(和文，欧文)，書名・作品名，事項，新聞・雑誌名などを分類編成した索引を収めている。なお，1巻ものの『集英社世界文学事典』(同編集委員会　2002)は，人名，作者不詳作品名，文芸用語，新聞・雑誌名などの見出し約1万600項目からなり，この大辞典の補遺としても役立つ。

新潮日本文学辞典 増補改訂　磯田光一 等　新潮社　1988　12, 1772p　*356*
　ハンディな1巻ものとして定評のあった旧版の改訂版。人名，作品，事項など，古典文学から現代文学におよぶ範囲の約2600項目を選んで五十音順に排列し，署名入りで解説している。付録は，日本文学年表，発禁書略年表，文学賞受賞者一覧，全国主要文学館などからなる。巻末に，人名，書名作品名，新聞・雑誌，事項の各索引がある。姉妹編の『新潮世界文学辞典』(増補改訂　江川 卓 等　1990)を加えたCD-ROM版がある。

日本古典文学大辞典 市古貞次 等　岩波書店　1983-85　6冊　*357*
　明治以前の国文学，国語学，さらに関連領域を包括する分野の事項名，人名，作品名，その他の約1万3000項目を五十音順に排列し，署名入りで解説し，しばしば参考文献を添えている。第6巻は総索引で，〈難音訓一覧〉もある。同書名の「簡約版」(1986)は約4000項目を選んだ1巻もの。

日本近代文学大事典 日本近代文学館　講談社　1977-78　6冊　*358*
　「人名」編(第1-3巻)には，文学，演劇，映画，音楽，美術，出版などの関係者を収載する。「一般事項」編(第4巻)は，文芸思潮，流派，団体，用語からなる。「新聞・雑誌」編(第5巻)は，約1600点の文学関係紙誌について解説している。第6巻は総索引で，叢書・文学全集などのリストも含む。なお，同「机上版」(*630*)は，このセットの「人名」編を増補したもの。

3.3
便覧類

　第1章で述べたように便覧の定義はむずかしい。書名に〈便覧〉の語がつけられていても事典その他の種類のものと変わらないもの，〈事典〉の語がつけられていても便覧の特徴を備えているものが少なくない。
　便覧類には多種多様な性格のものが含まれている。この種の図書に

は，便覧，事典のほかに，しばしば〈資料〉，〈総覧〉，〈必携〉，〈要覧〉，〈ガイドブック〉，〈ハンドブック〉，〈マニュアル〉，〈データブック〉などの書名がつけられており，雑多な知識をコンパクトにまとめた小冊子から専門主題の知識を集大成した大部なセットものまで，きわめて多様な内容，形式，形態のものが見られる。

　とくに自然科学分野では，たとえば『化学便覧　基礎編』(改訂6版　日本化学会　丸善　2021，同オンライン版)，『応用物理データブック』(応用物理学会　丸善　1994)などのように，高度に専門的な理論的・技術的データをまとめた〈データブック〉とよぶにふさわしいものが多く編集されている。それらは，本書の「レファレンスブックのガイド」(1.3)のもとに紹介したもののほか，日外アソシエーツ刊『便覧図鑑年表全情報』(104)からも拾い出すことができる。

　以下に，書名が便覧ではなくても，内容，形式などの面において便覧類の特徴を備えたものがあることを示すために，いくつかの事例を取りあげることにする。なお，歴史の分野では〈読史便覧〉とよばれる特徴的な便覧がある。それらについては，第4章の「歴史便覧」(4.2)のもとで取りあげる。

図書館情報学ハンドブック 第2版　同編集委員会　丸善　1999　1145p　***359***
　図書館情報学の全分野を体系的に把握できるように，その理論と実務に関する事項を総論，メディア，利用者，書誌コントロール，情報検索，サービス，図書館の7章と資料編に大別し，各章を節・項に分け，さらに必要に応じて細分し解説している。資料編は法規・基準等，関係機関・団体，規格・標準，図書館統計，参考文献，図書館情報学年表の6種類からなる。巻末に，和文と欧文の索引がある。

図書館ハンドブック 第6版補訂2版　同編集委員会　日本図書館協会　2016　18,694p　***360***
　総論，図書館サービス，図書館経営，図書館資料，資料・メディアの組織化，図書館職員，図書館施設，特論(学校図書館法の改正と職員制度の整備，多様化する図書館づくり，オープンアクセス，情報資源組織化をめぐる最新動向など)で構成された本編と資料編(参考文献，図書館関係法規・基準等，年表)からなり，和文・欧文の索引を付す。

新・こどもの本と読書の事典 同編集委員会　ポプラ社　2004　502p　***361***
　こどもの本の理論と実践(こどもの本，こどもの文学，図書館，読書運動，学校

図書館，読書教育）およびこどもの本の作品紹介，こどもの本の人物紹介からなる。付録に，こどもの読書活動推進関連団体，関係法規，児童文学・文化史年表，参考文献があり，索引を付している。

日本史必携 吉川弘文館編集部　吉川弘文館　2006　709p　　　*362*
　基本資料編，古代編，中世編，近世編，宗教編の5編に分け，日本史研究の基礎資料を精選し，収載資料は近世までを対象とし，年表，図表，役職表，系図など200項目以上をコンパクトに編集し，大部な『日本史総覧』(*408*)，『読史総覧』(*407*)では得られない使いやすさを発揮できるよう意図している。

組織図系統図便覧 2011　ダイヤモンド社　2010　3冊　　　*363*
　「全上場会社版」は，2010年9月16日現在で全国5証券市場に上場されている3675社を証券コード順に排列している。各社名のもとに資本金，従業員数，設立，事業内容，組織図と事業所一覧を掲載する。CD-ROMつき。

日本民俗芸能事典 日本ナショナル・トラスト（観光資源保護財団）　第一法規出版　1976　1005p　　　*364*
　民俗芸能，祭礼980件を都道府県別に排列し，各名称のもとに所在地，時期のほか，沿革・現状，行事次第，組織，場所・演目，扮装・芸態，歌詞・詞章，分布について，それぞれ1ページ程度の解説を加え，写真を添えている。また，参考文献と交通機関の下車駅も付記している。巻末に，分類別索引がある。

理科年表 国立天文台　丸善　1925-（年刊）　　　*365*
　暦，天文，気象，物理／化学，地学，生物の6部からなり，それぞれの数値類，図表，統計などを収載している。1984年版以来，新たに生物の部が加えられている。一種のデータブックであり，日常生活に必要なデータも収録されている。たとえば，暦部には，祝日，日曜表，各地の日出入・方位，日食，月食，世界各地の標準時などが含まれている。付録は公式，数表など。巻末に五十音順事項索引がある。同CD-ROM版（1996-2005）。Web版「理科年表プレミアム」(有料) もある。2009年から『環境年表』も隔年刊。

生物学データ大百科事典 石原勝敏 等　朝倉書店　2002　2冊　　　*366*
　生体の構造，生化学，植物の生理・発生・成長・分化，動物生理，動物の発生，遺伝学，動物行動，生態学，進化・系統の9章からなり，各種のデータを数多くの表，模式図，概念図などとして収載している。

先端科学技術要覧 OHM編集部　オーム社　2006　514p　　　*367*
　第1編：エネルギー，第2編：環境・安全，第3編：情報通信，第4編：エレクトロニクス，第5編：ナノテクノロジー，第6編：バイオ・ME・脳科学，第7編：知的財産権・教育について，各分野の専門家が先端科学分野を分担執筆。

建築材料実用マニュアル 同編集委員会　産業調査会事典出版センター　1991
1188, 199p　*368*

　建築材料を躯体，屋根，天井，壁，間口，採光，床など10章に分け，材料の概要，特徴，形状・寸法，種類，製法，機能・性能，使用上の注意などについて解説。各解説の後に，見積りの目安として材料価格，工法価格，メーカーなどのアドレス表示がある。巻末に五十音順の事項索引がある。

絵とき電気機器マスターブック 改訂3版　野口昌介　オーム社　2000　251p
369

　電気が起こる仕組みからモーター，変圧器など，さまざまな電気機器を，直流機，誘導機，変圧器，同期機，静止器の5章に分け，イラストを用いて分かりやすく解説する初心者向きの便覧。巻末に，五十音順索引と英文のABC順索引がある。

古美術必携 蒐集研究　白崎秀雄　徳間書店　1974　155, 101p　*370*

　日本，中国，朝鮮の古美術を鑑賞・研究するのに役立つ便覧。歴史的意義のある基本的な明記，名物帳類の翻刻，古筆名葉の便覧，絵巻物，金工，茶道などに関する解説的リストを収録。巻末に，日本美術史年表，東洋陶磁史年表がある。

国語国文学手帖 尚学図書言語研究所　小学館　1990　297p　*371*

　上代から近現代までの国文学に関する基本的事項を図版，年表を用いて解説している一般向けの便覧。人名，書名，事項による五十音順索引を付した「文学図録」，「文学年表」，「文学地図」，「国語表現」の4編と，日本古典文学の代表的作品などの「古典文学書き出し文100選」からなる。

3.4
図　鑑

　百科事典や専門事典には豊富な図版を挿入しているものが少なくない。事物などのかたちあるものの写真その他の画像を見たいとき，一般の事典で足りる場合もあるが，たとえば，特定の生物あるいは道具について細部にわたる形態，構造，機能などを調べようとすると不十分なことが多い。類似のものを比較対照するには識別しやすいように提示したいくつもの図版が必要になるし，かたちとか色彩が分かっているものについて，それが何なのか，その特徴を手がかりにして同定できるだけの検索の手がかりが与えられていることが望ましい。

　そんなとき，多数の絵，写真，その他の図を主体にして解説を加え，索引を付した図鑑があれば有用である。図鑑から得られる情報は実物そ

のものではないという制約はあるにしても，図鑑の助けをかりて対象物を視覚的にとらえることができ，文章による説明だけよりも具体的に対象をイメージすることができるだろう。

　しかも，近年印刷技術の発達により，印刷物ならではの鮮明で目になじむ色彩豊かな図版からなる図鑑が増えてきており，それらにはしばしばCD-ROM版が添付されている。

　とくに，〈電子図鑑〉とよばれる種類の電子メディア，たとえばアスキーのCD-ROM版「マルチメディア図鑑シリーズ」，「学研マルチメディア図鑑」などが製作され，画像とともに生物の鳴き声など，冊子の紙面では得がたい画像や音声の再生ができるようになった。

　これまで多数の図鑑が出版されているが，その探索には第1章の「レファレンスブックのガイド」(1.3) のもとに収録したもののほか，日外アソシエーツ刊の『便覧図鑑年表全情報』(*104*) からも拾い出すことができる。

　図鑑類は多くの場合，特定の主題のもとに関連する事物の図版，写真などを体系的に編集している。主題を限定しないものもあるが，多くは自然的事物を対象とする自然科学分野のものである。総合的なものとしては，たとえば，『ビジュアルディクショナリー』(同朋舎　1993－98　18冊) がある。これは，日用品，人体，船と航海など，さまざまな主題ごとに各冊をまとめた一種の図版・写真集成のかたちをとっている。『ビジュアル博物館』(同朋舎　1990－　　) も，図版類を多数集めた博物図鑑セットというべきものである。

　以下に，特色のある専門主題の図鑑を選び，NDCに準じて排列し，解説を加える。

国史大図鑑 同編輯所　吉川弘文館　1932－34　6冊　　　　　　　　*372*
　有史以前から明治末年までの史的遺物ならびに遺跡の白黒写真とその解説からなる。(1)「上古・奈良・平安時代」，(2)「源平鎌倉時代」，(3)「吉野・室町・桃山時代」，(4)「江戸時代」，(5)「明治時代」の時代別各巻と，上古から近代までの「風俗篇」の全6巻からなる。

世界の国旗大百科 辻原康夫　人文社　2003　292p　　　　　　　　*373*
　国・地域の旗，国際機関の旗，先住民族の旗・独立運動旗，旧国旗の四つに分け

て総計687の旗を収載している。国旗のカラー写真のもとでは，面積，人口，首都，政体，独立，制定，住民，言語，通貨，国名由来などを解説している。

世界コイン図鑑 カラー版　平石国雄，二橋瑛夫　日本専門図書出版　2002　591p
374

　古代のコイン，中世のコイン，近代のコイン，現代のコインに大別し，すべてカラー写真を掲載し解説を加えている。ヨーロッパ連合，アジア，ヨーロッパ，北米，中・南米諸国，大洋州，アフリカ州のもとで国別に図版を掲載し，人名索引を付している。姉妹編に『世界紙幣図鑑』(植村 峻　1999) がある。

図録日本の貨幣　日本銀行調査局　東洋経済新報社　1972-76　11冊　*375*
　原始時代，古代，中世の貨幣，近代幣制の成立，近世幣制の展開などに分け，ほぼ年代順に貨幣の図版を集大成したもの。第10，11巻は「外地通貨の発行」にあて，第11巻後半には日本貨幣年表と貨幣索引を収めている。

マクミラン世界科学史百科図鑑　原書房　1992-94　6冊　*376*
　「古代・中世」，「15-18世紀」，「19世紀」，「20世紀・物理学」，「20世紀・生物学」の5巻と，「総索引」1巻とからなり，約600点の挿図に解説を加えている。*Album of Science*（1978-89）の翻訳。

図解世界の化石大百科　ジョヴァンニ・ピンナ　小畠郁生 等訳　河出書房新社　2000　237p
377
　植物，無脊椎動物，脊索動物に大別し，それぞれを細分項目に分け，写真入りで解説している。巻末に，和文索引と欧文索引がある。

日本化石図譜　増訂版，普及版　鹿間時夫　朝倉書店　2010　286p　*378*
　化石の写真を分類し，学名，系統上の位置，時代，産地などを付記している。旧版に収載されていた台湾，朝鮮，中国大陸などのものは大部分を除外している。巻末に索引を付す。『日本標準化石図譜』（増訂版　1970）の復刻。

原色新鉱物岩石検索図鑑　新版　木股三善，宮野 敬　北隆館　2003　30,346p
379
　代表的な鉱物，岩石標本の色，かたち，組織を示すために，顕微鏡図を写生図で表わし，実物写真で表現しにくいものは写生図で誇張的に描いている。岩石の採集の手引として生かせるように，第1部で検索図表を示している。巻末に，和名索引と英名索引がある。

朝日百科 植物の世界　朝日新聞社　1997　15冊　*380*
　種子植物に11冊，シダ植物，コケ植物，地衣類，藻類，植物の形態に1冊，テー

マ編として「植物の生態地理」，「植物と人間の暮らし」に各1冊をあて，総索引・総目次1冊を付している。種子植物は分類体系によって排列し，類縁の植物はこれに準じて収載している。

原色世界植物大図鑑 林 弥栄，古里和夫　北隆館　1986　902p　　　　　***381***
　世界を13の地域に分け，2318種の植物のカラー写真を地域別に収載し，分布，自生地の環境，1年草・多年草の別，高木・低木の別，用途，形態，近似種などについて解説している。巻末に，和名索引，学名索引，用途別索引がある。

原色牧野植物大図鑑 小野幹雄 等　北隆館　1996-97　2冊　　　　　　***382***
　牧野富太郎著『牧野新日本植物図鑑』(前川文夫 等　北隆館　1977)を基礎にして線描画を彩色図に改めた旧版(1982-83)の正編・続編を大幅に増補するとともに，分類体系にしたがって一本化し，「合弁花・離弁花編」と「離弁花・単子葉植物他編」の2巻に編成したもの。合わせて約5100種を収載している。旧版の続々編として編集された『原色園芸植物大図鑑』(1984)は2304種を収載している。CD-ROM 版は4256種の被子植物のデータを収録。

原色高山植物大図鑑 北隆館　1987　14, 846p　　　　　　　　　　***383***
　国内，国外の高山植物(山岳植物)1600種を合弁花類，離弁花類，単子葉類，裸子植物の順に収載している。科の排列は『牧野新日本植物図鑑』(*382n*)に準じている。各植物ごとに，原色図版と生育環境写真を併載し，解説は分布，自生地の環境，草本・木本の別，樹高(草丈)，形態(茎，根，葉，花，果実など)からなる。巻末に和名索引，学名索引がある。

　植物名(2万7200種以上)から，それを見出し項目にしている図鑑類(60種115冊)を探すことのできる索引『植物レファレンス事典』(日外アソシエーツ編刊　2004)，その追録版として「Ⅱ (2003-2008補遺)」(2009)，これに継続する「Ⅲ(2009-2017)」(2018)がある。

世界大博物図鑑 荒俣 宏　平凡社　1987-94　5冊と別巻2冊　　　　***384***
　「虫」，「魚」，「両生・爬虫類」「鳥」，「哺乳類」の5冊からなり，適宜，〈名の由来〉，〈博物誌〉，〈神話・伝説〉，〈民話・伝承〉，〈ことわざ・成句〉，〈天気・予知〉，〈星座〉，〈文学〉などの小見出しを設けて解説している。別巻1「絶滅・希少鳥類」(1993)，別巻2「水生無脊椎動物」(1994)がある。「鳥類」の CD-ROM 版，別巻を除く5冊の新装版(2014)，普及版(7冊，2021)がある。

日本動物大百科 平凡社　1996-98　11冊　　　　　　　　　　　　***385***
　各巻ごとに類別し，「哺乳類」Ⅰ，Ⅱ，「鳥類」Ⅰ，Ⅱ，「両生類・爬虫類・軟骨魚類」，「魚類」，「無脊椎動物」，「昆虫」Ⅰ，Ⅱ，Ⅲに分け，「別巻」に動物分類名索引を付す。

原色動物大図鑑 内田清之助 等　北隆館　1957－60　4冊　　　*386*
　世界の動物を「脊椎動物の哺乳綱・鳥綱・爬虫綱」，脊椎動物のうち，「魚綱・円口綱，原索動物の頭索綱・尾索綱・腸鰓綱」，「棘皮・毛顎・前肛・軟体動物」，「節足および無脊椎動物の下等部門に属するもの」の4巻に収め，分布，形態，生態などについて解説している。各巻別の学名・和名の索引がある。同復刻版（4冊2009）。なお，昆虫類は『原色昆虫大図鑑』(*388*)に譲っている。

新日本動物図鑑 第9版　岡田要 等　北隆館　1988　3冊　　　*387*
　日本産の各種の動物（昆虫は除く）約7500種を線描し，各門に総説を設け，各綱で概説を加え，模式図によって用語，形態，発生，生態などを解説している。学名（ABC順），和名(五十音順)の索引がある。これを3分の1程度に縮約したのが『新編日本動物図鑑』(内田亨 等　1979) である。初版(1965)の復刻版(2004　3冊)もある。

　動物名(1万1600種以上)から，それを見出し項目にしている図鑑類(69種139冊)を探すことのできる索引『動物レファレンス事典』(日外アソシエーツ編刊　2004)，続編の「Ⅱ(2004－2017)」(2018)がある。

原色昆虫大図鑑 矢田脩 等　新訂　北隆館　2007－2008　3冊　　　*388*
　「蝶・蛾」，「甲虫」，「蜻蛉・直翅・半翅・膜翅他」の3編各1巻からなる。それぞれ各科について概説したうえで，品種をあげ，原色図版に和名，学名を添えて解説を加えている。各巻末に学名と和名の索引がある。

　昆虫名(2万5900種以上)から，それを見出し項目にしている図鑑類(41種109冊)を探すことのできる索引『昆虫レファレンス事典』(日外アソシエーツ編刊　2005)がある。これには「Ⅱ(2005－2010　追補版)」(2011)，「Ⅲ(2011－2020)」(2021)が続く。

原色魚類大図鑑 多紀保彦 等　新訂　北隆館　2005　2冊　　　*389*
　日本産の海水魚，淡水魚約3000種，外国産の海水魚，淡水魚，深海魚，極洋魚，鑑賞魚約1000種を門，上綱，綱，亜綱，下綱，目，亜目，科，種の順に排列し，さらに種のもとではABC順に排列している。すべて細密画を収載し，解説は和名，科，属名，学名，英名，分布，形態，生態，利用などからなる。巻末に和名索引，学名索引がある。

　魚類名から，それを見出しにしている図鑑類（47種105冊）を探せる索引『魚類レファレンス事典』(日外アソシエーツ編刊　2004)，続編の

「2004 - 2014」(2015)がある。

日本鳥類大図鑑 増補改訂版　清棲幸保　講談社　1978　4冊　　　　***390***

　日本（旧日本領を含む）産の鳥類約520種を目・科・属・種に分類し，原色図をあげ，和名，学名のほか，棲息環境，一般習性，なき声，食性，分布などを解説している。増補新訂版(1965)の生態写真を改め，新たに補遺・総索引(1 冊)を追加。

園芸植物大事典　青葉 高 等　小学館　1988 - 90　6冊　　　　***391***

　世界の栽培植物約260科，約2500属，約 2 万種を採録し，属で解説することを原則とし，項目は属の和名または属名の五十音順に排列している。多数のカラー写真を用いて解説し，文化史に関する記述も加えている。索引によって，種名，和名，英名，その他から検索できる。別巻には，索引のほか，用語の解説，学名の命名一覧，種の形容語一覧，参考文献一覧がある。

APG 原色樹木大図鑑　邑田 仁，米倉浩司　北隆館　2016　940p　　　***392***

　日本産の樹木のほか，輸入木材・果樹・観葉植物など日本で見られる外国産樹木を加えた約3500種および造園樹64種を対象とする。新しい分類大系 APGⅢ を取り入れて排列を刷新し，大葉シダ植物，裸子植物，被子植物，単子葉植物，真正双子葉植物の順に解説している。巻頭に種・属レベルで検索するための検索表と樹皮や芽の写真による検索シート，巻末に和名索引，学名索引，用途別索引がある。『原色樹木大図鑑』(新訂版　2004) の改題改訂版。

日本郵便切手・はがき図録 1871 - 1971　郵政省　吉川弘文館　1971　445p
　　　　　　　　　　　　　　　　　　　　　　　　　　　　　　　　　　393

　郵便切手と郵便はがき類の 2 部からなる。切手は1871（明治 4 ）年 3 月から1970年 3 月までに発行されたものを原色・原寸大で発行順に収載し，はがきは1872（明治 5 ）年 4 月から1970年 3 月までに発行されたものを種類別，さらに発行順に収載している。ただし，飛行逓送切手，在外郵便局郵便切手，国際返信切手，軍事郵便証票は省いている。巻末に年表がある。『郵政百年史資料』(*432n*) 第28巻を改題刊行したもの。

　美術全集には各種の美術品の図版が収載されている。これらを対象にして，たとえば『西洋美術全集絵画索引』(日本図書館協会　1999) は，東京都立中央図書館所蔵の西洋美術全集51種，504冊に掲載されている3100人の画家の作品 4 万6000点を画家名から，あるいは画題名から検索できるようにした索引であり，データをすべて収録した CD-ROM 版が付く。

『日本美術作品レファレンス事典』（日外アソシエーツ　1992-　）は
「絵画篇」，「彫刻篇」，「陶磁器篇」，「書跡篇」，「工芸篇」，「建造物篇」
からなる大部なセットであり，これによって1945年以降に出版された多
数の美術全集に掲載されている古今の美術品の図版の所在を確認するこ
とができる。これらには第Ⅱ期として追録版も出版されている。同事典
「個人美術全集」には「絵画篇」（「日本画」2011　2冊，「洋画」2012
2冊）のほか，「版画篇」，「陶磁器篇」，「工芸篇」，「彫刻／建築篇」等が
ある。『東洋美術作品レファレンス事典』（2008　1冊），『西洋美術作品
レファレンス事典』もあり，後者には「絵画篇」（2005　2冊），「版画・
彫刻・工芸・建造物篇」（2006　1冊），「個人美術全集」（2015-17　4冊）
のほか，追録として第2期もある。『美術作品レファレンス事典』には
「人物・肖像篇」（2007　2冊），「先史・古代美術」（2007　1冊）ほかが
含まれている。

国宝大事典 講談社　1985-86　5冊　　　　　　　　　　　　　　　***394***
　国宝を写真で紹介し，描図を加えて解説した一種の図鑑。「絵画」，「彫刻」，「書跡・
典籍」，「工芸・考古」，「建造物」の5冊からなる。各巻とも〈作品と解説〉を本編
とし，年表，用語解説，所有者別作品目録，名称別作品目録，所有者名索引を添え
ている。

　より大規模なセットに『国宝・重要文化財大全』（毎日新聞社　1997-
2000　12冊および別冊）がある。これは「絵画」（2冊），「彫刻」（2冊），
「工芸品」（2冊），「書跡」（2冊），「考古資料」（1冊），「歴史資料」（1冊），
「建造物」（2冊）からなり，別冊はその索引類からなる。

図説服装の歴史 アドルフ・ローゼンベルク　高橋吉文，土合文夫訳　国書刊行
会　2001　2冊　　　　　　　　　　　　　　　　　　　　　　　***395***
　Geschichte des Kostüms（1905-23）の邦訳。「古代オリエントと古代エジプト」，「古
代ギリシアと古代ローマ」，「中世」，「16世紀」，「17世紀」，「18世紀と19世紀」，「ヨー
ロッパの民族衣装」，「アジア・アフリカ・アメリカの民族衣装」の8章からなる。
巻末に，事項索引と人名索引がある。同普及版（2022）。

世界の民族衣装文化図鑑 パトリシア・リーフ・アナワルト　蔵持不三也訳
柊風舎　2011　2冊　　　　　　　　　　　　　　　　　　　　　***396***
　第1巻「中東・ヨーロッパ・アジア編」は，中東，ヨーロッパ，中央アジア，東

アジア，南アジア，東南アジアを含み，第2巻は「オセアニア・南北アメリカ・ア
フリカ編」で，巻末に引用・参考文献，関連語彙表，索引などがある。同合本普及
版（2017）。

原色日本服飾史 増補改訂版　井筒雅風　京都　光琳社出版　1998　508p　　***397***
　「服制の成立」，「和様の創製」，「武装の伸展」，「小袖の完成」，「洋風の摂取」の
見出しのもとに，縄文時代から昭和までの服飾の写真を年代順に収録して解説。写
真撮影したものは，いずれも風俗博物館（京都）の所蔵品。巻末に，着装品の索引と
用語解説がある。

四季花事典　芦田一馬 等　小学館　1992　2冊　　　　　　　　　　***398***
　「春・夏」，「秋・冬，周年」の2巻。いけばな，フラワーデザインに用いられる
花材約1800種をカラー写真で紹介している一種の図鑑。五十音順排列の花材名見出
しのもとに，学名，英名を併記し，植物生態と作例の写真を用い，植物として，ま
た花材としての特徴を解説している。各巻末に花のかたちから検索できるようにし
た「写真で見る本巻収録の花材一覧」があり，第2巻末に，通巻索引がある。

第**3**章の　質問事例

3－1　ワイマール共和国で飛行船ツェッペリン号を描いた銀貨を発行したそうだ
が，どんな図柄のものか，写真か何かで見たい。　（***374***）

3－2　プーシキン賞とは何を対象にした賞で，これまでどんな人たちがこの賞を
受賞しているか。　（***355***）

3－3　〈東都名物錦絵始〉という作品があるそうだが，どんな分野の作品か。また，
この作者には他にどんな作品があるか。　（***357***）

3－4　〈囲炉裏〉について図示して解説しているものはないか。また，これにま
つわる習俗があれば，合わせて知りたい。　（***301***）

3－5　平安時代に作られたという〈目無し経〉とはお経の一種なのか。その図を
添えて解説しているものが見たい。　（***302***）

3－6　1959年に国連で議決・採択された「子どもの権利宣言」の訳文を掲載して
いるものはないか。　（***328***）

3−7 競技スポーツの中に，瞑想法の技法を取り入れたものがあるそうだが，それにはどんな種類の技法があるのか，解説しているものはないか。 （*352*）

3−8 〈ヤマテリハノイバラ〉という名の植物の花はどんな色とかたちをしているか。また，この名の由来も知りたい。 （*382*）

3−9 文献の書誌データを記載する方法および文献目録の作成手順について説明しているものはないか。 （*359*）

3−10 陣ことばともいわれる〈武者詞〉とはどんなことばか。合わせて，その沿革についても解説している事典はないか。 （*354*）

第**4**章

歴史・日時
の情報源

4.0
概　説

　いつ，何があったのか，過去のできごと，歴史的事件を手っとり早く
確かめようとする場合，それが比較的大きな事件ならば，百科事典から
でも手がかりを求めることができる。百科事典はあらゆることがらにわ
たる知識の総覧であることを意図して編集されたものであり，さまざま
な歴史的背景についても記述されているからである。ある事件の日付，
関係者などについて簡単に見当をつけるだけでよければ，こと典的な辞

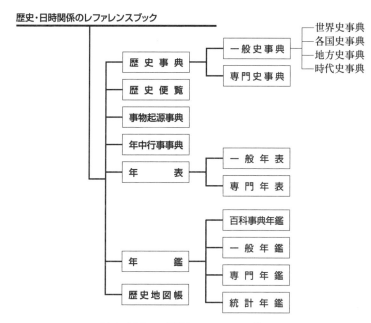

図4　歴史・日時関係のレファレンスブック

書でも間に合うかもしれない。

　求めようとしている情報が，いずれの分野に関することなのか分かっ
ている場合には，その分野の専門事典を使えばよい。それが大部なもの
ならば，くわしい解説をしているはずである。とくに，特定分野の専門
史事典や歴史的観点から編集された専門事典が役立つだろう。

　以上のように，歴史・日時関係の情報は多種多様なレファレンスブッ
クを手がかりにして求めることができるが，本章では，とくに歴史関係
の主な種類のレファレンスブックに絞って解説することにしたい。それ
らには，「歴史・日時関係のレファレンスブック」（図4）に示すような
種類がある。

　「歴史事典」(4.1) には，総合的な一般史事典と特定主題の歴史を扱っ
た専門史事典がある。一般史事典は，世界，西洋，東洋など，広域の歴
史を対象とするものと，特定の国の歴史を対象とする各国史事典，さら
に国内の地方史を対象とするものなどに大別することができる。専門史
事典は，広狭さまざまな主題のとらえかたによって，さまざまな種類に
分けられる。これらに時代をかぎった時代史事典も含めるならば，歴史
事典はさらに多様なものとなる。

　歴史事典には，系統図，一覧表，年表などを付録にしているものが少
なくない。これによって本文項目からは求めにくい情報もしくはデー
タを補足することができる。しかし，適切な付録がつねに利用できると
はかぎらない。

　そうした場合，系統図，諸表，一覧，史料などの形式で多様な情報を
盛り込んで編集された「歴史便覧」(4.2) が役立つだろう。これらはデー
タの提示のしかたに特色があり，近年では多色刷りその他の工夫がほど
こされて表現性にすぐれ，内容項目の検索にも配慮されているものが多
くなっている。〈読史便覧〉といわれるように，各種の事典あるいは専
門書を読み進めるときに，関連事項を補完的に参照できるところに特色
がある。

　便覧タイプのものとして，過去の事件事物のはじまり，あるいは年中
行事について解説し事典風に編集した事物起源事典あるいは年中行事事
典などがある。

過去のできごと，事物の起源，発生，由来を解説した事典が事物起源（事典）であり，年中行事その他の催しものを項目見出しにして解説している事典が年中行事事典である。これらには，事件や事物あるいは行事の日付を求めたり，逆に日付を手がかりにして事件や事物あるいは行事を確認したりすることができるように，事件事物あるいは年中行事の項目見出しを日付順に排列するとか，日付順一覧表を付するとかして，日付からの検索手段を講じているものがある。これらは，いわば〈日付事典〉としての共通性があるので，「事物起源・年中行事事典」(4.3) として一括したい。

　これらの便覧タイプのものによって必要な情報を簡単に求めることができない場合でも，日付を手がかりにして長期的スパンで時系列的に情報を求めることのできる年表があれば，さらに多くの事件にアクセスできるだろう。ここにいう「年表」(4.4) は歴史上の事物事件を簡潔な項目にまとめ，年月日順など，編年排列の表形式にまとめ，一覧性を発揮できるように編集されたものである。これらは一般的ないし総合的な歴史年表と，分野を限定した専門年表とに大別することができる。

　年表は，過去のできごとの日付（年月）順索引として使える点に特色があるが，日付（年月日）順排列の年代記であるにとどまらず，本文に対する内容索引がつけられ，レファレンスブックの要件を満たしているならば，その利便性は格段に増してくる。

　もっとも，遠い過去にさかのぼって必要とする情報を求める場合には，年表は有用であろうが，長年月にわたる期間を対象にする場合，それだけ抽象度は高まり，解説は簡略化されがちである。したがって，必要に応じて歴史事典との併用が求められる。

　年表を必要とするほどの長年月（期間）を対象とはせず，過去数十年程度の範囲の事項であれば，その期間を対象とする「年鑑」(4.5)によって，さらに詳細な情報への手がかりを求めることができる。すなわち，過去のできごと（事件，問題など）が比較的近年のことであるならば，当該年を対象とする年鑑の有無を確かめるのもよい。年鑑には一般的ないし総合的なもののほか，特定主題の専門年鑑が数多くつくられている。これらのうちから適切な年鑑を選ぶことができるならば，比較的くわしい情

報が得られるはずである。

　なお，歴史関係では歴史地図帳も欠かせないレファレンスブックであるが，これについては，第5章で専門地図帳の一種として取りあげる。

　このほか，過去の特定の時点あるいは期間の何かの事象を数量的にとらえる必要が生じることもある。そんなときに役立つのが統計データである。もちろん，年鑑類の多くは統計データを収載しているが，それだけでは必ずしも十分ではない。そこで本章の最後に，年鑑の一種としての統計年鑑のほか，歴史統計を加えた「統計資料」(4.6)の1節を設けておく。

4.1
歴史事典

　歴史事典は一種の専門事典である。しかし，本書では，「専門事典」(3.2)の節には歴史事典を含めなかったので，以下に総合的な一般史事典を選んで紹介する。

4.1.1
世界・外国

世界歴史大事典 同編集委員会　教育出版センター　1985　22冊　　　　***401***
　ひらがな（外国語，外来語はカナ）を見出し語とする五十音順排列の学習者向きの事典であるが，項目のなかには署名入りでかなり専門的にくわしい解説を加えているものがある。挿絵を多用し，多くの項目に参考文献を添えている。第21巻は総索引。第22巻は類別索引で，見出し項目索引，人名索引，地名索引，事項索引，ジャンル別索引，欧文索引，漢字字画索引，歴史文化資料索引からなる。スタンダード版(1995)もある。

　すでに古くなったが，『世界歴史事典』（平凡社　1951－55　25冊）も学習者向きの包括的な事典として広く利用されてきた。これは西洋，東洋および日本の歴史を対象とする大項目主義の事典で，平易な解説につとめ，項目末には参考文献を添えているので，現在でも有用である。第21巻は索引（総索引，画引索引，欧文索引など），第22－25巻は日本，東洋，西洋の各史料編である（これらはそれぞれ『日本史料集成』，『東洋史料集成』，『西洋史料集成』という書名で独立に刊行されてもいる）。

　なお，本書20巻を9冊に縮刷し，別に索引1冊を付した縮刷版(1956)

もある。

アジア歴史事典 平凡社　1959-62　10冊および別巻　　　　*402*
　中国を中心に東南アジア，西アジアなども含むアジア全域の歴史を対象とし，近接するアフリカにもおよぶ項目を解説している。とくに，文化史，東西交渉史に関する項目がくわしく，各項目末には参考文献がある。第9巻には付表として年号表，紀年表がある。第10巻は総索引である。別巻として『アジア歴史地図』(*584*)がある。なお，新装復刻(1984)の別巻には，『東洋史料集成』も加えている。

　西洋史関係では，約5000項目について簡潔な解説を与えた『新編西洋史辞典』(改訂増補　京大西洋史辞典編纂会　東京創元社　1993)，東洋史関係では，姉妹編として約6000項目を収載している『新編東洋史辞典』(京大東洋史辞典編纂会　東京創元社　1980)　がある。また，『東洋歴史大辞典』(平凡社　1937-39　9冊)は第二次世界大戦前に刊行されたものではあるが，依然として利用されるところから，3冊の縮刷版(京都　臨川書店　1986)　が復刊されている。

4.1.2
日　本

国史大辞典 同編集委員会　吉川弘文館　1979-97　17冊　　　*403*
　考古学，人類学，民族学，国語学，国文学，宗教，美術など，広範な領域にわたる歴史的側面の研究成果を包括する約4万2000の小項目からなる。かな見出しのもとに五十音順に排列し，解説には署名を添えている。豊富な図版，諸表，系図などを用いるほか，しばしば参考文献を付している。第15巻は，上「補遺」，「史料索引」，「地名索引」，中「人名索引」，下「事項索引」の3分冊からなる。別巻として『日本史総合年表』(*417*)もある。

日本歴史大辞典 新版　同編集委員会　河出書房新社　1985-86　10冊と別冊

404
　政治，経済，社会，文学，美術，宗教など，あらゆる分野にわたる歴史的事項，事件，人名，作品名などの小項目を五十音順に排列し，その多くに簡潔な解説を加えている。初版(1956-61)の22冊が増補改訂版(1968-70)を経て改装されたが，内容の改訂は最小限にとどめられている。ただし，第10巻は補遺(旧版以来の3種別立て)と索引である。分類別索引は一括され，地名索引，書名索引，一般項目索引になった。別冊は「日本年表」と「日本歴史地図」とからなる。

日本歴史大事典 小学館　2000-2001　4冊　　　*405*
　民俗学，文学，女性史，宗教史，芸術などの分野を広く包括する分野から小項目

（特集項目を含む）を選び，五十音順排列のもとで解説し，項目末に署名とともに参考文献を付している。第4巻は「索引・資料」で，資料編は，系図，年表，一覧，諸表など，歴史便覧として役立つ。

　『日本史大事典』（平凡社　1992－94　7冊）も同社編集の『大百科事典』から選んだ関係項目に，新たに約7000項目を加えて2万5000項目に増補した小項目主義の事典である。1冊ものでは，4万8000項目からなる『日本史広辞典』（山川出版社　1997），『角川日本史辞典』（新版　角川書店　1996）などがある。

　『戦後史大事典』（増補新版　佐々木　毅　等　三省堂　2005）は，わが国の1945年から2004年までの歴史を対象とする。資料編に事項索引，人名索引のほか，「戦後史年表」，「戦後史文献解題」がある。

4.2
歴史便覧

　歴史便覧は，既述のように歴史事典からは求めにくい事実を整理し，歴史文献を読む際に参考になるデータを系統図，年表，暦対照表，史料などの一覧表にまとめたり，歴史的事物を図示したりして参照しやすいかたちに編集した便覧である。

　日外アソシエーツ刊『便覧図鑑年表全情報』（*104*）からも歴史便覧を拾い出すことができるが，以下には日本史関係の包括的で比較的大部なものを選んで紹介する。

読史備要 東京大学史料編纂所　講談社　1966　2154p（復刻）　　　　　　*406*
　第1類は年表，歴朝・武家・官職制・国郡沿革・神社仏寺・年中行事などの一覧，第2類は皇室・神仏・儒学・国学・歌学・香道・俳諧・能楽・武術などの系譜，第3類は公卿索引，寛政重修諸家譜索引，法号・勅号・五山号などの索引からなる。付録に，干支早見盤，方位・時刻対照表などがある。内外書籍版（1942）の複製。

読史総覧 小葉田　淳　等　人物往来社　1966　1864p　　　　　　　　　*407*
　幕末維新史に重点をおいて，70余項目を収めた便覧。守護一覧，旗本一覧，日中交渉史年表，農民一揆年表，中世物価表，近世相場一覧，古地誌目録，地誌目録など，第二次大戦後の国史学界の業績をふまえており，『読史備要』（*406*）には含まれていない項目が30項目以上も含まれている。

日本史総覧 今井 堯 等 新人物往来社 1983-86 9冊 *408*
　時代別，主題別などの項目のもとに，各種のデータを諸表，一覧表，系譜，索引などのかたちで収録した包括的な便覧。「考古・古代Ⅰ」，「古代Ⅱ・中世Ⅰ」，「中世Ⅱ」，「近世Ⅰ」，「近世Ⅱ」，「近代・現代」の6巻をもとにし，補巻として「中世Ⅲ・近世Ⅲ」，「通史」，「近世Ⅳ・近代Ⅱ」の3巻を加えた大部なセットである。別に，机上版(1988)，コンパクト版(1987)もある。

　このほかにも，『読史総覧』(*407*) 所収の項目を削るだけでなく，公家重職・主要城郭・国府一覧などを追加し幾分小型にした『総合国史研究要覧』(歴史図書社　1970) や，関係資料を政治，産業・経済，社会・風俗，人物・文化の各部に分けて，学習者向きにまとめた『日本史資料総覧』(東京書籍　1986) などがある。

4.3
事物起源・年中行事事典

　何がいつ，どこで起こったかといった事件からの探索，それとは逆に，ある日時(年月日)にどんな事件が起こったかといった日付から情報を求めるには事物起源事典が有用である。また，毎年，定例的に一定の時期に行われる祭礼その他の催しものなどの行事について解説を求めるには，年中行事事典を利用するとよい。手っとり早く参照するのに便利な便覧風の事典は少なくないが，この種の事典には典拠があいまいな興味本位の解説をしているものがある。したがって，利用に際しては他の資料と照合するなど，確認をするのが望ましい。とくに，各地の行事，催しものの内容，日程などについては，必要に応じて，その地域の自治体あるいは関係団体に問い合わせるとか，そこで作成されている公式のホームページの最新情報によって裏づけを求めるとかする必要がある。
　以下には，いくつかの比較的よく知られているものを例示するにとどめたい。

明治事物起原 石井研堂 筑摩書房 1997 8冊 (ちくま学芸文庫) *409*
　明治維新後の新事物を取りあげ，人事，法制，美術，音楽などに分類し，五十音順にその由来，沿革などを解説している。『増補改訂明治事物起原』(春陽堂書店 1944　2冊) を底本とし，『明治事物起原』(増訂　春陽堂　1926) や『明治事物起原』(日本評論社　1969　『明治文化全集』別巻) を参照して整理したもの。8巻末に事

項索引と人名索引がある。

明治世相編年辞典 朝倉治彦，稲村徹元　東京堂出版　1965　694p　　　　***410***
　明治以来，わが国で新しく始まったさまざまな事柄について，それぞれの沿革，
由来などの事実を摘記し，年代順に排列している。特定の事項については索引から
手がかりを求めることができる。衣食住に関する事項の起源，発生，由来などにつ
いては，『事物起源辞典』(朝倉治彦 等　東京堂出版　1970，同新装版　2001)を補
完的に利用することができる。同新装版(1995)。

　なお，江戸時代の諸事項までさかのぼって調べるには，それらを編年
体に編集した稲垣史生編『江戸編年事典』(青蛙房　1966，同新装版
2008)，同『武家編年事典』(青蛙房　1968，同新装版　2008)が参考にな
る。

年中行事大辞典 加藤友康 等　吉川弘文館　2009　725, 107p　　　　***411***
　公家や武家の社会での故実的な年中行事をはじめ，寺社の行事，民間の行事，習
俗など，日本の古代から近現代にわたる項目を五十音順に排列し，読みもの風に解
説している。巻末に，各月の主要な年中行事を祭事暦にまとめた一覧表のほか，各
行事名の五十音順索引がある。

日本まつりと年中行事事典 倉林正次　桜楓社　1983　566, 246p　　　***412***
　社寺の祭礼，家庭の年中行事，その他の行事を約1300項目のもとに解説し，五十
音順に排列している。祭り，歴史，民俗，芸能，暦日などのジャンル別項目一覧，
都道府県別行事・月別行事一覧のほか，巻末に記念日・忌日一覧などがある。

　このほか，公式行事，祭礼，家庭の年中行事などの項目を読みの五十
音順に排列して解説を加えた『年中行事辞典』(西角井正慶 等　東京堂
出版　1958)，各県別のもとに，月別さらに日付順に全国の祭礼を排列
している『日本祭礼行事事典』(宮尾しげを　修道社　1968)もある。

4.4
年　表

　年表はいろいろな事項を年代順に排列し，一覧できるように編集され
ているものをいうが，そのすべてがレファレンスブックではない。年表
には，読むためのもの，記録のためのものなど，編年体で編集されては
いるが，調べるために利用されることを意図して編集されていないもの

もある。

　レファレンスブックの要件を満たしている索引つきの年表ならば，年月日（年代）とか時期（年号）を手がかりにして，その日付と関連のあることがらを知るのに役立つ。また，特定のことがらを手がかりにして年代を確かめるほか，事項欄の設けかたしだいで，同年あるいは同時期に発生した事件その他の文化，社会の諸現象を横断的に一覧することができる。年表は歴史上の事件・事物のいわば年代順索引である。

　どんな年表があるのかを確かめるには，日外アソシエーツ刊『年譜年表総索引』「1976-1990」(1998) およびその継続版「1991-2000」(2001)，「2001-2005」(2006) を利用することができる。それぞれ，1976年から90年に図書，図書の一部に収載されている年譜，年表など4万3832点，2000年までの年譜，年表類2万8660点，2005年までの2万5000点を収録している。

　さらにさかのぼって過去の年表を探すには『年表情報集覧』（年表研究会　大空社）を使うことができる。これは1期 (1998)，2期 (1999) 分として各5冊に各分野にわたる年表を分類別に復刻集成したものであり，それぞれ第1巻に年表の書誌データを書名の五十音順に排列して検索の利便を図っている。

　以下には，主としてできごと，歴史的事件を扱い，レファレンスブックとして役立つように編集された年表を選び，注（できるだけ，それ自体の表現にしたがう。）を付記し，NDC に準じて排列する。なお，注の(1) は主要項目あるいは欄，(2) は収載されている事項の時代範囲，(3) は付録的な事項（索引を含む），(4) は特記事項（もし，あれば）を記載する。

日本出版百年史年表 日本書籍出版協会　1968　1128p　　　　　*413*
- (1)　出版関係，出版物，参考（政治，経済，社会，教育など）
- (2)　1851（嘉永4）-1967
- (3)　出版関係法規，出版統計，組合員名簿などのほか，出版関係社・団体名索引，新聞・雑誌名索引

仏教史年表 京都　法蔵館　1979　420p　　　　　*414*
- (1)　日本・中国・朝鮮・インドの仏教および道教，儒教その他の宗教的社会現象
- (2)　紀元前3000-1975
- (3)　日本・アジア年号表，各宗帝王歴代一覧，人名索引

世界史年表 第4版　日比野丈夫　河出書房新社　1997　661p　　　　*415*
- (1) ヨーロッパ，アメリカ，オーストラリア，西アジア・インド・アフリカ，中国・その周辺，日本
- (2) 1000−1972
- (3) 総合年表と仏教史，科学史，発明・発見の歴史，探検史，美術史，文学史などの特殊年表
- (4) 旧版に，1973−1996年を追加し，主要各国元首表を増補

世界史大年表 増補版　青山吉信 等　山川出版社　2018　748, 48p　　　　*416*
- (1) 政治史を中心に，1919年まではヨーロッパ・アメリカ，アジア・アフリカ，日本1920年以降は世界，日本
- (2) 700万年前−2016
- (3) 西暦対照東洋年代表，主要国王朝系図，主要国統治者表，参考文献など。内容すべてを収録したCD-ROMつき

日本史総合年表 第3版　加藤友康 等　吉川弘文館　2019　4, 1286p　　　　*417*
- (1) 政治，経済，社会・文化，世界
- (2) 古代−2019.5
- (3) 索引，各種一覧，系図
- (4) 『国史大辞典』(*403*)に立項するものには索引語に★印を付す

新・国史大年表 日置英剛　国書刊行会　2006−2015　11冊と別巻(2005)　　*418*
- (1) 政治・経済，社会，文化
- (2) 古代−2012年
- (3) 各巻末に項目索引，人名索引（第10巻は索引巻）
- (4) 別巻として「年表　太平洋戦争全史」(2005)

年表日本歴史 井上光貞 等　筑摩書房　1980−93　6冊　　　　*419*
- (1) 京畿，東国，西国
- (2) 原始−1988
- (3) 各巻末に一覧表，諸表，系図および索引
- (4) 各巻頭にカラー図版

総合地方史大年表 岡山泰四，金井 円　人物往来社　1967　1922p　　　　*420*
- (1) 北海道・東北地方，関東地方，北陸地方，東山・東海地方，近畿地方，中国地方，四国地方，九州地方
- (2) 原始時代−明治の廃藩置県
- (3) 国郡沿革・藩府県一覧，国別地誌解説目録，県別地誌目録，索引（地名・人名・事項）

日本文化総合年表 市古貞次 等　岩波書店　1990　596p　　*421*
- (1)　政治・社会，学術・宗教，美術・芸能，文学，人事，国外
- (2)　古代－1988
- (3)　索引，難音訓一覧
- (4)　CD-ROM 版「岩波電子日本総合年表」

近代日本総合年表 第4版　岩波書店　2001　807p　　*422*
- (1)　政治，経済・産業・技術，社会，学術・教育・思想，芸術，国外
- (2)　1853（嘉永6）－2000
- (3)　典拠文献一覧，五十音順索引
- (4)　同書第3版と『日本文化総合年表』(*421*)とを統合した上記 CD-ROM 版

20世紀年表 毎日新聞社　1997　1199p　　*423*
- (1)　ニュース・出来事，テレビ・ラジオ，新聞，雑誌，映画，コミック，音楽，
　　　舞台，芸術，文芸，学芸，科学技術，スポーツ，流行語，冥友録
- (2)　1900－1996
- (3)　索引，引用・参照文献一覧
- (4)　2色刷り

索引政治経済大年表 東洋経済研究所　東洋経済新報社　1971　4冊　　*424*
- (1)　社会科学全般
- (2)　上巻は1840（天保10）－1945，下巻は1945－1965
- (3)　上巻，下巻に索引編各1冊

日本外交主要文書・年表 鹿島平和研究所　原書房　1983－95　4冊　　*425*
- (1)　日本，アジア・太平洋，アメリカ，ヨーロッパ，中近東・アフリカ
- (2)　1941－1992
- (3)　条約，声明，回答，報告その他の外交文書を日付順に収録

社会保障総合年表 山野光雄　ぎょうせい　1981－85　2冊　　*426*
- (1)　日本（社会保険・医療制度，社会福祉・国民生活），海外
- (2)　紀元前－1985
- (3)　索引なし
- (4)　複製（日本図書センター　2011　2冊）

社会・労働運動大年表 新版　法政大学大原社会問題研究所　労働旬報社　1995
2冊　　*427*
- (1)　社会運動，労働運動，政治・法律，経済・経営，社会・文化，国際
- (2)　1858－1994

 (3) 索引と出典一覧

 (4) 『日本労働年鑑』(*447*)による追録

  データベース(https://oisr-org.ws.hosei.ac.jp/research/dglb/chronology/)

日本洋学編年史 大槻如電原著　佐藤栄七増訂　錦正社　1965　1046p   *428*

 (1) 日本に渡来した学術・技芸その他の文化的事物

 (2) 1536（天文5）- 1877

 (3) 人物・事項などの記述的索引

解説科学文化史年表 1971年増補版　湯浅光朝　中央公論社　1971　285p *429*

 (1) 科学史，技術史，社会文化史

 (2) 大古 - 1954

 (3) 科学史研究参考書目および人名・事項索引

日本博物誌総合年表 磯野直秀　平凡社　2012　2冊   *430*

 (1) 国内事項，海外事項

 (2) 西暦紀元前 - 1868

 (3) 人名索引，書名索引，事項索引

 (4) 第1冊「総合年表編」，第2冊「索引・資料編」，付録：明治前動物渡来年表
  など

人類医学年表 古今東西対照　三木栄，阿知波五郎　京都　思文閣出版　1981
359, 158p   *431*

 (1) 医学医術，それに影響を与えた宗教，思想，学術など

 (2) 原始時代 - 1975

 (3) 人名索引，件名索引

郵政百年史年表 郵政省　吉川弘文館　1972　325p   *432*

 (1) 機構，郵便，為替貯金，保険年金，電気通信，一般

 (2) 1868（明治元）- 1971

 (3) 各種郵便料金表，貯金利率表，保険料額表。索引なし

 (4) 『郵政百年史資料』第29巻「郵政総合年表」を独立刊行したもの

世界美術年表 造形教育研究会　不昧堂　1956　236p   *433*

 (1) 日本，東洋，西洋

 (2) 20000B.C. - 1956

 (3) 日本・中国・朝鮮年号索引

原色図典日本美術史年表 増補改訂第3版　集英社　1999　579p   *434*

 (1) 作品，事項

(2) 縄文時代 – 1998

(3) 巻末索引

(4) 年表の上部に図版多数

西洋音楽史年表 改訂版　アルノルト・シェーリング編　皆川達夫訳補　音楽之友社　1983　238p　　　　*435*

(1) 一般史，音楽史

(2) 古代 – 現代

(3) 巻末索引

(4) *Tabellen zur Musikgeschichte* の全訳に補筆

解説世界文学史年表 市古貞次 等　中央公論社　1957　886p　　　　*436*

(1) 日本，東洋，西洋

(2) 2500B.C. – 1955

(3) 付録にアイヌ・朝鮮・琉球文学の解説と年表および人名・作品名・新聞雑誌名の索引，複製（日本図書センター　2011）

新版日本文学大年表 市古貞次，久保田 淳　おうふう　2002　731p　　　　*437*

(1) 文学，その他，人物，一般事項など

(2) 神武以前 – 2001

(3) 人名索引，作品名索引

昭和文学年表 浦西和彦，青山 毅　明治書院　1995 – 96　9 冊　　　　*438*

(1) 小説，評論，随筆，新聞，単行本

(2) 1926（大正15）– 1988（昭和63）

(3) 索引は作品編，人名編

　多くの年表でも暦の対照を示すとか，対照表を付録に設けるとかしている。それでは不十分なときに役立つのが独立刊行の暦対照表である。古くは内務省地理局編の『三正綜覧』（芸林舎　1973　復刻）が用いられていたが，今日では，より使いやすいものがある。たとえば，『和洋暦換算事典』（釣 洋一　新人物往来社　1992）や『日本暦西暦月日対照表』（野島寿三郎　日外アソシエーツ　1987）では，1582（天正10）年から1872（明治 5 ）年までの和暦と西暦を対照表示している。また，『日本暦日原典』（第 4 版　内田正男　雄山閣出版　1992）は，445（允恭天皇34）年から1872（明治 5 ）年までについて，毎月の大・小，朔日の干支，太陽暦の日付などを一覧表示しているが，これをもとにすべての旧暦年

月日の干支と西暦年月日を対照表示した『日本陰陽暦日対照表』(加唐興三郎　ニットー　1992-1993　2冊) がある。

4.5
年　鑑

　年鑑は多種多様である。どんな年鑑があるかを知るには，日外アソシエーツ刊『年鑑・白書全情報』(*104*) を利用するとよい。これは年鑑，白書類を NDC に準じて分類収録しており，書名索引，事項索引によって手がかりを与えている。

4.5.1
一般年鑑

　一般年鑑は政治，経済，社会，文化，科学など，あらゆる分野にわたる事項について，通常 1 年間の推移を中心に，統計的数値，写真，図，表などを用いて現勢，動向などを解説している年刊の出版物である。したがって，その総合性において百科事典年鑑と類似しているが，報道性が強いところに特徴がある。

　一般年鑑によって多岐にわたる分野の情報を手軽に求めることができるとともに，名簿編や資料編を収載しているものが多いので，手っとり早く人物や団体機関，あるいは文献資料に関する情報を求めるのに便利である。

　一般年鑑は，報道機関として広範な情報網を確保している新聞社が機動力を発揮して取材した情報をコンパクトに編集したものである。この種の年鑑は盛りだくさんの情報を収めているところから，過去の特定の年のことがらとか，ある特定の年月までは確定できないにしても，数か年の範囲内の事項であると見当をつけることができるならば，その事項についての解説を求めるのに適している。

　確かめたい事項の該当年がほぼ決まれば，その期間をカバーしている一般年鑑を選び，その索引を手がかりにして探してみるのがよい。以下に，この種の年鑑を取りあげるが，近年これらの終刊が相次ぎ，新しい動向よりは過去の年次の記録として利用するツールの性格が強くなっている。

朝日年鑑 朝日新聞社 1924-2000 ***439***

　1914（大正 3 ）年に新聞の付録として大阪朝日新聞社から小冊子が発行されたことがあるが，本格的な年鑑は1925（大正14）年版から始まっている。1955（昭和30）年版以来，他の年鑑にさきがけて暦年編集に改めた。国際，政治，経済，司法，労働，運輸，通信，教育，生活，文化，スポーツ，その他の事項の年間の推移を中心に，世界，日本（政治経済），日本（社会），文化に大別して解説している。別冊は特集的にまとめられ，その内容は毎年異なる。

時事年鑑 時事通信社 1947-93 ***440***

　時事新聞社の創刊。のちに同盟時事通信社に移り，『同盟時事年鑑』となる。第二次大戦後再刊され，前々年の 8 月から前年の 7 月までをカバーする。1994年版（1993）は，政治・司法，経済・産業・労働，社会・教育，文化・スポーツ，地方，国際情勢，各国現況，名簿（国内名簿，人名録），資料・統計の 9 部からなる。索引はあるが，簡略なもの。

読売年鑑 読売新聞社 1946- ***441***

　『読売政治年鑑』（昭和21-24年版）を継承したもの。前々年の 9 月から前年の 8 月までをカバーしていたが，1980年版から暦年編集となる。2020年版（2020）は「2019年10大ニュース」，「2019年重要日誌」を巻頭に設け，政治，経済，国際，社会，科学，文化，スポーツ，2019年に亡くなった人物，資料・記録等データ要録，「分野別人名録」，「人名索引」の各部からなる。

4.5.2
専門年鑑

　多くの分野で広狭さまざまな専門主題をカバーする年鑑がつくられている。とくに科学技術の分野では専門年鑑が数多く発行されている。包括的なものから対象主題を絞ったもの，あるいは製品とか原料を主題とする特殊な年鑑まで，さまざまな専門年鑑が編集発行されている。

　しかし，年鑑類の消長は激しく，長年にわたり，一貫して編集発行されているものは意外に限られている。第二次大戦後にどのような年鑑が発行されてきたのか，専門年鑑に限らず，各種の年鑑，白書，年報類について知るには，これらを分類収録し，書名と事項の索引を付した『年鑑・白書全情報』（*104*）を利用するとよい。

　年鑑は，主題が多様なだけでなく，書名もさまざまである。年鑑のほか，〈年報〉とか〈要覧〉と名づけられているものも少なくない。政府関係機関で〈白書〉として発表される年次報告類のうちにも専門年鑑の

性格をそなえているものがある。

　専門年鑑は，多くの場合，次の三者によって編集されている。すなわち官公庁諸機関，業界団体・学協会などの団体機関および業界新聞社その他の報道機関である。商業出版社が編集・発行する専門年鑑は比較的限られている。これらの編集者の種別の違いが編集・発行される年鑑の性格に反映していることはいうまでもない。

　専門年鑑も他の年鑑類と同じように，資料や統計を用いて1年間のできごとを中心に記録，解説しているので，その主題事項の，毎年の状況を概観するとか，推移をたどるとかするのに役立つ。

　以下には，名簿とか二次資料を含む，比較的よく利用される専門年鑑を選び，NDCに準じて排列する。これらの年鑑は，その見出しの表現は異なるにしても，共通して年誌，特集記事，概観，諸統計などを含んでいる。したがって，これらには言及せず，名簿や二次資料など，特記すべき事項を摘記するにとどめたい。

　なお，各書名のもとの注記は，(1) 編集者（出版者）名，(2) 収録対象期間(表示年版に対する内容の期間)，(3) 名簿類，(4) 文献リスト類，(5) 創刊年版(西暦に統一表示)，改題などの順に示してある。(1)-(4)については，原則として2012年8月末現在，利用可能な年版の内容に基づいて摘記した。

図書館年鑑　　　　　　　　　　　　　　　　　　　　　　　　　　442

(1) 日本図書館協会，(2) 前年1-12月，(3) 国立国会図書館・同支部図書館，公共図書館，大学・短大・高専図書館，主要専門図書館，点字図書館，図書館関係団体など（2014年版まで），(4) 図書館関係資料，図書館関係書誌，(5) 1982-

日本新聞年鑑　　　　　　　　　　　　　　　　　　　　　　　　　443

(1) 日本新聞協会（電通），(2) 前々年1月-前年12月，(3) 世界新聞・通信社要覧，新聞人名録，(4) 全国新聞要覧，(5) 1947-；『新聞総覧』(1910-43　日本電報通信社)

宗教年鑑　　　　　　　　　　　　　　　　　　　　　　　　　　444

(1) 文化庁（ぎょうせい），(2) 同年1-12月，(3) 宗教団体一覧，日本宗教連盟および加盟団体一覧，(5) 1954-；『宗教年報』(1950)，『宗教要覧』(1951)，『宗教便覧』(1952-53)

キリスト教年鑑　　　　　　　　　　　　　　　　　　　　　　　　*445*

(1) 同編集部（キリスト新聞社），(2) 前年 1 - 12月，(3) 別冊「人名録」（国内人名，海外人名，宣教師人名，海外宣教師派遣団体，逝去者）社団一覧，別冊「特集・記録・統計集」，(5) 1948 -

社会保障年鑑　　　　　　　　　　　　　　　　　　　　　　　　　*446*

(1) 健康保険組合連合会（東洋経済新報社），(2) 前々年12月 - 前年11月，(3) 国会・関係官庁，団体一覧，(5) 1950 -

日本労働年鑑　　　　　　　　　　　　　　　　　　　　　　　　　*447*

(1) 法政大学大原社会問題研究所（旬報社），(2) 前年 1 - 12月，(3) 労働組合名簿，労働組合全国組織 Web サイト一覧，(5)1920 - 40；1949 - ［注］同研究所デジタルライブラリー（https://oisr-org.ws.hosei.ac.jp/research/dglb/）にバックナンバーの一部が公開されている。

気象年鑑　　　　　　　　　　　　　　　　　　　　　　　　　　　*448*

(1) 日本気象協会（国立印刷局），(2) 前年 1 - 12月，(3) 気象官署一覧表，(5) 1967 -

電気年鑑　　　　　　　　　　　　　　　　　　　　　　　　　　　*449*

(1) 日本電気協会新聞部事業開発局，(2) 前年 7 月 - 同年 6 月，(3) 冥友録，会社名鑑，団体名鑑，(5) 1958 - 2014；同 CD-ROM 版

日本農業年鑑　　　　　　　　　　　　　　　　　　　　　　　　　*450*

(1) 同刊行会（家の光協会），(2) 前々年10月 - 前年 9 月，(3) 関係団体・電話番号一覧（農林水産省機関，都道府県研究機関，教育機関，農業関係団体），(4) 農林関係主要資料目録，(5) 1948 - 2001

水産年鑑　　　　　　　　　　　　　　　　　　　　　　　　　　　*451*

(1) 同編集委員会（水産社），(2) 前年 1 - 12月，(3) 全国中央市場卸売会社要覧，都道府県水産要覧，全国中央市場卸売会社要覧，主要業界人名簿，漁業者・漁船名簿，全国漁連・漁協一覧，(5) 1954 - 2017；『日本水産年報』(1937 - 42)，『水産年報』（水産新聞社　1948)

日本民間放送年鑑　　　　　　　　　　　　　　　　　　　　　　　*452*

(1) 日本民間放送連盟（コーケン出版），(2) 前年 4 月 - 同年 3 月，(3) 各社・関連機関編，(5) 1966 - ；1980年版までは『日本放送年鑑』

日本美術年鑑　　　　　　　　　　　　　　　　　　　　　　　　　*453*

(1) 東京文化財研究所（国立印刷局），(2) 前年 1 - 12月，(3) 物故者，(4) 美術文献目録，定期刊行物所載文献，美術展覧会図録所載文献，(5) 1936 - 49；1952 -

音楽年鑑 *454*

(1) 音楽之友社, (2) 前年 1 – 12月, (3) 音楽関係団体, 関係人名簿, (4) 主要音楽・舞台関係定期刊行物一覧, (5) 1947 – 2005

演劇年鑑 *455*

(1) 日本演劇協会, (2) 前年 1 – 12月, (3) 演劇人人名録, 演劇賞・各関係賞受賞者, (4) 雑誌掲載戯曲, 関係新刊図書, (5) 1966 –

映画年鑑 *456*

(1) 時事映画通信社, (2) 前年 7 月 – 同年 6 月, (3) 関係商社録, 団体録, 映画会社関係人名簿, 一般映画人の部, 別冊「映画館名簿」, (5) 1949 –

国語年鑑 *457*

(1) 国立国語研究所(大日本図書), (2) 前年 1 – 12月, (3) 各学会・関係諸団体一覧, 国語関係者名簿, (4) 刊行図書(国語・国文学関係)一覧, 雑誌論文一覧, 総合雑誌／特集・連載・対談目録, (5) 1954 – 2008 [注] 付録として CD-ROM 版, 2009年版は Web 版。『国語年鑑』に掲載された図書, 論文の書誌データ(1950年以降に発行)は「日本語研究・日本語教育文献データベース」(https://bibdb.ninjal.ac.jp/bunken/ja/)から提供されている。論文集データは遡及入力中。

英語年鑑 *458*

(1) 同編集部 (研究社), (2) 前々年 4 月 – 前年 3 月, (3) 全国大学・短大等英語学・英米文学関係教官構成一覧, 研究団体一覧, 関係人名録, (5) 1960 – 2021

文芸年鑑 *459*

(1) 日本文芸家協会 (新潮社), (2) 前年 1 – 12月, (3) 文化各界名簿, 著作権継承者名簿, 文化団体・映画会社一覧, 新聞・通信社一覧, 出版社・主要取次社, ラジオ・テレビ局一覧, 全国主要文学館・図書館一覧, (4) 全国同人雑誌一覧, 雑誌新聞掲載作品目録 (2005年版から雑誌掲載分のみ), (5) 1949 – ; 1930年創刊の『文芸年鑑』を継承復刊

4.6
統計資料

総務省統計局 (https://www.stat.go.jp) や政府統計の総合窓口 (e-stat) (https://www.e-stat.go.jp) のサイトにアクセスすれば, 広範多様な統計データが検索できる。その際, 冊子の資料を併用するならば, より有効な場合が少なくない。この節では, まず年鑑との関連を考慮して, その一種として統計年鑑を取りあげる。次いで, カレントな統計データはイ

ンターネット上で比較的容易に入手できるから，主要な歴史統計・累年
統計を選んで紹介する。なお，これらの統計集から得られない多様な統
計データへの手がかりを与えるいくつかの統計索引を添えておく。

4.6.1
統計年鑑

a. 世　界

国際連合世界統計年鑑 国際連合統計局　原書房　1953－　　　　　　***460***

世界各国の人口，農・工・商業，社会，文化，教育など，さまざまな分野の統計
を要約的に収載した年刊の統計書。1948年版以来，国連から発行されている統計年
鑑 *Statistical Yearbook*（1949－ ）の和訳であり，原書は国際連盟の *Statistical
Yearbook of the League of Nations*（1926－1942/44, Geneva, 1927－45）の継続版
である。なお，『国際統計要覧』(1954－93)を改題した年刊の『世界の統計』(1994年
版－　総務庁統計局　大蔵省印刷局　1994－　)は，この国連の統計などをもとに
一般向けに編集した統計集。編者は幾度か変更されている。1959年版まで出版者は
東京教育研究所。

ユネスコ文化統計年鑑 1980－99　ユネスコ・アジア文化センター監修　原書房
1981－2000　　　　　　　　　　　　　　　　　　　　　　　　　　***461***

世界各国の教育，教育費，科学技術，図書館，図書出版，新聞，文化関係用紙，
古文書，映画・映画館，ラジオ・テレビ等の分野の統計データからなる。ユネスコ
が1963年版以来刊行している *Statistical Yearbook* を和訳したもの。

世界国勢図会 第1版－　国勢社　1985－（隔年刊　1995/96年版から年刊）　***462***

世界の国々，軍備・軍縮，人口の増大と食糧問題，労働力とその産業別構成，経
済成長と国民所得，資源とエネルギー，世界の農業，世界の工業，貿易と国際収支，
財政・金融・物価，運輸と通信，諸国民の生活の13章からなるハンディな統計デー
タ集。2001/2002年版から出版者は矢野恒太記念会。同 CD-ROM 版，電子書籍版。
「ジャパンナレッジ」にも収録されている。姉妹編として，国内の現勢を要約的に
解説した『日本国勢図会』(日本評論社　1927－　年刊，出版者は国勢社を経て
2002/2003年版から矢野恒太記念会，同 CD-ROM 版，電子書籍版)，その地域統計
版『データでみる県勢』(同 CD-ROM 版，電子書籍版)がある。

b. 日　本

日本統計年鑑 昭和24－　総務省統計局　日本統計協会，毎日新聞社　1950－
　　　　　　　　　　　　　　　　　　　　　　　　　　　　　　　463

日本の国土・気象，人口・世帯，労働・賃金，経済，社会，教育，文化など，広
範な分野にわたり，重要で基礎的な統計資料を体系的に収録した包括的な統計書。

主として官庁統計を典拠資料とする。2021年版は前年6月末までに入手した資料を収録対象としている。英文併記。巻末に事項索引がある。同CD-ROM版。また、『日本の統計』(総務省統計局) は基本的な統計を集めたダイジェスト版である。なお、同統計局のホームページ(https://www.stat.go.jp)に統計データへの案内があり、「日本統計年鑑」(http://www.stat.go.jp/data/nenkan/index1.html) のもとの「目次」から各種統計にアクセスすることができる。

　第二次大戦前にまでさかのぼって統計データを求めようとする場合、後出の累年統計を利用することになるが、それでも不十分ならば、1882 (明治15) 年から1940 (昭和15) 年まで刊行されていた『日本帝国統計年鑑』(第1-59回、なお第56回以後は『大日本帝国統計年鑑』)を利用することも考えられる。

日本都市年鑑 昭和6年版- 全国市長会 自治日報社 1931- 　　　**464**
　全国の市、特別区についての統計集。概説、市域・人口、市政、財政、都市計画・住宅土地、生活環境、社会福祉、社会保険、教育・文化、公営企業、交通、災害・事故、産業・経済の12章に分け、関係する多数の統計表を収載している。

民力 地域データベース・都市・エリア・都道府県 1965年版-2015年版 朝日新聞社 1965-2015 　　　**465**
　民力を地域別に比較したデータ集。1960-64年の書名は『都道府県別民力測定資料集』。2003年版は、エリア・都市圏別カラーマップ、特集:平成の大合併、エリア・都市圏・市町村別主要指標、民力指数、都道府県別資料集 (人口・世帯、土地、産業・経済、建設・住宅、運輸・通信、文化)、参考資料からなる。同DVD-ROM版。

4.6.2
歴史統計・累年統計

a. 世界・外国
マクミラン世界歴史統計 原書房 1983-85 3冊 　　　**466**
　原著(第2版 1980)の翻訳書。I:ヨーロッパ篇(*European Historical Statistics*) 1750-1975 (1983)、II:日本・アジア・アフリカ篇 (*International Hisitorical Statistics: Africa and Asia*) (1984)、III:南北アメリカ・大洋州篇(*the Americas and Australasia*) (1985) の各編からなる。東洋書林から原著 第4版(1998)の翻訳、『マクミラン新編世界歴史統計:1750-1993』(2001-2002 3冊)も出ている。

ヨーロッパ歴史統計 国家・経済・社会 1815-1975 竹田敬温訳 原書房 1985-87 2冊 　　　**467**
　上巻は「大衆デモクラシーと福祉国家の成長」と題し、国民国家、大衆デモクラ

シー，国家および地方公務員，国家財政，福祉国家の5部からなり，下巻は「工業化学社会と資本主義の成長」と題し，人口と家族，都市化と住宅供給，経済成長，分業と不平等，労働組合とストライキの5部からなる。

アメリカ歴史統計 植民地時代-1970年　合衆国商務省編　原書房　1986-87
3冊　　　　　　　　　　　　　　　　　　　　　　　　　　　　　　*468*
　Historical Statistics of the United States の和訳で，第1巻には人口，物価，国民所得，社会統計，国土，農林水産業，鉱業など，第2巻には建築，製造業，輸送，コミュニケーション，エネルギー，サービス，貿易，企業，金融などの各章別の概説のもとに，多くの統計表を収載している。各巻末に年次別索引がある。別巻は「1971-1985の主要統計・全3巻総索引」。新装版（東洋書林　1999　3冊）。

b. 日　本

完結昭和国勢総覧 東洋経済新報社　1991　4冊　　　　　　　*469*
　1926（大正15）年から1988年までの経済，産業，政治，社会をはじめ，軍事，植民地関係などの諸統計を整理し，昭和時代の推移を計数的に総括することを目指したもの。国土・気象，人口・労働力，貿易・国際収支，雇用・賃金，家計・消費，教育・科学技術・文化などに大別した項目を3巻にまとめ，第4巻には資料解説，統計調査要覧，政治・経済年表，事項総索引などを収めている。

国勢調査集大成 人口統計総覧　東洋経済新報社　1985　1069p　　*470*
　47都道府県，646市，特別区，政令指定都市の130区部，2609町村の人口統計。国勢調査報告書のほか，各種人口統計を合わせて集大成したもの。1872（明治5）年から1984年までの日本人の人口推移の解説編，統計編（人口，人口動態，世帯，住宅の状況）からなる。付録として，用語一覧，資料一覧などがある。

全国都市統計総覧 東洋経済新報社　1982　979p　　　　　　*471*
　1980年3月末現在の646都市，特別区，政令指定都市の130区部など，都市の経済，産業，国民生活などにわたる各種統計を長期的に整理集大成したもの。付録に全国主要企業工場一覧，全国金融機関本支店一覧，全国百貨店，スーパー店舗一覧がある。『完結昭和国勢総覧』（*469*）の姉妹編。

新版日本長期統計総覧 日本統計協会　2006　5冊　　　　　*472*
　この旧版（1987-88　5冊）は1868（明治元）年から1980年代までの120年間を収録範囲とする。新版は1868（明治元）年から平成10年代までの人口，経済，社会，文化などあらゆる分野統計を整理収録し，長期時系列統計をまとめたもの。第1巻に国土・人口関係，第2～4巻に経済関係，第5巻に社会・文化関係を収めている。各巻にCD-ROMが付く。旧版の時点で中止となった統計は，新版ではCD-ROM版にのみ収録されている。

明治大正国勢総覧 東洋経済新報社　1975　50,764p（復刻）　*473*

　明治初年から大正末年までの各種の統計データを『日本帝国統計年鑑』その他多数の統計資料から採録し，集大成したもの。巻頭に国勢概観を設け，経済関係のデータに重点をおいて各編を構成。初版は1927年の発行。この復刻は1929年の再版を底本にしたもの。

4.6.3
統計索引

　さまざまな分野において，たくさんの統計書，調査資料などが作成されている。これらのなかから必要とする適切な統計表，さらに統計データなどを選ぶのは容易ではない。そのため，各種の統計ガイドないし統計索引を利用すると参考になる。

統計情報インデックス 総務省統計局　1992－2008　*474*

　中央省庁，政府関係機関，一部民間機関によって行われている統計調査，業務統計および加工統計の主要な統計刊行物について，それらの名称，統計表の表題などを整理編成したもの。キーワード（統計表のタイトル情報から抽出したワード）索引，書誌情報（統計報告書に関する基本的な情報），統計表題一覧および編集機関別書名索引の4部からなる。『統計情報総索引』(1977－1991）を改題したもの。同 CD-ROM 版。

統計調査総覧 昭和49年－平成18年　総務省統計局統計基準部編　全国統計協会連合会　1975－［2008］（年刊）　*475*

　国・地方公共団体などの統計調査（過去5年間に実施）の指定統計，承認統計，届出統計調査であって，総務省が受理・整備したものを，15類に大別して編集したもの。実施機関別，統計調査名別の索引，統計一覧などがあり，統計ガイドであるが，索引としても利用できる。平成11年から「国（府省等）編」と「地方公共団体（都道府県・市）編」の2分冊になる。『現行統計調査総覧』を改題したもの。

日本統計索引 同編集委員会，河島研究事務所　日外アソシエーツ　1975　52,1703,179p　*476*

　1975年1月現在のわが国の基本的な統計資料144種（540冊）を対象に，そこに収載されている2万4000以上の統計表の表頭，表側に表わされている個々の細目を検索できるようにしたもの。日常語からも手がかりを求めることができる。同書の「補遺　国別・地域別篇」(1976）は外国関係の統計に関する部分である。『年鑑白書収載図表統計索引1997』(日外アソシエーツ　1998）は，1997年刊行の年鑑・白書88種に収載されている図，表，統計などを検索する索引として，本書の補遺的な役割を果たしている。

第**4**章の 質問事例

4－1　天保7年に甲斐で農民が蜂起した一揆の直接的な発端は何だったのか。その簡単な経過と参考文献(史料)名が知りたい。　(**403**)

4－2　愛国公債といわれる小額の債券が郵便局から発売された当時，政治，経済，社会の諸情勢はどうであったか。　(**422**)

4－3　毎年，過去1年間の新聞小説や総合雑誌に載った作品をリストした年鑑があったように覚えているが，その書名は何だったのか。　(**459**)

4－4　『太平記』のなかに書かれている住吉合戦では，誰と誰が戦ったか。また，その合戦に敗れたのはどちらだったか。　(**403**)

4－5　数千人の人が殺害されたという〈大藤峡の乱〉は，いつの時代に，どこで起こったか。また，その後の経過についても知りたい。　(**402**)

4－6　平成13年3月末現在の中国各県およびその都市部における乗用車(普通車，小型車)の保有車両数はどのくらいだったか。　(**464**)

4－7　米国で電話が発明されてから最初の約50年間の電話機の普及状況について知りたい。その推移を確かめるには何を使えばよいか。　(**468**)

4－8　米国務長官が日米講和条約の準備に来日し，演説したのはいつ，どこであったか。また，帰国したのはいつだったか。　(**424**)

4－9　南武鉄道はいつ開通したか。このほか，主要な鉄道の路線が開通した年月日，その区間などを一覧できる資料はないか。　(**408**)

4－10　昭和のはじめから昭和40年代までの児童生徒の平均身長を男女別，年齢別に調査した結果のデータはないか。　(**469**)

第5章

地理・地名
の情報源

5.0
概　説

　ある場所の地名はどうよばれているか，それはどこにあるか，どんな
ところかなどをはじめとして，特定の土地の特色，位置，面積，歴史，
環境など，土地に関わるさまざまな情報は日常頻繁に求められる。これ
らはすべて地理・地名関係の情報要求である。このほか，その土地にお
ける各種の事件，人々の諸活動，出身者など，さまざまな情報が土地と
の関わりにおいて求められる。そのために地名は多種多様な情報探索に
おいて有力な手がかりとなる。このことはインターネット上の検索にお
いても同様であり，地名をキーワードに加えた検索の絞り込みが有効な
場合が少なくない。

　ここにいう地名には多くの種類がある。たとえば，都道府県，市町村
などの行政地名，山村，農村，都市，団地などの集落地名，道路，鉄道，
水路，空路などの交通地名，農業地帯，商業地帯，工業地帯などの産業
地名，公園，景勝地，行楽地などの観光地名，山川湖沼，平野，半島，
海洋などの自然地名，遺跡，城址，古戦場などの歴史地名など，枚挙に
いとまがない。

　したがって，地理・地名関係特有のレファレンスブックにかぎらず，
さまざまな主題との関わりにおいて編集されたレファレンスブックに地
理関係の情報が豊富に含まれることはいうまでもない。たとえば，百科
事典では地名項目は欠かせないし，各種の専門事典にも地名項目を含む
ものが少なくない。本文の見出し項目には見られなくても，しばしば巻
末に地名項目を集めた索引がついている。しかし，これらのレファレン
スブックについては他の章にゆずり，本章では地理・地名関係特有の各

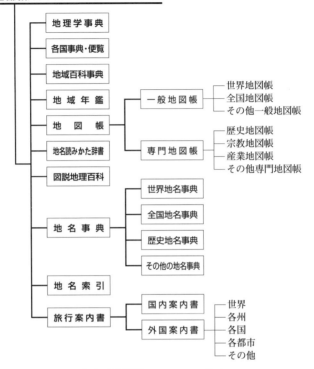

図5　地理・地名関係のレファレンスブック

種のレファレンスブックを取りあげたい。

　地理・地名関係の情報を求める場合，どんなとき，どんな種類のレファ
レンスブックを使うのがよいのか，効率的な利用のためには，あらかじ
め「地理・地名関係のレファレンスブック」（図5）の特徴を把握してお
く必要がある。地理関係の情報は，地名の呼称をはじめとして，地域性
との関わりから，同種のレファレンスブックであっても，個々のタイト
ルの違いによって異なる情報が得られることがある。したがって，ひと
つの探索結果を単純に受け入れるのではなく，しばしば比較検討し，適
切な判断を加える必要がある。

　地理・地名関係のレファレンスブックとして，まず「地理学事典」
（5.1）をあげることができる。これは専門事典の一種であるが，ここに
取りあげたい。

各国および各地域に関する情報を事典あるいは便覧形式に編集したものも少なくない。これらのうちにはレファレンスブックの要件を満たしていない読みもの風のものがたくさんあるが，「各国事典・便覧」(5.2)のもとでは，できるだけレファレンスブックとして利用できるものを取りあげる。

　この種の事典では，特定地域の情報を多面的総合的に盛り込んだ百科事典タイプのものが特徴的である。本章では，都道府県などを対象とし，その地域の歴史的背景を含め，関係事項を広範かつ多面的に解説した地域事典を「地域百科事典」(5.3) とよんで区別することにする。

　また，特定の地域を収録対象にした「地域年鑑」(5.4) もある。この種の年鑑も，対象地域が世界的な規模のものから，一国さらに一地域にかぎられるものまで多様である。これらは，対象地域の一定期間（通常は１年間）を単位として，その期間の推移を記録して継続的に刊行されている。速報性においてはインターネット上の情報や新聞などには劣るけれども，新しい情報をその都度流すのではなく，年間の推移を概括しているとか，特定の時点における情報を記録しているといった点に特色があり，しかも一定の評価を経ているものと考えられ，比較的信頼のおける情報源といえよう。

　とりわけ，地理・地名情報源として特徴的なレファレンスブックといえば，「地図帳」(5.5) である。本章では，地図帳を一般地図帳と専門地図帳に大別する。一般地図帳は，とくに主題を限定せず，広狭さまざまな対象地域を設定することによって，世界地図帳から全国，さらにその一地域の地図帳まで多くの種類が編集される。他方，専門地図帳は，言語，歴史，産業，交通，資源，聖書など，テーマを設定し，その関連の地図を編集して冊子にまとめたものである。

　ちなみに，地図の電子化は著しい。これらの検索の容易さは到底冊子のおよぶところではない。たとえばゼンリンの「電子住宅地図デジタウン」(DVD-ROM) や昭文社の「スーパーマップル・デジタル」(DVD-ROM) などがある。また，情報の更新が容易なインターネット上では日本全国を対象とする「Mapion」(https://www.mapion.co.jp)，全国の地図を利用して多様な情報を配信している「MapFan」(https://mapfan.

com），世界を対象とし，地域によっては通りに立った目の高さで360度見渡すことのできる機能を含む「Google マップ」(https://www.google.co.jp/maps)などがある。

地図帳には多くの地図が含まれているが，それらの地図上に表示されている地名の所在を検索できるように，地名を見出し項目とする地名索引がつくられる。一般に，地名索引は地図帳の巻末に付録的に設けられるが，地図帳とは独立に刊行されることもある。

また，地名には常識では読めないような難読のものが少なくないために，しばしば地名索引に〈難読地名一覧〉とか〈難読画引き索引〉が付載される。そのような地名だけを選んで難読地名辞書がつくられることもある。したがって，地名索引と難読地名の関連性を考慮し，両者をまとめて扱う「地名索引・地名読みかた辞書」(5.6) の節を設ける。

さらに，地名索引のように，地図上の地名を検索するための所在指示をするだけでなく，そのもとに解説を加えることによって事典形式に編集した「地名事典」(5.7) がある。この場合も，対象地域の範囲の選びかたによって，世界地名事典から，全国，さらには一地域の地名事典など各種のものができる。また，文学，歴史など，主題関係の地名事典，また地名そのものの読みや由来を明らかにすることを主眼にした地名辞書がある。

このほか，必ずしもレファレンスブックの要件を満たしているわけではないが，豊富で色彩豊かな図版を用いて解説した大部な「図説地理百科」(5.8) からも，他からは得がたい地理・地名関係の情報が得られることがある。

同じく，「旅行案内書」(5.9) にもレファレンスブックとはいえないが，有用なものがたくさんある。いうまでもなく，旅行案内書（ガイドブック）は，旅行の準備に使ったり，旅行に携行したりする際には，最新のデータを収録しているものがよい。したがって，出版年表示の新しいものが求められる。

情報の新しさという点では，インターネット上の情報に到底太刀打ちできないであろうが，シリーズとして出版され，継続的に改訂されている冊子形態の旅行案内書には一定の信頼性があり，ハンディな利便性も

ある。さらに，過去の特定の時点における地理関係の情報を求めようとする場合には，最新の情報に更新されてしまう情報源よりは，その当時あるいは時期における地理情報を記録している旧版の旅行案内書が貴重な情報源となる。

5.1
地理学事典

　他の専門分野の事典と同様に，地理学分野でも専門用語をはじめ，地理・地名関係項目を見出しとし，その解説を与えている事典すなわち地理学事典が必要とされている。

最新地理学辞典　新訂版　藤岡謙二郎　大明堂　1979　622p　　　　***501***
　地理学用語，地名事項などの小項目を五十音順に排列し，地図，図表を用いて解説している。付録に，独立国一覧，提携年月日順（1975年5月15日現在）・相手国別姉妹都市一覧などがあり，巻末に欧文事項索引がある。

人文地理学辞典　山本正三　等　朝倉書店　1997　525p　　　　***502***
　関係分野の用語，計量地理学，歴史地理学などから1940項目を選び，五十音順に排列し多くの図版を用いて解説している。重要項目には参考文献を添えている。付録に，「人文地理学関係主要雑誌・統計調査」があり，巻末に，日本語索引，外国語索引がある。同普及版（2012）。

地理学辞典　改訂版　日本地誌研究所　二宮書店　1989　803p　　　　***503***
　自然地理，人文地理，地誌学に関する用語，内外の地理学者，地理学関係機関，雑誌，著名な地理書などを取りあげ，小項目のもとに英語，フランス語，ドイツ語などの相当語を併記し五十音順に排列し解説している。各項末には内外の参考文献を添えている。付録に「世界の国別主要地理学会」のリストがあり，巻末に和文と欧文の索引がある。増補部分は本文，索引ともに別立てである。

5.2
各国事典・便覧

　各国について，その概況，国内政治，経済，社会，文化などについて解説した各国事典は各国便覧との区別がつけにくいので，以下には両者を一括して取りあげる。これらには，毎年刊行されたり，比較的頻繁に改訂されたりするものが多く見られる。

世界・外国

　世界の諸国を対象にしたもの，一地域を対象にしたもの，一国を対象にしたものを例示する。

最新世界各国要覧 12訂版　東京書籍　2006　447p　　　　***504***
　世界をアジア，オセアニア，ヨーロッパ，旧ソ連邦諸国，北・中央・南アメリカ，アフリカに大別し，それぞれ地域別国名の五十音順排列のもとに191か国を国別に概説し，それぞれに地理・気候・風土，国のなりたち，政治・経済，社会と文化，日本との関係を摘記している。資料編は世界の現況，国際用語・略語一覧，国名一覧などからなる。

世界地理大百科事典 朝倉書店　1998-2002　6冊　　　　***505***
　Worldmark Encyclopedia of Nations（第8版　1994）の和訳版。「国際連合」，「アフリカ」，「南北アメリカ」，「アジア・オセアニア」（2冊），「ヨーロッパ」の6分冊からなる。各巻ごとに五十音順の国名のもとに位置・広さと領域，地形，気候，人種，人口，言語，宗教，歴史，経済，産業，教育など49項目にわたって解説している。

事典東南アジア 風土・生態・環境　京都大学東南アジア研究センター　弘文堂
1997　617p　　　　***506***
　「生態」，「生活環境」，「風土を編むもの」，「風土とその変貌」，「開発に揺れる風土」の5部からなり，章・節のもとで図版を添えて解説している。巻頭に五十音順目次，事項・地名・人名・欧文の各索引がある。

中国総覧 同編集委員会　霞山会　ぎょうせい　1971-（隔年刊）　　　　***507***
　2000年版は，1998年から99年にいたる中国の動態と過去50年の動向を概観し分析している。政治，軍事，対外関係，経済と産業，文化・社会・教育，香港・マカオ，台湾，華人社会の8編のもとに，章・節を設けて分担執筆者が解説している。付録に「重要文献集」，「中国党・政・軍組織等一覧表」，「度量衡一覧表」，「中国関係年表」など，巻末に，事項と人名の各索引がある。『中国政治経済総覧』を継承したもの。

21世紀イギリス文化を知る事典 出口保夫 等　東京書籍　2009　830p　***508***
　1. イギリスとは何か，2. イギリス人の成り立ち，3. 現代イギリス社会を知る，4. イギリスに暮らす，5. イギリスで学ぶ，6. イギリスで楽しむ，7. イギリス文化の古層と現代の7章からなり，巻末に「イギリスと日本－その交流の歴史から」があり，付録に関連地図，イギリスのカウンティ（州），歴代国王一覧，年表，参考文献のほか，人事索引，事項索引がある。

スペイン文化事典 川成 洋，坂東省次　丸善　2011　884p *509*
　1. スペインという国，2. 文化・文化現象・ファッション，3. 美術・芸術，4. 建築・彫刻，5. 音楽・映画，6. フラメンコと闘牛，7. 食文化，8. スポーツ・教育，9. 文学・メディア，10. 知識人・知的活動，11. 言語・国民アイデンティティ，12. 社会・政治・経済・宗教，13. スペインの歴史，14. 世界遺産・遺跡の14章からなり，付録にスペイン・世界・日本 年表，主要都市マップ，世界遺産一覧などのほか，巻頭に見出し語五十音順索引，巻末に事項索引，人名索引がある。

イタリア文化事典 同編集委員会　丸善　2011　899p *510*
　1. イタリアと日本，2. 都市・地域・自然，3. 魂，4. 美，5. 歌う，6. 食べる，7. 暮らす，8. 創る，9. 集まる，10. 治める，11. 不思議の11章からなり，付録にイタリア史略年表，イタリアの地図，世界遺産一覧，年中行事一覧等があり，巻頭に見出し語五十音順索引，巻末に事項索引，人名索引がある。

事典現代のアメリカ 小田隆裕 等　大修館　2004　1470p *511*
　A. グローバル・システムとしてのアメリカ，B. 国家意識の成立，C. 国家の枠組み，D. アメリカ的知の枠組み，E. 多民族社会の実態，F. 社会改革運動，G. 経済・技術・発明，H. アメリカン・ウエイ・オブ・ライフ，I. メディア・カルチャー，J. 日本とアメリカの関係の10章からなり，付録にアメリカ史年表，歴代大統領・副大統領・国務長官一覧，主要参考文献などのほか，事項索引，人名索引がある。CD-ROMつき。

事典現代のドイツ 加藤雅彦 等　大修館　1998　983p *512*
　歴史，領土，国土・景観，国土総合整備，ドイツ語，ドイツ人，ヨーロッパのなかのドイツ，対外関係，政治，行財政，司法などから日常生活，スポーツなどにわたる事項を48章に分けて解説し，各章末に参考文献を添えている。巻末にドイツ年表と事項索引がある。

事典現代のフランス 増補版再版　新倉俊一 等　大修館　1999　750, 274p *513*
　現代のフランスの自然，政治，経済，社会，生活，文化，地理，歴史，観光などに関する事項を41項目に分類し，それぞれ中・小項目に細分して解説している。重要な人名，地名，事項には原綴を付し，解説には図版，統計，地図，各種のリストなどを織り込んでいる。巻末に，和文索引，フランス語索引，欧文略語索引がある。旧版に増補部分を加えたもの。

　平凡社からは，エリア事典シリーズとして，イスラム，朝鮮，アメリカ，ラテンアメリカ，アフリカ，ロシア・ソ連，オセアニア，スペイン・ポルトガル，東南アジア，東欧などを対象とする一連の『〜を知る事典』が出版されている。これらは，それぞれの国名のもとに解説を加えた国

名編と，地域全般についてその文化，歴史，日本との関係などを解説した地域編，および各国の主要統計，便覧，年表などの資料編から構成されている。また，外務省ホームページ（https://www.mofa.go.jp/mofaj/）の〈国・地域〉，〈海外渡航・滞在〉によれば，世界の国の数，国連加盟国数などのデータや各国の基礎データ，日本との関係，海外安全情報などの情報が得られる。

5.2.2
日　本

国土行政区画総覧 新訂版　国土地理協会　2002−　7冊（加除式）　　　*514*

　全国を7都道府県（1. 北海道〜宮城県，2. 秋田県〜千葉県，3. 東京都〜福井県，4. 山梨県〜三重県，5. 滋賀県〜兵庫県，6. 奈良県〜高知県，7. 福岡県〜沖縄県）を分冊にし，住民，財政，経済基盤，社会基盤，教育，雇用・労働・商業，土地利用，医療・保健，福祉，安全などの各種データを示し，大字・町名などの地名の読みを明らかにしている。

市町村情報総覧 市町村情報ネットワークセンター　ジャパンサービス　2000−　　　　　　　　　　　　　　　　　　　　　　　　　　　　　　　　*515*

　東日本編，西日本編からなり，市町村ごとに各ページをあて，市長，議長等の役職，職員数，面積，人口，事業所，従業者，産業，運輸・通信，商業・サービス，社会保障，財政，教育・文化，衛生・清掃，安全，特産品・観光資源，主要事業・プロジェクト等のデータを示す。「2002−2003」（2003）は2分冊。

全国市町村要覧 昭和38年版−　市町村自治研究会　第一法規出版　1963−（年刊）　　　　　　　　　　　　　　　　　　　　　　　　　　　　　*516*

　市町村別に人口，世帯数，面積，人口密度，産業別就業人口の状況，国勢調査人口およびその増減，事務所の位置，市町村長，市町村議会議長，合併・境界変更，ホームページ開設などの状況を示し，市町村の変遷と現状を解説している。

地方公共団体総覧 地方公共団体研究会　ぎょうせい　2012　8冊　　　*517*

　従来からの加除式を冊子体に改め，「北海道」，「東北」，「関東」，「甲信越・北陸」，「東海」，「関西」，「中国・四国」，「九州・沖縄」の全8冊からなる。都道府県，市，町村それぞれについて，地勢，歴史，市（町・村）のあゆみ，行政施策の重点事項，行政管理の特色，行政機構，財政の概況，産業・経済，主な公共施設，文化・観光，宿泊施設，統計資料の各見出しのもとに解説し，各都道府県の統計資料を付す。年刊，令和5年3月（2023）で刊行終了。Web版「WEBLINK『地方公共団体総覧』」（https://localgov.gyosei.jp/）がある。

地域百科事典

　地方の時代といわれるようになって久しいが，身近な生活圏が重視されるようになったことを反映し，1980年代に入ってから各都道府県単位で地域百科事典が競って出版された。

　これらは，それぞれの地方固有のことがら，その地方との関わりの深いことがらを中心に，政治，産業，経済，教育，文化財，民俗，地理，生物，人物などにわたって解説している点に特色がある。しかし，そのほとんどは改訂されないまま今日に至っている。

　その点で，最新の情報を求めるのは無理であるが，1980年代当時の情報を求めるのに適している。多くの地域百科事典は，当時，地方新聞社によって編集・発行されており，小項目主義の本文項目は五十音順に排列され，比較的大部な事典としてまとめられている。巻頭のカラー口絵のほか，挿図も豊富で，形式面での共通性が見られる。

　したがって，個別のくわしい解説は避け，以下に，それらを北から南へ地域順に排列し，形態的特徴，項目数，資料，索引などについて摘記するにとどめる。

北海道大百科事典　札幌　北海道新聞社　1981　2冊　　　　　　*518*
　横3段組，1万870項目。上巻に分野別索引，下巻末に北海道地名一覧，年表，五十音順索引。

青森県百科事典　青森　東奥日報社　1981　973p　　　　　　*519*
　横2段組，約6000項目。巻頭に五十音順索引。

岩手百科事典　新版　盛岡　岩手放送　1988　931p　　　　　　*520*
　横3段組，約5500項目。巻末の資料編は市町村図，鉄道路線図，主要道路地図，山岳・峠・河川，文化財一覧，年表。分野別索引，五十音順索引。

宮城県百科事典　仙台　河北新報社　1982　1194,46p　　　　*521*
　横3段組，6143項目。巻頭に五十音順索引。巻末の資料編は歴史年表，市町村の変遷，選挙の記録，山・川・峠，文化財一覧，河北文化賞受賞者，文学碑，方言集，お祭り，参考資料。分野別索引。

秋田大百科事典　秋田　秋田魁新報社　1981　918p　　　　　*522*
　縦4段組，約6000項目。巻末に秋田県の文化財。総合索引。

山形県大百科事典 新版　山形　山形放送　1993　807p　　　　*523*
　縦4段組，約5100項目。巻頭索引。別冊資料編に考古年表，歴史年表，城跡一覧，代官一覧，文化財，文学碑，神社・寺院，労働組合組織系統図，選挙結果一覧，温泉の泉質一覧，スポーツ記録，地名総覧。分野別索引。

福島県民百科 福島　福島民友新聞社　1980　1050p　　　　*524*
　横3段組，6697項目。巻頭に五十音順索引。資料編は郷土のあゆみ，市町村沿革，峠・河川。巻末に分野別索引。

福島大百科事典 福島　福島民報社　1980　1206p および追録版(1981)　*525*
　縦4段組，約6500項目。巻末に福島県歴史年表，福島県の文化財，総合索引。

茨城県大百科事典 水戸　茨城新聞社　1981　1099, 138p　　*526*
　横2段組，約5500項目。巻末付録に茨城県年表，彫刻・工芸品・建造物の用語，祭り，市町村勢，国道・主要地方道。分野別索引，文化財索引，五十音順索引。

栃木県大百科事典 宇都宮　下野新聞社　1980　1029p　　*527*
　横3段組，約6600項目。資料編は年表，地名総覧，山岳・峠・河川・湖沼，文化財一覧，参考資料目録。分野別索引，市町村別索引。

群馬新百科事典 前橋　上毛新聞社　2008　54, 899p　　*528*
　横2段組，約6000項目。巻末資料編は地質年表，歴史年表，文化財，県勢全般，国政，地方財政，農業・工業，商業，交通，教育・文化，自然・地理など。五十音順索引。

埼玉大百科事典 浦和　埼玉新聞社　1974-75　5冊　　*529*
　縦4段組。巻末に追補，歴史年表，市町村合併構造表。索引なし。

千葉大百科事典 千葉　千葉日報社　1982　1070p および別冊　*530*
　縦4段組。巻末に総合索引。別冊は考古学年表，歴史年表，房総文化史年表，文化財，河川年表。

江戸東京学事典 新装版　小木新造 等　三省堂　2003　16, 1052, 34p　*531*
　縦5段組，1096項目を6部構成にした読む事典。巻頭に目次と五十音順目次，巻末付録は伝統工芸，江戸創業老舗一覧，東京の行政区画変遷表，江戸東京の地図，年中行事，江戸東京読書案内，年表など。巻末に人名索引と事項索引。旧版の付録を増補し，縮刷版にしたもの。

東京百科事典 国土地理協会　1982　755p　　*532*
　横2段組。自然と生活，東京の歴史，区市町村の地誌，産業と流通，生活と文化の5部構成。付録は歴史年表，統計表，参考文献。

神奈川県百科事典 大和書房　1983　2冊　　　*533*
　横3段組，約6000項目。別冊の概説は統計，年表，諸施設一覧，小・中学校・特殊教育学校，農業協同組合・漁業協同組合，年中行事，かながわ県50選，神奈川文化賞・スポーツ賞，指定文化財，遺跡一覧，方言分布図，参考資料目録，分野別索引。

新潟県大百科事典 デスク版　新潟　新潟日報事業社出版部　1984　2193, 68, 69p　　　*534*
　横2段組，約1万項目。巻頭に新潟県概論，巻末に増補部分，新潟県歴史年表，分野別索引，五十音順索引。

富山大百科事典 同編集事務局　富山　北日本新聞社　1994　2冊　　　*535*
　横2段組，1万788項目。資料編に，富山県総合歴史年表，越中の荘園，歴代国会議員，富山県の文化財など。

石川県大百科事典 金沢　北国新聞社　1993　1051, 87p　　　*536*
　横3段組，5830項目。付録は土地，人口，事業所，農林水産業，鉱工業などの統計，都道府県勢一覧，金沢城と城下町の火災記録。

福井県大百科事典 福井　福井新聞社　1991　1167p　　　*537*
　横2段組，約5500項目。本文は五十音順排列で，巻頭にカラーグラビアがあり，巻末に，五十音順索引（事項索引約7000項目，人名索引約1000項目）。付録に福井県全図。

山梨百科事典 増補改訂版　甲府　山梨日日新聞社　1989　1068, 198p　　　*538*
　横2段組，約4800項目。索引なし。

長野県百科事典 補訂版　長野　信濃毎日新聞社　1983　918p　　　*539*
　横2段組，約4600項目。増補部分は索引とともに別立てにする。巻末に五十音順索引。

岐阜県百科事典 岐阜　岐阜日日新聞社　1968　2冊　　　*540*
　縦4段組。巻末に五十音順索引。

静岡大百科事典 静岡　静岡新聞社　1978　969p　　　*541*
　縦4段組，6500項目。巻末に五十音順索引。

愛知百科事典 名古屋　中日新聞本社　1976　977p　　　*542*
　横3段組，5000項目。巻頭に五十音順索引，年表。巻末に分野別索引。

滋賀県百科事典 大和書房　1984　877p　　　*543*
　横3段組，約5600項目。資料編は年表，文化財一覧，参考資料目録。巻末に分野別索引。

京都大事典 佐和隆研 等　京都　淡交社　1984　1083, 91p　　　*544*
　縦3段組，約7200項目。ただし，京都市とその周辺にかぎる。付録は創業百年以上の企業，難読地名・古地名・寺社名一覧，花暦，主要年中行事，国宝一覧，京都略年表など。別に，京都市を除く府全域を対象とする同「府域編」(1994) があり，約3700項目について解説。

兵庫県大百科事典 神戸　神戸新聞出版センター　1983　2冊　　　*545*
　横3段組，約1万2000項目。上巻末に市町村合併変遷表，下巻末に総合年表，五十音順索引。

鳥取県大百科事典 鳥取　新日本海新聞社　1984　1101, 74p　　　*546*
　横2段組，約5300項目。付録は県人著述目録，郷土資料目録。索引は五十音順索引と分野別。

島根県大百科事典 松江　山陰中央新報社　1982　2冊　　　*547*
　横2段組，約1万2000項目。上巻末付表は市町村の変遷，歴代県知事，県議会議長・副議長など，考古年表，歴史年表。下巻末付表は指定文化財，統計要覧，災害年表，年中行事と祭り，学校一覧，寺社一覧，体育記録一覧など。両巻に五十音順索引。

岡山県大百科事典 岡山　山陽新聞社　1980　2冊　　　*548*
　横2段組，約1万4000項目。付録は県選出歴代国会議員，県会・県議会歴代議員，建築物の用語，主な城，主な河川，主な犯罪，考古年表，歴史年表，地形図，地質図。巻末に分野別索引。

広島県大百科事典 広島　中国新聞社　1982　2冊　　　*549*
　横3段組，約8000項目。特集として大・中項目も含む。上巻末に五十音順索引。下巻末資料は歴史年表，文化財一覧，国会議員・県議会議員一覧，スポーツの記録，受賞者一覧。郡市別索引。

山口県百科事典 大和書房　1982　1001, 45p および別冊(索引)　　　*550*
　横3段組，約5800項目。資料編は歴史年表，方言抄覧，地名集覧，郷土資料目録。巻末に五十音順索引。

徳島県百科事典 徳島　徳島新聞社　1981　1051p　　　*551*
　横3段組，約5400項目。巻頭に五十音順索引。

香川県大百科事典 高松　四国新聞社　1984　1216p　　　*552*
　縦4段組，約6600項目。資料編，主要紙面にみる郷土95年。巻末に五十音順索引，五十音順人物索引。

愛媛県百科大事典 松山　愛媛新聞社　1985　2冊　　　*553*
　縦4段組。上巻末資料は年中行事，四国八十八か所一覧，小・中学校一覧，方言

語詞抄，文学碑，受賞者一覧，歴史年表。下巻末資料は愛媛の重大ニュース，文化財一覧，ふるさと愛媛のうた，新聞広告にみる愛媛の世相。巻末に五十音順索引と分野別索引。

高知県百科事典 高知　高知新聞社　1976　987p　　　*554*
　　横2段組，4650項目。付録は歴代県知事，県会・県議会議長，土佐の方言集，文化財一覧，市町村史(誌)一覧，主な山岳・河川など。巻末に五十音順索引。

福岡県百科事典 福岡　西日本新聞社　1982　2冊　　　*555*
　　横2段組，約1万2000項目。上巻末に考古・歴史年表，五十音順索引。下巻末に県選出の歴代国会議員，歴代知事，県議会議長，指定文化財，参考資料目録，ことわざ，銘酒・銘菓一覧，主な山・川，難読地名，藩県の変遷史。分野別索引。

佐賀県大百科事典 佐賀　佐賀新聞社　1983　992p　　　*556*
　　縦4段組，6610項目。資料は歴代国会議員，県会・県議会の歴代議員，主要統計一覧，小・中学校，県下の窯業，指定文化財，文学碑，祭りと行事，歴史年表。巻末に五十音順索引。

長崎県大百科事典 長崎　長崎新聞社　1984　1050p　　　*557*
　　縦4段組，約6300項目。資料は歴代国会議員，県会・県議会の歴代議員，小・中学校，指定文化財，歴史年表。巻末に五十音順索引。

熊本県大百科事典 熊本　熊本日日新聞社　1982　1020p　　　*558*
　　縦4段組，約6500項目。資料は歴代国会議員，県会・県議会の歴代議員，市町村の合併，主要統計一覧，小・中学校，地名，主な山・河川，文学碑，祭りと行事，指定文化財，歴史年表。巻末に五十音順索引。

大分百科事典 大分　大分放送　1980　1087p　　　*559*
　　横3段組，約6000項目。資料編は年表，市町村沿革表，中学校一覧，地名総覧，大分方言600選，遺跡・史跡，指定文化財一覧，祭りと行事，参考資料目録。巻末に分野別索引。

宮崎県大百科事典 宮崎　宮崎日日新聞社　1983　1095p　　　*560*
　　横3段組，約6500項目。巻末資料は歴史年表，地名集覧，44市町村の主要統計一覧，市町村沿革，県行政機構一覧，指定文化財，主な祭りと行事，文学碑など。巻末に五十音順索引。

鹿児島大百科事典 鹿児島　南日本新聞社　1981　1181pおよび別冊　　　*561*
　　縦4段組，約7000項目。資料は県選出の歴代国会議員，歴代知事，県会・県議会議長・議員。別冊資料は考古年表，歴史年表，城跡一覧，廃寺一覧，主な河川，文化財一覧。巻末に五十音順索引。

沖縄大百科事典 那覇　沖縄タイムス社　1983　3冊および別冊　*562*
　横2段組，約1万7000項目。本文は上中下の3巻。別巻に資料，沖縄・奄美総合歴史年表，総索引。

5.4
地域年鑑

　一般年鑑と大きく異なるところはないが，対象地域を限定して年間の推移を中心に記述解説し，継続的に刊行している点に地域年鑑の特色がある。

5.4.1
世界・外国

　日外アソシエーツ刊『年鑑・白書全情報』(*104*) の〈一般年鑑−世界各国〉のもとに各国の地域年鑑が含まれている。したがって，以下には世界諸国，州，一国など，対象地域の異なるものを例示するにとどめる。

世界年鑑 共同通信社　1949−　　　　　　　　　　　　　　　*563*
　国際的な諸問題，事件を取りあげ，前年の1月から12月までの世界情勢について概観している。国際関係，世界各国の現況，重要資料などをまとめているが，その年に問題になった事項あるいは国については重点的に記述している。2020年版 (2020) は2019年1月から12月までを対象にする。特集についで，(1) 国際機構，(2) 各国の現勢，(3) 各国元首・閣僚一覧，(4) 記録・資料，(5) 世界人名録の各部からなる。巻頭に目次および索引がある。

アジア動向年報 アジア経済研究所　1970−　　　　　　　　　*564*
　韓国，北朝鮮，モンゴル，中国，台湾，ベトナム，カンボジア，ラオス，タイ，フィリピン，マレーシア，シンガポール，インドネシア，東ティモール，ミャンマー，バングラデシュ，ビルマ，インド，ネパール，スリランカ，パキスタン，アフガニスタン，中央アジア諸国，ロシア極東の政治経済を中心に，国別に動向を概観し，概況，政治，経済，対外関係，重要日誌などを収載している。

東南アジア要覧 東南アジア調査会　1959−92（年刊）　　　　*565*
　東南アジア15か国について，各国別に略史，政体，元首，憲法，立法制度，行政，地方制度，政党（勢力），軍事，外交，経済，新聞，放送，運輸，教育，華僑，言語，民族，宗教，面積，人口および前年における主要な動き，年誌に分けて解説している。東南アジア研究会編，時事通信社刊であったが，東南アジア調査会編刊となる。1992年8月に終刊。

年刊全アラブ要覧 中外調査会 1976－83 *566*

序論には特集的内容を盛り込み，各国編でアラブ諸国を国名の ABC 順に取りあげ，各国ごとに元首，国旗，地図，主要都市，地名，自然，略史，人口・住民，政治，経済・産業，社会施設，交通・通信，マスコミ，観光などにわたって解説し，資料編を付している。

中東・北アフリカ年鑑 中東調査会 1967－ *567*

総論で前年の主要問題を解説し，各論で，中東・北アフリカにあるアラブ連盟加盟のアラブ18か国と非アラブ4か国の合計22か国について，各国別に概観，歴史，政治，政治組織と社会，経済，統計などに分けて現況と動向を解説している。『中東年鑑』(昭和42年版) を改題したもの。「動向編」と「資料編」との2冊からなる。

アフリカ年鑑 アフリカ協会 1971－93/94（隔年刊） *568*

1991－92年版（1992）では，第1部「全域・多地域関係」でアフリカ全域の国際機関を含む全般的な動向を示し，第2部「地域別，国別概観」で地域別・国別に1989年下半期から91年にかけての政治，経済事情を解説している。さらに，第3部に「経済統計」を収載している。

中国年鑑 中国研究所 1955－（年刊） *569*

2019年版（2019）では，特集，動向，要覧，資料の4部に大別している。「動向」は政治，台湾・香港・マカオ・華僑，対外関係，経済，対外経済，文化，社会からなり，「要覧」には国土と自然，人口，国のしくみ，軍事，少数民族，台湾，香港，マカオ，華僑・華人，国民経済，財政などがある。1955年版から84年版まで『新中国年鑑』，85年版から現書名。

5.4.2
日　本

国内の地域年鑑にも，一般年鑑のほかに，交通年鑑，労働年鑑，農業年鑑，警察年鑑などの特定主題の年鑑，さらに，各種の地方統計年鑑など多様なものがある。それらの書名も必ずしも年鑑に統一されているわけではない。発行者も新聞・放送機関をはじめとして，地方自治体，商業出版社などいろいろである。

地域年鑑は対象地域の年間の推移の記録資料であり，過去にさかのぼって毎年の地域情報をたどるのに役立つ情報源である。また，地域百科事典は一旦刊行されると，改訂されないかぎり収録内容の新しさを保つのは困難であるが，地域年鑑は継続的に刊行されることによって，毎年地域情報を更新することができるという特徴がある。そのために，地

域年鑑は，同一地域を対象とする地域百科事典の補遺としての役割も果たしてきた。

しかし，ここにも異変が生じている。数多く刊行されてきた県別の地域年鑑は，近年，各自治体のホームページが開設されるのにともなって，相次いで終刊に追い込まれている。

なお，過去の年鑑の刊行状況を知るには，日外アソシエーツ刊『年鑑・白書全情報』(104) の〈一般年鑑（日本）〉のもとを参照すればよい。そこに，日本および国内の地域関係の年鑑も収録されている。

以下には，継続的に発行されている地域年鑑名を北から南へと地域順に列挙し，その (1) 発行地，(2) 発行所名，2012年8月末現在で点検できた(3) 年版，(4) 対象期間，さらに (5) 主要な項目見出しを摘記し，内容への手がかりを示しておく。

北海道年鑑 資料編

(1) 札幌 (2) 北海道新聞社 (3) 2002 (4) 2001.1 - 12 (5) 重要日誌・年表，市町村の姿，統計・北海道の文化財一覧・北海道の公園，人名・官公庁・団体編。別冊「企業データ編」。［注］2002年版で終刊。

東奥年鑑

(1) 青森 (2) 東奥日報社 (3) 2013 (4) 2011.4 - 2012.3 (5) 記録編（選挙の記録，青森県この1年，市町村の姿，主要統計，便覧）。別冊「名簿編」。

岩手年鑑

(1) 盛岡 (2) 岩手日報社 (3) 2009 (4) 2008.8 - 2009.7 (5) 年間トピック，岩手県の概観，市町村現勢，政治，地域整備，産業経済，運輸通信，社会，労働，厚生，教育，文化，スポーツ，便覧，名簿編。［注］2009年版で終刊。

河北年鑑

(1) 仙台 (2) 河北新報社 (3) 2004 (4) 2002.8 - 2003.7 (5) 特集，記録，要覧，国会・内閣・中央官庁出先機関・企業，東北人名録，会社事業所，便覧，統計。［注］2003年版から『Data Book 東北：河北年鑑』へ改題。2004年版で終刊。

秋田魁年鑑

(1) 秋田 (2) 秋田魁新報社 (3) 2011 (4) 2009.6 - 2010.5 (5) 特集編，記録編，総合職員録，企業概要，人名録，日常便覧。［注］2011年版で終刊，『Data File あきた』と改題。

Data File あきた

(1) 秋田 (2) 秋田魁新報社 (3) 2012 (4) 2010.6－2011.5 (5) 特集編，秋田の概観，総合職員録，企業概観，人名録，日常便覧。［注］2015年版で終刊。

山形県年鑑

(1) 山形 (2) 山形新聞社 (3) 2005 (4) 2003.8－2004.7 (5) 記録編，郷土編，名簿編，企業編，人名録，便覧編，五十音順索引。［注］2005年版で終刊。2006年から「デジタル山形県年鑑 企業・経済団体データベース」と改題。

民報年鑑　年鑑編

(1) 福島 (2) 福島民報社 (3) 2003 (4) 2001.9－2002.8 (5) この1年，各種選挙の記録，県勢要覧，福島県の観光，市町村のしおり，資料編，統計編。別冊「名鑑編」。

みんゆう Data Book

(1) 福島 (2) 福島民友新聞社 (3) 2011 (4) 2010.4－2011.3 (5) 県勢要覧，文化・環境，市町村要覧，市町の幹部，機構名簿，県内の主要会社，人名録，学校要覧。［注］2005年版で終刊。

埼玉年鑑

(1) さいたま (2) 埼玉新聞社 (3) 2008 (4) 2006.8－2007.7 (5) 記録編（1年の記録，県勢，市現勢，町村現勢，各種資料，各種統計），名簿編（行政・団体名簿，各種施設案内，企業総覧）。［注］2008年版で終刊。

新潟県年鑑

(1) 新潟 (2) 新潟日報社 (3) 2003 (4) 2001.8－2002.7 (5) 記録編，資料編，統計編，県・市町村要覧，名簿編，会社要覧。別冊「ふるさとダイアリー2003」。［注］2004年版で終刊。

北国年鑑

(1) 金沢 (2) 北国新聞社 (3) 2004 (4) 2001.7－2002.6 (5) できごと，要覧，統計，便覧（石川県の観光資源，人文資源，スポーツ施設，主な賞の受賞者）。［注］『石川データブック　2004』の副書名。［注］2004年版で終刊。

信毎年鑑

(1) 長野 (2) 信濃毎日新聞社 (3) 2009 (4) 2007.9－2008.8 (5) 記録編，自治体編，事業所要覧，職員録，人名録，便覧。［注］2009年版で終刊。

静岡年鑑 データしずおか

(1) 静岡 (2) 静岡新聞社 (3) 2002 (4) 2000.4－2001.3 (5) 主要日誌，今日の静岡県，政治・財政，産業・経済，社会・暮らし，教育・文化，スポーツ，静岡県の全国的位置，私たちの市町村，名簿編。［注］2002年版で終刊。

伊勢年鑑

　(1) 津 (2) 伊勢新聞社 (3) 2013 (4) 2011.8－2012.7 (5) 記録編（重要日誌，経済，社会），三重県庁行政機構，市町村編，国関係団体編，職員編，福祉施設編，教育団体・学校編，企業編，病院編，著名人士編，議員編，人名編，日常便覧。

大阪府年鑑

　(1) 大阪 (2) 新大阪新聞社 (3) 2001 (4) 2000.1－12 (5) 歴史と概況，政治，財政，司法，警察・自衛隊，生活環境，産業・経済，労働，建設，福祉，衛生，交通・通信，教育，文化，大阪市，衛星都市・町村。[注] 2001年版で終刊。

奈良県年鑑

　(1) 奈良 (2) 奈良新聞社 (3) 2012 (4) 2010.10－2011.11 (5) 県政界，県内のニュース，県勢総覧，文化財，県史年表，市町村編，企業編，団体編，選挙，議員編，著名人編。

山陽年鑑

　(1) 岡山 (2) 山陽新聞社 (3) 2001 (4) 1999.5－2000.4 (5) 記録，県市町村，名簿，便覧，統計。別冊「岡山県会社・工場要覧・岡山県出身人名鑑」。[注]2001年版で終刊。

中国年鑑

　(1) 広島 (2) 中国新聞社 (3) 2000 (4) 1999.1－12 (5) 記録編，5県要覧，都道府県と国の機関，統計編，会社録・人名録。[注] 2000年版で終刊。

徳島年鑑　解説編

　(1) 徳島 (2) 徳島新聞社 (3) 2009 (4) 2008.4－2009.3 (5) ニュース編，スポーツ編，人名録，会社録，団体録，職員録，統計・便覧。[注] 2009年版で終刊。

愛媛年鑑

　(1) 松山 (2) 愛媛新聞社 (3) 2009 (4) 2006.1－2007.7 (5) 記録・便覧編，要覧編，名簿編。[注] 2009年版で終刊。

高知年鑑

　(1) 高知 (2) 高知新聞社 (3) 2004 (4) 2002.7－2003.6 (5) 主要日誌，県内情勢，市町村情勢，便覧，官公庁・学事・各種団体，企業録，人名録。[注] 2004年版で終刊，『データブック高知』と改題。

データブック高知

　(1) 高知 (2) 高知新聞社 (3) 2008 (4) 2006.9－2007.8 (5) 高知の企業，医療機関・福祉施設，土佐人名録，官公庁，都道府県・学事・団体，高知県現勢，高知の文化，レジャー，叙勲・受賞・助成など，高知県関係物故者。[注] 2008年版で終刊。

熊本年鑑

(1) 熊本 (2) 熊本年鑑社 (3) 2000 (4) 不明 (5) 総記篇, 名簿篇(熊本県人名録など), 商工要覧, 統計篇。[注] 2000年版で終刊。

5.5
地図帳

　地理情報のうち, 都市農山漁村, 山川湖沼など, 特定の地名でよばれている土地の位置, 面積, 境界, 他の土地からの距離, 方位などが求められる例は少なくない。これらの地理情報を視覚的にとらえるのに適しているのが地図である。

　事典類にも地図を挿入しているものが多く見られるが, ここでは主として地図を編集した冊子体の地図帳を取りあげる。地図帳には, 既述のように, 一般地図帳のほか, 各種の主題を設けて, その関連の地図, さらに資料等を編集した専門地図帳がある。これらは, 主題地図帳あるいは特殊地図帳ともよばれている。以下では, 一般地図帳(世界, 日本)と専門地図帳に大別して, 主要なものを紹介する。

5.5.1
一般地図帳

a. 世　界

グランド新世界大地図 2006　人文社　2006　地図62枚, 167p　　　　　***570***

　世界, 日本についで, アジア, ヨーロッパ, アフリカ, 北米, 中米, 南米, オセアニアの順に各国の地図, 主要都市地図を収載している。500万分の1と800万分の1の縮尺図が多く, とくにアジアにくわしい。地名表記は現地読みとその現地音に近いカナ併記である。巻末に欧文地名索引, 音引きの漢字地名索引, 主要和文地名索引がある。

世界大地図館 テクノアトラス　小学館　1996　383p　　　　　***571***

　世界をアジア, ロシアとその周辺諸国, ヨーロッパ, アフリカ, 南北アメリカ, オセアニアに分けて, 世界各国の地図を編集し, 地図でみる世界（水圏, 大気圏, 生物, 人の移動, 移動する食糧, 世界遺産など）, 世界を知るキーワードなど, 便覧的データを添えている。和文, 欧文, 中国・朝鮮地名などの索引がある。

世界大地図帳 9訂版　平凡社　2022　13, 342p　　　　　***572***

　最初に世界全図をあげ, ついで400万分の1図を基本にして, アジア, 日本, ヨーロッパ, アフリカ, アメリカ, オセアニア, 海洋などに大別し, 世界各国の地図を

編集している。別に世界主要65都市の20万分の1の地図および世界各国現勢，世界遺産を添えている。巻末に国名等の略語一覧，和文索引，欧文索引がある。

タイムズ世界全地図：ライブアトラス 講談社 1992 403p **573**

世界の行政区分図，世界大パノラマ，世界各国図，世界主要都市図，現代の地球，地球博物誌，新世界探訪，世界の独立国情報などからなる本文に，カナ表記（欧文付記）の地名索引，漢字索引を付している。*The Live Atlas of the World*（第6版 1992）の翻訳。

ブリタニカ国際地図 第7版 TBSブリタニカ 1996 312, 255, 69p **574**

世界・海洋・大陸の地図を巻頭におき，世界各地域（ヨーロッパ，旧ソ連圏，アジア，アフリカ，オーストラリア・オセアニア，アングロアメリカ，ラテンアメリカ）の地図，都市圏の地図，世界の自然と人間（人口，宗教，言語，農林漁業，鉱工業，交通，天候などの地図）を収めている。人口密度が高くない地域は600万分の1とし，ヨーロッパ，北米の大部分，南アジア，東アジアは300万分の1，とくに主要地域43か所は100万分の1，主要都市は30万分の1の縮尺図を用いている。地名は現地語綴りを採用。約16万の地名をABC順に排列した巻末索引がある。

デラックス世界地図帳 昭文社 2006 527p **575**

衛星写真に次いで，世界，アジア，ヨーロッパ，アフリカ，北アメリカ，南アメリカ，オーストラリア・オセアニアからなり，一般図は1500万分の1，500万分の1，200万分の1の3種に統一している。巻末に各国要覧，国名索引，地名索引を付している。

b. 日 本

新日本分県地図 全国地名総覧・公共施設一覧 国際地学協会 1969-2004（年刊） **576**

「平成15年度新版」は改訂第20版。5万分の1地形図，20万分の1地勢図を基本図とし，多くの県を1ページ大に編集したもの。都道府県別に，「地名総鑑」，「公共機関一覧」を付している。前者の地名の読みかたは現地読みを原則とし，町，大字には管轄の税務署，警察署，集配郵便局とその所在地を表示している。巻末に全国市町村名索引がある。

これにきわめて類似した人文社の『日本分県地図地名総覧』（年刊）があり，2002年に平成15年版が発行されている。この第2冊は「都道府県別公共機関一覧」である。

日本国勢地図 新版 建設省国土地理院 日本地図センター 1990 218p **577**

日本全図，自然，気候，開発・保全，人口，農林漁業，鉱工業・建設業，交通・

通信，貿易，商業・金融，政治・財政，社会，教育・文化，地方図，行政区画に類別した地図からなる。巻末に市町村名，面積，人口からなる「行政区画表」がある。同CD-ROM版。

なお，国土地理院ホームページ（https://www.gsi.go.jp/top.html）から「地理院地図」や「地理空間情報ライブラリー」（地形図，空中写真等）を閲覧できる。また，日本地図センター（https://www.jmc.or.jp/）にも「地理院地図」，「国土地理院刊行地図一覧」などへのリンク集がある。

日本大地図帳 10訂版　平凡社　2007　20, 237p　　　　　　　　　　*578*
　ランドサット画像，50万分の1の縮尺に統一した分県図30図，大都市周辺と主要観光地域の15万分の1地域図，県庁所在都市の2万分の1市街図などからなる。分県地図は，地形を陰影と色調の組み合わせによって表現し，道路，鉄道網と，約9万の都道府県名，市郡町村名，駅名，自然地名，観光地名を記載する。約5万の見出しからなる地名索引，市町村一覧，難読地名一覧がある。

日本地名地図館 浮田典良 等　小学館　2002　591p　　　　　　　　*579*
　地図帳と地名事典を一体化したもの。地名から地図の所在ページと位置が検索できる。「地名百科」は都道府県，市町村など，約9000項目を収録する。巻末に難読地名索引，県別地図温泉索引がある。

日本列島大地図館 テクノアトラス　新訂版　小学館　1996　375p　　*580*
　九州地方から北海道までを7章に分けて分県地図と県別の立体地形図を収載し，航空図，鉄道・道路図などを含む「列島トラベル」，ランドサット衛星からみた日本列島さらに史跡名勝，天然記念物などを含む「列島データ」を付載。地名索引には市町村表，難読地名集を含む。

平成大合併日本新地図 小学館　2005　471p，付図1枚　　　　　　*581*
　全県図では，2006年3月31日までに誕生した新自治体名と旧自治体名および旧自治体の境界を表記している。また，県ごとに面積，人口，県庁所在地，国指定特別史跡など基本データも掲載。地域図では，さらに限定した地域について合併期日を付記した新自治体名と旧自治体名とその境界のほか，特産品や景勝地，人物などもカラー写真を多用して紹介する。巻末に「都道府県別全市町村合併データ」と地名索引がある。

5.5.2
専門地図帳

　一般地図帳にも主題地図を収載しているものもあるが，ここには歴史地図，経済地図などの主題地図を編集した専門地図帳を取りあげたい。

a. 歴史地図帳

世界史アトラス 綜合社編　集英社　2001　350p　　　　　***582***
　第1部「年代別世界史」，第2部「地域別世界史」のもとで，北アメリカ，南アメリカ，アフリカ，ヨーロッパ，西アジア，南アジアと東南アジア，北アジアと東アジア，オーストラリアとオセアニアの地方史に分け，世界の歴史を400点以上の地図その他の挿図で表わして解説する。事項索引・用語解説，地名索引がある。

朝日＝タイムズ世界歴史地図 朝日新聞社　1979　360p　　　　　***583***
　巻頭に年表および世界史の地理的背景についての解説を配し，歴史地図は7つの部門に分け，それぞれを細分し，諸大陸の変動を地図上に示している。巻末に，参考文献・資料，用語解説，索引を付している。*The Times Atlas of World History*（1978）の日本語版。

　タイムズ社の地図帳を原書とする『ヨーロッパ歴史地図』（第2版　M. アーモンド 等編　樺山紘一監訳　原書房　2001）があるほか，見開き2ページ構成で，地図のほか，年表を織り込み，参考図版を掲載して解説した『三省堂世界歴史地図』（ピエール・ヴィダル＝ナケ　樺山紘一監訳　三省堂　1995），古代世界，紀元1000年以降の西洋世界，ヨーロッパ，アジア，アフリカ，アメリカ，オセアニアと南極大陸からなる『ラルース世界歴史地図』（ジョルジュ・デュビー　木村尚三郎 等訳　ぎょうせい　1991）などもある。

アジア歴史地図 松田寿男，森 鹿三　平凡社　1966　20, 144, 148p　　　　　***584***
　総図と地域図（中国，朝鮮，北アジア，中央アジア，西アジア，インド，東南アジア）からなる。アフリカなど，アジア以外の地域も，東西交渉に関連がある場合には含め，古代から現代までの歴史事象を多角的に扱っている。『アジア歴史事典』（*402*）の別冊として刊行されたもの。同新装版(1985)。

日本歴史地図 西岡虎之肋，服部之総　全教図　1977　482p（復刻）　　　　***585***
　政治，経済，産業，都市，交通，教育，軍事などの地図を原始・古代（第1 - 24図），中世（第25 - 39図），近世（第40 - 55図），近代・現代（第56 - 75図）に時代区分している。巻末に万葉歌謡地名索引，一般索引，外国地名索引などがある。全国教育図書から1956年に刊行されたものの複製。

日本歴史地図 柏書房　1982　3 冊　　　　　***586***
　「原始・古代編」（上下2 冊）は先土器時代，縄文時代，弥生時代，古墳時代／古代を対象とする。参考資料編に国造一覧，県・県主一覧，皇室領民分布一覧，古代・中世における摂関家の家領一覧などを収録している。索引は首字画引。別巻の「考

古遺跡遺物地名表」がある。

b. 宗教地図帳

世界宗教地図 ビジュアル版　ニニアン・スマート編　武井摩利訳　東洋書林
2003　239p　　　　　　　　　　　　　　　　　　　　　　　　　　***587***
　「現代の宗教」,「宗教の歴史地理学」についで,「世界の宗教」のもとにヒンドゥー
世界, 仏教, 東アジアの宗教と伝統, 太平洋, 古代の近東とヨーロッパ, ユダヤ教,
キリスト教, イスラーム, アフリカ, 土着宗教の各章を設け, 各宗教の変化の道筋を,
地図, 挿図により解説し, 索引を付す。*Atlas of the World's Religions* (1999) を
翻訳したもの。

c. 経済・産業地図帳

一目でわかる中国経済地図 第2版　矢吹 晋　町田：蒼蒼社　2012　261p ***588***
　マンパワー, 国内総生産, 経済水準, 対外経済力, 工業力, 所得・消費, 地域発展,
エネルギー・環境, 軍事力の各章からなり, 地図を多用し統計データを示す。付録
に全国, 31省市自治区等の「2015年までの経済・社会発展目標」がある。

5.6
地名索引・地名読みかた辞書

　地図帳の索引, 地名事典の索引は, いずれも地名索引ではあるが, こ
こには独立刊行の地名索引を取りあげる。また,『角川日本地名大辞典』
(*594*) の「日本地名総覧」に〈難読地名一覧〉が含まれているように,
日本の地名には難読のものが少なくないため, 地名索引には, しばしば
難読地名の読みを確認するための漢字の画引き索引が付載されている。
両者の関連を考慮し, 以下には, 地名読みかた辞書を合わせて取りあげ
ることにする。

現代日本地名よみかた大辞典 日外アソシエーツ　1985　7冊　　　***589***
　全国の約31万の地名とその読みかたを示し, 所在地名を付記している。地名の排
列は漢字の画数順。第7巻は地名の機械的な音読み (音読みがない場合は訓読み) か
ら検索することのできる索引である。「JIS 都道府県・市区町村コードによる全国
町・字ファイル」(国土地理協会) に基づいて作成したもの。

新日本地名索引 金井弘夫　鎌倉　アボック社　1993　3冊　　　　***590***
　第1巻は38万5000の地名を五十音順に排列した読みによる索引。第2, 3巻は漢
字編で, 難読地名の検索に利用できる。地名の所在は座標方式によって, 国土地理
院の2万5000分の1地形図上の位置を示している。別巻『地名レッドデータブック』

(1994) は，旧陸軍参謀本部陸地測量部発行の5万分の1地形図（いわゆる陸測図）に現れた地名を採録している。なお旧版の『日本地名索引』(1981) は，20万分の1地勢図上の位置を示している。CD-ROM版「地図で見る日本地名索引」がある。

難読・異読地名辞典 楠原佑介 東京堂出版 1999 447, 30p **591**
　難読地名および同じ漢字表記で多くの異なった読みがある地名の読みと所在地を調べるために，画数順に地名を排列し，読みと地名の所在地を示している。『難読地名辞典』(1978) の改訂版。

5.7
地名事典

　地名事典は，地名を見出し項目として事典形式にまとめたレファレンスブックである。世界か，アジアか，日本かなど，対象地域の範囲によって種類分けができるとともに，解説の違いによっても分けられる。すなわち主として地名の呼称，起源，由来などを明らかにするものと，その人文地理的，自然地理的特徴の解説に主眼をおくものとがある。以下には，後者に属するものを紹介する。

5.7.1
世界・外国

新版世界地名辞典 東京堂出版 1980 2冊 **592**
　「東洋編」は日本以外のアジア全域を対象とし，約3000の地名項目を五十音順に排列している。ABC順と漢字画引の各索引がある。「西洋編」はヨーロッパ，南北アメリカ，アフリカ，オセアニア，旧ソ連，極地方を対象とし，約4000項目をカナ見出しの五十音順に排列している。ABC順とロシア文字の各索引がある。

世界地名大事典 竹内啓一 等 朝倉書店 2012-2017 9冊 **593**
　「アジア・オセアニア・極I-II」(第1-2巻)，「中東・アフリカ」(第3巻)，「ヨーロッパ・ロシアI-III」(第4-6巻)，「北アメリカI-II」(第7-8巻)，「中南アメリカ」(第9巻) の5地域からなる。総項目数は約4万8000。地名は『世界全地図・ライブアトラス』(573) を底本とする。見出し語はカナ表記とし，五十音順排列。原綴名を併記している。写真・地図を多用し，地域の所在，数値データ，特色を解説する。解説の末尾には執筆者名を明示。地域ごとに欧文索引（地域によっては五十音・画数順の漢字索引)がある。

　ハンディな地名事典としては，『コンサイス地名辞典　外国編』を改

訂改題した『コンサイス外国地名事典』(第3版　三省堂編修所　三省堂　1998) がある。また，世界の地名(日本，中国，朝鮮，台湾を除く)約1万8000を収録し，原則として現地音に近いカナ表記を与えている『外国地名発音辞典』(日本放送協会　1956) がある。また『外国地名よみかた辞典』(日外アソシエーツ　2008) は，外国地名3万3000以上をアルファベット順排列した第1部と，延べ4万3800以上をカタカナ表記した第2部とからなる。

　さらに，『外国地名レファレンス事典』(日外アソシエーツ　2006) は，30種，86冊の地名事典や百科事典の見出し延べ7万3000以上の総索引であり，巻末に原綴索引があるので，アルファベット表記からも検索することができる。

5.7.2
日　本

角川日本地名大辞典 同編集委員会　角川書店　1978-90　47冊および別冊 ***594***
　都道府県ごとに各巻をあて，それぞれ総説，地名編，地誌編，資料編を設けている。主体である地名編では古代から近代までの地名を網羅的に収録し，その五十音順排列のもとで解説を加えている。別巻は「日本地名資料集成」，「日本地名総覧」で，後者は総索引，郡支庁・自治体一覧および難読地名一覧からなる。同新版DVD-ROM版(CD-ROM版交換版)。「ジャパンナレッジ」にも収録される。なお，『古代地名大辞典』(角川文化振興財団　角川書店　1999　2冊) は，平安時代までの史料に見られる地名1万2400項目を五十音順に排列して解説した本編と，索引および木簡，土器，漆紙文書などの史料から選んだ古代地名集成を収載した「索引・資料編」からなる。

大日本地名辞書 増補版　吉田東伍　冨山房　1967-71　8冊　　　　　　***595***
　第1巻「汎論・索引」に地名総説などのほか，国郡目次，五十音順カナ索引，部首別画数順漢字索引などがある。各巻は「上方」，「中国・四国」，「西国」，「北国・東国」，「坂東」，「奥羽」，「北海道・樺太・琉球・台湾」からなる。国郡，郷荘，村里，社寺，山川などの地名について，典拠文献に基づいて歴史的，民俗学的側面から解説している。

日本地名大事典 渡辺 光 等　朝倉書店　1967-68　7冊　　　　　　　***596***
　九州，中国・四国，近畿，中部，関東，東北，北海道の各冊からなり，各種の地名合わせて約1万4000項目を収録している。それぞれ五十音順に排列した地名のもとに解説を加えている。各巻末に索引はあるが，全巻に対する総索引はない。

　地域別分冊からなる地名事典。近世の独立村名と町方の町名を基本とし，歴史的な由緒のある地名を網羅的に収録し，典拠文献を示しながらくわしい解説をしている。各巻に文献解題を添え，五十音順索引と難読地名索引を付している。第49巻は約40万項目からなる「総索引」，第50巻は「分類索引」である。「ジャパンナレッジ」にも収録。

　以上は，いずれも大部な地名事典であるが，手ごろなものとしては約2万1000以上の地名項目を五十音順に排列した『コンサイス日本地名事典』(第5版　三省堂編修所　三省堂　2007)，地図帳と合体した『日本地図地名事典』(三省堂　1991) がある。また，東京堂出版からは『日本地名辞典　市町村編』(山口恵一郎　1980)，その姉妹編『日本自然地名辞典』(1983)，さらに『日本歴史地名辞典』(藤岡謙二郎　1981) もある。

　地名の語源は，全国各地の主要な現行地名約8000を読みによって五十音排列し，その漢字表記と語源的な解説を加えている『日本地名大事典』(吉田茂樹　新人物往来社　2004　2冊) や，語源的に特色のある地名を五十音順に排列し，漢字，起源，由来，読みかたなどを解説した『地名語源辞典』(山中襄太　校倉書房　1968-79　2冊) で調べることができる。

5.8
図説地理百科

　地理の分野では視覚的に理解を助けてくれる資料に対する要求が強い。こうした需要に応じて，図版を多用した比較的大部なセットものがつくられている。それらのなかには読みものとしてだけでなく，レファレンスブックとしても利用できるものが含まれている。たとえば，世界各国については，『図説大百科世界の地理』(朝倉書店　1996-2000　24冊)，『図説世界文化地理大百科』(朝倉書店　1983-2004　21冊)，『世界の地理』(朝日新聞社　1986　12冊および別冊2冊) などがあり，日本については『日本の文化地理』(新訂　講談社　1974　18冊)，『日本図誌大系』(朝倉書店　1972-80　12冊)，『日本地理風俗大系』(誠文堂新光社　1959-60　13冊)，『図説日本文化地理大系』(小学館　1960-63　18冊)

などがある。

5.9
旅行案内書

　地理・地名情報のうち，とりわけ人文地理情報は刻々変化する。したがって，未知の地方への旅行に必要とされる情報は最新の情報でなくては困る。その場合，インターネット上に信頼できる最新の情報があれば有用である。その反面，ある土地について，過去の特定の時期のくわしい地理情報が必要となることがある。このような場合，その当時に出版された，その土地の案内書（ガイドブック）が他に代えがたい情報を提供してくれる。

　ここには個別のタイトルの紹介は割愛するが，『紀行・案内記全情報』（*104*）を利用すれば，おびただしい数の案内書を見つけることができる。これには，旅行ガイド，歴史・文学散歩，紀行文，探検等の関係書が日本編と海外編に大別され，それぞれ地域のもとに細分収録されている。書誌データのほか，内容の要旨が添えられている。これは「45/91　海外編」(1992)，「45/91　日本編」(1993)，「92/96」(1997)，「97/2001」(2002)，「2002/2007」(2008) の各版もあるから，第二次大戦後までさかのぼって過去の旅行案内書を探すことができる。

第**5**章の　　質問事例

　5－1　モナコ公国の国旗，面積，司法制度，税制について簡単に知るのには何を調べればよいか。　（*505*）

　5－2　〈小田〉という地名を〈やないだ〉と読ませるところがあるという。これは，何県のどこにある地名か。　（*591*）

　5－3　那覇市にある〈おなり橋〉はどんな橋で，いつ完成したのか。この名は沖縄に見られる〈おなり神信仰〉と関係があるか。　（*562*）

5－4　イギリスの産業革命当時の各種の鉱山採掘地域や工業地域の分布を示している地図はないか。　(**582**)

5－5　〈五十部町〉，〈十六島〉という地名は，それぞれどう読むか。また，これらは何県のどこにある地名か。　(**589**)

5－6　トルコの〈アイディン〉という都市は，どの辺りにあるか。また，その近郊の特色のある農産物といえば，どんなものがあるか。　(**593**)

5－7　吉野川をはさんで右岸に妹山，左岸に背山があるという辺りはどこか。歌に詠まれた妹背山はここであるという説もあるらしい。　(**597**)

5－8　風土記にも書かれているという〈神門川〉はどこを流れる，どんな川か。風土記では，どのように記述されているか。　(**595**)

5－9　〈宝登山〉という山は，どこにあるか。その山に祀られている神社の祭礼は，いつ，どのように行われるのか。　(**594**)

5－10　熊本県内の主な祭りと年中行事，さらに指定文化財，文学碑などについて調べるには何を使えばよいか。　(**558**)

人物・人名
の情報源

6.0
概　説

　人に関する情報（人物情報）は図書，雑誌などの文献資料に関する情報
と並んできわめて頻繁に求められる種類の情報である。文献資料につい
て尋ねられたときにも，実はそれによって人物情報への手がかりが求め
られている場合が少なくない。逆に人物情報を手がかりにして，しばし
ばその著作，その他の文献情報が求められることもある。

　また，現代の社会では，政府，自治体をはじめ，会社，学会，同好会
など，人びとはさまざまな目的のもとに数多くの団体を組織している。
それらの団体にはいろいろな機関が設けられている。こうした団体・機
関に関する情報はしばしば人物情報を収載しており，人物情報源と類似
の情報を含んでいる。したがって，本章では団体・機関の名鑑類も合わ
せて取りあげ，その探索についても言及することにしたい。

　インターネット上でも人名をキーワードにして検索すると，しばしば
多すぎるほどの人物情報への手がかりが得られ，かえって取捨選択に苦
慮することがある。その点，有料でも構わなければ，一定の評価を経た
データベースを使って人物情報を求めることができよう。たとえば，日
外アソシエーツでは人物データベース「WhoPlus」によって人物（およ
び関係文献）情報を提供しているから，本章で紹介する同社の人物関係
出版物に登載されている人物データの多くを検索することができる。人
物情報は，その信頼性に十分注意する必要があるが，その内容，出所な
どの信憑性を検討する際に，定評のある印刷資料からの情報と比較する
ならば，その評価に役立つだろう。

　印刷された人物情報源には，自叙伝をはじめとして，自分の生活を中

心に据えて，過去のことを顧みて記録した回顧録，日記・書簡，その他
人物に関わる情報資料が広く含まれる。これらは必ずしも情報を客観的
に伝えることを意図して記録されたものではないという理由から，情報
源としての価値が問題視される。しかし，そうした制約を心得たうえで
使うならば，それなりに豊富な情報を発掘できる資料として役立つであ
ろう。

　その点では，伝記すなわち他の人(伝記作者あるいは記伝者)によって
書かれた個人(被伝者)の人物情報ならば，自叙伝よりも客観的に記述さ
れているものと期待することができよう。ただし，伝記だからといって，
客観的に書かれていると単純に思い込んではならない。それを情報源と
して利用する際には，記伝者が被伝者に対して公正に判断を下せる立場
にあるのか，伝記執筆の素材・情報を十分集めうる立場にあるのかな
ど，両者の関係を考慮して評価する必要がある。

　こうした人物関係の資料を探すには，『人物研究・伝記評伝図書目録』
(図書館流通センター　1994)を利用することができる。その「日本人・
東洋人篇」(2冊)，「西洋人篇」によって，明治以降1993年までに出版さ
れた伝記，自伝，日記・書簡，評伝，作品研究，書誌，伝記小説などを，
さらに引き続き2000年6月末までに出版された同種の図書を収録してい
る『続人物研究・伝記評伝図書目録　日本人・東洋人篇』，『同　西洋人
篇』(2001)によって，求めたい人名を手がかりにして探せばよい。

　また，『「人名辞典」大事典』(人名情報研究会　日本図書センター
2007　2冊)は，人名事典，人名鑑など，和文の単行本を中心に約2万
点を，ジャンル別編，地域編，外国編に分けて収録している。

　同じく，『伝記・評伝全情報』(104)も，伝記，自伝，回想録，追想録，
日記，書簡等を収録している。これには「日本／東洋編」と「西洋編」
の2編とその追録があり，これらによって1945年から2022年までの日本
語の伝記，評伝類を調べることができる。

　この種の伝記関係書のほか，伝記の被伝者になるほどの人物ならば，
多くの場合，百科事典や専門事典の人名項目としても登載されている。
この種のレファレンスブックでは，記述は簡略であっても，比較的客観
的に解説されている。とくに，文学関係者ならば，文学関係の専門事典

類の見出し項目に含まれることが多い。便覧類や年鑑にはしばしば〈名簿編〉が設けられている。また書誌，目録類を使えば，人名は文献資料の著者名として，あるいは主題名として特定の人物への手がかりを与えてくれる。つまり，人物情報を含むレファレンスブックは多様である。

　しかし，これらのレファレンスブックにあたってみても，そこには目指す項目が載っていなかったり，載っていたとしても簡単すぎて役立たなかったりする場合があるかもしれない。したがって，もっぱら人物・人名について情報を求める場合には，「人物・人名関係のレファレンスブック」（図6）を使ったほうがよい。

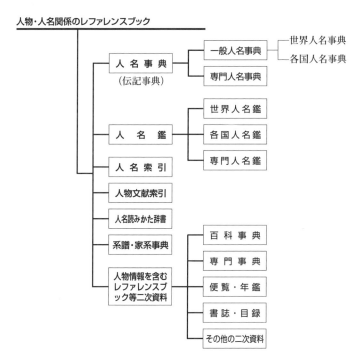

図6　人物・人名関係のレファレンスブック

　まず，人名事典であるが，これは人名を見出し語として，主として履歴事項を解説する人物専門の事典であり，特定の人の姓名，異名，その読みかた，生（没）年，出生地，所属，学歴，職歴などを調べることができる。なお，人名事典には，人名を見出しにした項目に解説を加えて事

典形式に編集しているという共通性があるところから，登載人物のくわしい伝記を集めた〈伝記事典〉あるいは〈伝記集成〉とよぶのがふさわしいようなものも含まれる。

　また，人名事典と明確に区別しにくいものに人名鑑ないし人名録とよばれるものがある。これらは多くの場合，現存の活躍中の人物を登載し，その経歴，業績などの履歴，住所などを簡潔に記載しており，比較的頻繁に改訂されるところに特色がある。

　人名事典，人名鑑は，いずれも一般的か専門的か，または世界的か，全国的か，時代範囲はいつからいつまでか，などの観点から大別される。さらに被伝（記）者が女性か，所属はどこか，生存者か物故者か，実在の人物か架空の人物かなど，その属性によっても類別されることがある。これらの諸側面の組み合わせかたしだいで人名事典や人名鑑の種類が決まってくる。

　本章では，まず「一般人名事典・人名鑑」(6.1)を取りあげ，ついで「専門人名事典」を取りあげる。そのもとに，「架空人名事典」(6.2.2)を含め，さらに「名鑑」(6.3)のもとで，「専門人名鑑」(6.3.1)およびそれと形式的に類似し，しばしば人名情報を含む「団体機関名鑑」(6.3.2)を紹介する。

　これらのほか，人名を手がかりにして人物情報の所在を知るための人名索引および人物文献を検索することのできる人物文献索引がある。

　「人名索引」(6.4)は，人名見出し項目を一定の順序に列挙し，しばしば個々の人名項目の識別のために，生没年，職業など，簡単な情報を添えて，人物情報の所在を指示する索引である。本文の記述中から人名項目を拾い出して索引化した巻末索引とか，セットものの別巻索引としての人名索引もあるが，本章では，複数の人名事典その他の事典類所収の人名項目を検索することのできる索引を取りあげる。これを使えば，特定の人物の情報を求めようとするとき，どんな人名事典その他の事典類を使えばよいか，適切な事典類を選ぼうとする際に見当をつけるのに役立つだろう。

　また，「人物文献索引」(6.5)は，人名見出しのもとに，その人物の著作，あるいはその人物について書かれた文献資料（図書あるいはその一部，雑誌記事など）の書誌データを示している。したがって，その人名見出

しのもとでは直接人物情報を求めることはできないが，その文献資料の所在を確かめ，その資料によって人物情報を求めることができる。回りくどい探索のようであるが，人名事典ではくわしい情報が得られなかった場合とか，人名事典に登載されるほどには知名度が高くない人物の情報を求める場合に有効である。

　さらに，人物情報を探索する場合，まず手がかりにしようとする人名の読みが確認できないために探索が進められないことがある。こうした場合に役立つのが，「姓名読みかた辞書」(6.6) である。

　このほか，血縁関係，家系，芸統，学派などの系統関係を図式的に表示した系譜，家系関係の資料がある。これらの多くは必ずしもレファレンスブックの要件を満たしているわけではないが，人物情報との関わりが深いところから，「系譜・家系事典」(6.7) のもとに若干のタイトルを例示する。

第**6**章｜人物・人名の情報源

6.1
一般人名事典・人名鑑

　人名事典に登載される人物の範囲は，既述のように主として三つの観点から絞られる。すなわち，時代(いつの時代か)，地域(世界か，一国か，あるいは一地域か)，登載者の属性(現存者か物故者か，専門分野や職業)といった点である。したがって，人物情報を探索する場合，その人物についてこれらの観点から探索の条件を満たす人名事典を選んで使えばよい。

　以下に取りあげる一般人名事典あるいは一般人名鑑は，とくに登載者の専門分野や職業などを限定しない種類のものである。

6.1.1
世界・外国

岩波＝ケンブリッジ世界人名辞典 デイビット・クリスタル　金子雄司 等
岩波書店　1997　1459p　　　　　　　　　　　　　　　　　　　　***601***
The Cambridge Biographical Encyclopedia (1994) の和訳を基礎にし，日本人の項目を除いている。約1万5000人の人名をカナ表記のもとに五十音順に排列し，氏名の原綴，国名，生没年を付記して，職歴，業績などを簡潔に解説している。ただし，

歴史上重要とみなされる人物についてはくわしく解説し，囲み記事にしている。付録に，各国元首・政治指導者，宗教指導者，ノーベル賞受賞者の各一覧があり，巻末に，原綴索引がある。同 CD-ROM 版。

岩波西洋人名辞典 増補版　岩波書店　1981　1962, 282p　　　*602*

　いわゆる欧米人にかぎらず，中近東，アフリカ，大洋州，インドまでも含む広域にわたる古今の著名人とか，中国やわが国から見て関係の深い西洋人に重点をおく。若干の架空人名や神名も含まれている。約2万5300人を選び，カナ見出しのもとに，人名原綴，生没年について解説を加え，著作などを添えている。巻末に人名の原綴索引，漢字名を持つ人物の漢字名索引がある。なお，東アジア，東南アジアの人名を追加，改定した『岩波世界人名大辞典』(2013　2冊，同 CD-ROM 版)も刊行。

世界人名辞典 新版増補版　東京堂出版　1990-94　3冊　　　*603*

　「西洋編」，「日本編」，「東洋編」の3分冊からなる。西洋編は欧米人のほか，中近東，アフリカ，インド，ラテン・アメリカの人びとも含む約7000人をカナ見出しにより五十音順に排列し，簡潔な解説を加えている。人名の原綴からの索引がある。日本編は約5900人，東洋編は約5100人を登載し，後者はアジア地域の人物を対象としている。なお，中国，朝鮮，モンゴル諸語の人名は日本語読みである。

世界女性人名大辞典 マクミラン版　ジェニファー・アグロウ　国書刊行会　2005 624p　　　*604*

　The Macmillan Dictionary of Women's Biography の第3版を和訳したもの。さまざまな分野で活躍した古今東西の女性約2000人を収録し，カナ表記の見出し語のもとに五十音順排列し，原綴を添え，経歴・業績・学歴などを比較的詳しく解説している。巻末に参考文献のほか，分野別索引，アルファベット順索引を付している。

世界伝記大事典 ほるぷ出版　1978-90　19冊　　　*605*

　McGraw-Hill Encyclopedia of World Biography の翻訳を基礎にしたもので，特に東洋人については大幅に増補している。「日本・朝鮮・中国編」(新訂版　1990 6冊)，「世界編」(12冊)および総索引(1冊)からなる。学習用としても利用できるように約5500人について比較的平易に，かつくわしい解説を与え，肖像も添えている。総索引は人名索引，漢字人名字画順一覧，外国人名アルファベット順一覧などからなる。

20世紀西洋人名事典 日外アソシエーツ　1995　2冊　　　*606*

　欧米人にとどまらず，漢字文化圏を除くアジア，アフリカ，中近東などの各国，地域の人物で，20世紀に顕著な業績をあげた1万9447人をカナ見出しの五十音順に解説している。巻頭に人名目次，巻末に原綴索引を配している。

来日西洋人名事典 増補改訂普及版　竹内 博　日外アソシエーツ　1995　700p
607

戦国時代から大正時代までに来日した西洋人約1200人を人名のカナ表記によって五十音順に排列し，そのもとに，原綴，生没年，国籍，活動分野（所属，肩書，専門など），略歴のほか，関係文献を添えている。付録に，来日年表，活動分野別索引，原綴索引がある。

1冊ものでは，『コンサイス人名辞典　外国編』を改訂改題した三省堂編修所編『コンサイス外国人名事典』（第3版　三省堂　1999）がある。なお，この姉妹編として日本人名1万5000人を収録し，画引き漢字索引を付した『コンサイス日本人名事典』（第5版　三省堂　2009）がある。

6.1.2

日　本

a.　一般人名事典

講談社日本人名大辞典　講談社　2001　28, 2238p
608

古今の日本人（架空人物を含む）約6万5600人をかな見出しの読みの五十音順に登載。各項目は見出し語，生没年と適宜顔写真（白黒）を添えた簡潔な解説からなる。巻末に「日本の姓氏500」，「人物記念館」，「歴代内閣一覧」，2000年までの「文化勲章受章者・文化功労者一覧」，「日本史年表」などと，難読姓・名索引，外国人名アルファベット索引がある。CD-ROMつき。「ジャパンナレッジ」にも収録（追加項目あり）。

新潮日本人名辞典　尾崎秀樹 等　新潮社　1991　2086p
609

古代から現代までの人物約1万8000人の項目に8行から20行程度の解説を加え，五十音順に排列している。日本人だけでなく，来日外国人，日本と関係の深い外国人，さらに作品中に現れた人物，伝承の人物なども含む。巻末に各種一覧，主要系図，年表，名言集などがある。架空伝承，欧文人名，難読人名などの索引がある。

日本人名大事典　平凡社　1979　7冊
610

『新撰大人名辞典』（1937-41）のうち，1938年8月までに故人となった約5万人を登載した6巻に訂補正を施して本書名に改題し，新たに1938年9月から78年8月までの物故者のうちから6000人を選んで解説した「現代」編（1冊）を加えたもの。解説は比較的くわしく，肖像を添えたものもある。索引はないが，旧版に相当する『大人名事典』（1953-55　10冊）の索引が利用できる。

歴史上の人物で活躍の時期が判明している場合は，時代をかぎり，その間に活躍した人物を選んでつくられた人名事典を利用するのもよい。

たとえば,『明治維新人名辞典』(日本歴史学会　吉川弘文館　1981) は,嘉永6 (1853) 年から明治4 (1871) 年前後までに活躍した約4300人の人物情報を収載しているし, さらにさかのぼり『幕末維新大人名事典』(安岡昭夫　新人物往来社, 2010　2冊) や『幕末維新人名事典』(学芸書林 1978) がある。

『江戸幕臣人名事典』(改訂新版　熊井 保　新人物往来社　1997) は寛政以後の幕臣, 大名, 職人などの履歴事項を収載している。江戸時代から明治初期すなわち慶長5 (1600) 年から明治4 (1871) 年までに存在した各藩の歴代藩主を対象とする『三百藩藩主人名事典』(同編纂委員会 新人物往来社　1986-87　4冊), その家臣として仕えた人物を対象とする『三百藩家臣人名事典』(同編纂委員会　新人物往来社　1987-89 7冊) がある。さらに, 「寛政11年度全旗本人名事典」(1-3巻) および「500石以上旗本人名事典」(第4巻) と解説, 人名総索引からなる『江戸幕府旗本人名事典』(小川恭一　原書房　1989-90　5冊), その人名確認に役立つ『寛政譜以降旗本家百科事典』(小川恭一　東洋書林　1997-98　6冊) もある。

戦国時代にさかのぼると, 諸大名を取りあげた『戦国大名系譜人名事典』(山本 大, 小和田哲夫　新人物往来社　1985-86　2冊), その家臣団をも含めた『戦国大名家臣団事典』(山本 大, 小和田哲夫　新人物往来社　1981　2冊) がある。また『戦国人名事典』(阿部 猛, 西村圭子 新人物往来社　1987) は, 応仁の乱(1467)から豊臣滅亡(1615)までのおよそ150年間に活躍した約8000人の人物情報を収載している。

『鎌倉・室町人名事典』(安田元久　新人物往来社　1985) によれば, 保元・平治の乱(保元元年, 1156)から応仁の乱(応仁元年, 1467)までの約300年間の人物, 約3500人の情報を求めることができる。

『国史大辞典』(403) に収録されている人物に関する項目は, 同辞典の中より神武天皇のころから天正17 (1589) 年までの人物3372項目を採録した『日本古代中世人名辞典』(平野邦雄, 瀬野精一郎　吉川弘文館 2006), 天正18 (1590) 年から明治10 (1877) 年までの人物3657項目を採録した『日本近世人名辞典』(竹内 誠, 深井雅海　吉川弘文館　2005), 幕末から現代までの150年間に活躍した人物4500項目を採録した『日本

近現代人名辞典』(臼井勝美 等 吉川弘文館 2001) など，いずれも充実した参考文献を添えており，巻末索引を付した単行本としてまとめられている。

b. 一般人名鑑

現存者を対象とする人名鑑は，一般的なものから特殊専門的なものまで，図書として，あるいは他の図書の一部として多数刊行されている。とくに，一般および専門の「年鑑」(4.5)，「地域年鑑」(5.4) 類の多くに〈人名編〉，〈名簿編〉などとして含まれ，あるいはその別冊として刊行されていることはよく知られている。以下には，わが国で広く利用されている独立刊行の一般的な人名鑑を紹介する。

なお，過去にさかのぼって人名鑑を探そうとする場合，『名簿・名鑑全情報』(*104*)を使うとよい。これには1945年から89年までに日本で刊行された名簿・名鑑類6200点を分野別のもとに五十音順排列したセット，さらに1990年から2004年までに刊行された名簿・名鑑類9000点を分野別のもとに五十音順排列した追録のセット(2005)がある。

人事興信録 人事興信所 1903-2009 （隔年刊） *611*

1903 (明治36) 年に第1版を発行し，2009年の第45版をもって終刊となる。第43版の場合，上下2冊に内閣閣僚，国会議員，官吏 (本省の部長相当以上)，都道府県議会の正副議長，知事，市長，都道府県の部長，六大都市の局長，公共企業体・公団などの役職員，団体・銀行・会社の役職員，ジャーナリスト，弁護士，会計士，医師，芸術家など(在日外国要人を含む)約9万人を登載している。本名，雅号などのうち，知名度の高いほうを見出しとし，その読み，肩書，出身地，本籍，家族，出生事項，学歴，経歴，趣味，親戚，交友，住所，電話，勤務先などを記載している。各巻別に五十音順人名索引がある。

現代外国人名録 2020 日外アソシエーツ 2020 64, 1386p *612*

現在の日本で知られている政治家，経営者，学者，芸術家，スポーツ選手など，約1万人を収録し，その姓名(カナ表記，アルファベット表記，漢字表記)を五十音順排列し，職業，肩書，国籍，生年月日，出身地などを解説している。巻末に人名索引(欧文)がある。

新訂現代日本女性人名録 日外アソシエーツ 2001 1504p *613*

2001年5月20日現在で，現存の女性1万8012人を登載。政治・行政・法曹，経済・産業，社会・教育など，9分野に大別し，さらに100分野に細分し，氏名のもとに

職業, 勤務先, 肩書, 専攻分野, 国籍, 生年月日, 出生地, 本名, 旧姓, 学歴, 資格, 経歴, 趣味などの解説を加えている。

新訂現代日本人名録 2002 日外アソシエーツ 2002 4冊　　　　**614**
2001年11月現在で, 現存の作家, 学者, ジャーナリスト, 経済人, 政治家, 法曹関係者など約12万人を人名の読みの五十音順に登載し, 人名のもとに, 職業, 肩書, 生年月日, 学歴, 経歴, 趣味, 家族, 住所, 電話, ホームページ URL などを記載している。各巻頭に「収録人名一覧」がある。この内容を増補 (2004) した CD-ROM 版がある。

著作権台帳 日本著作権協議会 1951 - 2001　　　　**615**
1951年に第1版を刊行し, その後不定期に新版を刊行している。2001年に第26版を刊行。著作権名簿 (各専門による部門別編成) と故人名簿からなる。巻頭に「専攻別索引」があるほか, 別冊に五十音順人名索引と総画索引がある。通称〈文化人名録〉とよばれていた。

日本紳士録 交詢社出版局 ぎょうせい 1889 - 2007 (隔年刊)　　　　**616**
1889 (明治22) 年に第1版を発行し, 2007年の第80版をもって終刊。第79版の場合, 2005年6月現在で, 日本の実業界, 政界, 官界, 教育界, 芸術界, その他各方面で活躍している人物を登載している。五十音順排列の人名のもとに, 肩書, 出身地, 出生事項, 学歴, 趣味, 住所, 電話, 配偶者などを記載している。なお, 主要な外国人名も含まれている。

c. 物故人名鑑

現代の人物の情報を求める場合でも, それは, すでに故人となった人物についての情報であることが少なくない。現存者を登載対象にした人名事典でも, 故人を登載している例も見られるが, 『明治過去帳　物故人名辞典』(新訂版　大植四郎　東京美術　1971) のように, 物故者のみを登載しているものもある。これは, 『国民過去帳　明治之巻』(大阪尚古房　1935) の複製で, 墓碑, 新聞, 官報から約2万1300人の人名を採集し, 明治元年から死亡年順に排列し, 解説を摘記している。

これに続くものとして, 『大正過去帳　物故人名辞典』(稲村徹元 等　東京美術　1973) があり, ほぼ同じ形式で, 大正年間の物故者約4000人を新聞から選んで登載している。ついで, 1926 (昭和元) 年から1979年までの物故者を登載している『昭和物故人名録』(日外アソシエーツ　1983) があり, その後のものとしては, 同社の『現代物故者事典1988/1990 - 2015/2017』(1993 - 2018) がある。さらに, CD-ROM 版の

「CD 現代日本人名録　物故者編1901 − 2000」もある。

　過去の人名鑑類は，現在活躍中の人物を登載したカレントな人名鑑ほどには頻繁に利用されることはない。しかし，一般人名事典に登載されるほどの知名度のない過去の人物について情報を求めるときには有用である。ただし，人物の評価は，時代性を反映し，また名鑑の種類によっても評価が異なるから，利用する際には注意を要するが，他に有力な手がかりがなければ，その人物が活躍していた当時の人名鑑は得がたい手がかりを与えてくれるだろう。

　たとえば，『日本人物情報大系』(皓星社　1999 − 2002)は，過去の人名事典，人名鑑類を複製編集したセットもので，「女性編」10冊，「満洲編」10冊，「企業家編」10冊，「学芸編」20冊，「書画編」10冊(2001)，「朝鮮編」10冊(2001)などからなる。これらの別巻として「女性編被伝記者索引」(1999)，「満州編被伝記者索引」(2000)，「憲政編被伝記者索引」(2000)，「企業家編被伝記者索引」(2001)，「学芸編被伝記者索引」などがあり，これらの索引部分はデータベースとして同社のホームページ (https://www.libro-koseisha.co.jp/) から検索することができる。したがって，求めている人名がこれらの索引によって検索できたならば，『日本人物情報大系』の本編を所蔵している図書館で冊子を使って人物情報を確認することができる。

　さらに，日本図書センターからは明治以降の人名録類を複製し，人名事典・人名鑑集成ともいうべきかたちで，以下の各セットが刊行されている。

明治人名辞典　2冊（1990）　古林亀治郎編『現代人名辞典　第2版』(中央通信社 1912）の改題複製

明治人名辞典 II　2冊（1988）　『日本現今人名辞典』(同発行所　1900）の改題複製

明治人名辞典 III　2冊（1994）　『大日本人物誌』(八紘社　1913)の改題複製

大正人名辞典　2冊（1987）　同書名の第4版(1917)の改題複製

大正人名辞典 II　2冊（1989）　『大衆人事録　昭和3年版』(帝国秘密探偵社 1927）の改題複製

大正人名辞典 Ⅲ 3冊（1994）『明治大正史 第1－15巻（人物篇）』(実業之世界社 1930）の改題複製

昭和人名辞典 4冊（1987）『大衆人事録 14版』の改題複製

昭和人名辞典 Ⅱ 3冊（1989）『大衆人事録 19版』の改題複製

昭和人名辞典 Ⅲ（1994）『日本人事録 第6版』の改題複製

6.2
専門・架空人名事典

　一般人名事典，人名鑑は専門分野とは関係なく，一定の登載基準を満たす人物を選んで解説しているのに対して，専門人名事典，専門人名鑑は特定の専門分野，職業，専攻などの観点から人物を選んで解説している点に違いがある。団体機関名鑑も，多くの場合，収録対象が専門別になってくる。

6.2.1
専門人名事典

　政治家，文学者，芸術家などは別として，学者，技術者などの場合は，それぞれの専門分野あるいは職業集団内ではよく知られていても，一般的知名度は概して低い。そのために，一般人名事典に登載されにくい傾向がある。

　そのような人物に関する情報を求めようとする際は，その専門に合致する人名事典あるいは人名鑑が刊行されていないか，まず確かめたほうがよい。もっとも，専門人名事典はあらゆる分野あるいは職業についてつくられているわけではない。もし適切な専門人名事典がなければ，専門事典とか便覧の人名項目や専門年鑑所収の名簿類を利用することも考えられる。

　専門分野を狭く限定した人名事典もあるが，それらは割愛し，以下には一般性のある，比較的頻繁に利用される専門人名事典を選び，NDCに準じて排列する。

近代日本哲学思想家辞典 伊藤友信 等　東京書籍　1982　776p　　　**617**
　明治以降の哲学，倫理，宗教，教育，芸術，社会思想などの領域の思想家のうち，

1981年7月までの物故者約1000人を人名の五十音順に排列し，〈生涯〉，〈思想〉，〈著書〉，〈文献〉の小見出しのもとに解説している。付録に，近代日本哲学思想年表，翻訳文献リスト，大学名変遷表，参考文献があるほか，巻末に人名と事項の索引がある。

神道人名辞典 平成3年改訂版　神社新報社　1991　660, 48p　　　　***618***

　神道家，国学者，宗教家，その他の神道関係者を登載対象とする。第1編には上代から1945年までの2000人を，第2編には神社本庁創立（1945）以来1991年までの2200人を，それぞれ人名の五十音順に排列し，簡潔な解説を与えている。巻末に人名索引がある。

日本仏教人名辞典 同編纂委員会　京都　法蔵館　1992　887, 117p　　　***619***

　古代から1991年までの仏教関係者および仏教と関わりの深い人物約7100人をかな表記のもとに五十音順に排列し，人物紹介，時代と宗派などの人物規定，生没年，別称，生地および出身地，師匠，最終学歴，事績，著書名／作品名，史資料，参考書，掲載書の有無の12項目について解説する。別称，異称を含む人名索引がある。

キリスト教人名辞典 同編集委員会　日本基督教団出版局　1986　2094p　***620***

　キリスト教に何らかの関わりのある人物を幅広く登載対象とする方針のもとに，古今東西の約1万6000人を選んで登載している。このなかには現存者（刊行時）も含まれている。人名はカナ見出しとし，そのもとに人名原綴，生没年月日などを添え，比較的簡潔な解説を与えている。付録に，欧字索引，漢字索引などがある。

国学者伝記集成 日本文学資料研究会　日本図書センター　1979　3冊（復刻）

621

　慶長年間（1600）以降，1903（明治36）年までの610人の国学者を没年順に解説した大川茂雄，南茂樹共編『国学者伝記集成』を訂正増補し，それに続編1冊を加えたもの。その結果，1934年までの神道家，国史家，有職故実家，歌文学家などの伝記も含まれている。続編は正編の増補，補正をするほか，両編に対する年表，人名総索引，名号総索引を加えている。名著刊行会の復刻（1972）もある。原本は1934-35年に国本出版社から刊行。

日本社会運動人名辞典 塩田庄兵衛 等　青木書店　1979　664p　　　***622***

　第二次大戦終結時（1945）までに社会運動（労働，農民，婦人，学生，部落解放などの運動を含む）に従事した約1500人を人名の五十音順に排列し，生没年，経歴，活動内容，著作，その他を紹介し，参考文献を添えている。巻末に人名索引がある。

近代日本社会運動史人物大事典 同編集委員会　日外アソシエーツ　1997

5冊　　　　　　　　　　　　　　　　　　　　　　　　　　　　　　　　　　***623***

　1868年から1945年までに日本の社会運動で歴史上活躍した人物約1万5000人を登

載。姓の読み，さらに名の読みの五十音順に排列し，生没年月日，職業，肩書，学歴，出生地，本名，所属などを解説する。多くの項目末に研究に役立つ参考文献を付している。5冊目は人名索引である。

図説教育人物事典 唐沢富太郎　ぎょうせい　1984　3冊　　　　　***624***
　副題に「日本教育史のなかの教育者群像」と示されているように，時代および教育の各分野によって26章に分け，各章ごとに教育との関わりのある人物を登載している。解説に図版を多用した一種の読む事典で，各項目末に参考文献を添えている。各巻末に人名索引があるほか，第3巻末に全巻の人名索引および出生都道府県別総索引がある。

世界科学者事典 伊東俊太郎 等　原書房　1985-87　7冊　　　　***625***
　Biographical Dictionary of Scientists（1983-84）の和訳。日本人については人名項目，解説などを追加して編集している。「生物学者」，「化学者」，「天文学者」，「物理学者」，「数学者」，「技術者・発明家」の6巻からなり，現存者，物故者の略歴を紹介している。各巻に用語解説と索引があるほか，別巻索引（人名索引，事項索引）もある。

科学者人名事典 同編集委員会　丸善　1997　932p　　　　　***626***
　Biographical Encyclopedia of Scientists（第2版　1994）の和訳。現存者，物故者を含む物理学，化学，生物学，天文地球科学などの分野の人物を中心に選び，人名の読みのカナ表記のもとに，人名原綴，生没年月日，生没国・都市名，専門などを添え，簡潔な解説を加えている。巻末に，欧文人名索引がある。

日本美術家事典 2017　藤森耕英　日本美術家事典社　2017　624p　***627***
　「現代作家篇」は，現在制作活動中の作家を日本画，洋画，工芸，書の各分野別に人名の五十音順に登載し，作家名，その読み，専門分野，（多くの場合）顔写真を添えて解説する。2017年度版は2016年12月までの申告に基づく。明治以降の主要な作家を収載した「物故作家篇」を付している。巻末に「現代作家篇」，「物故作家篇」それぞれの人名索引を付す。

音楽家人名事典 新訂第3版　日外アソシエーツ　2001　716p　　***628***
　指揮，鍵盤楽器，弦楽器など9類に分け，クラシック音楽の演奏家を中心に，洋楽・邦楽関係者（評論家，教育者など）を含む4323人を人名の五十音順に排列し，職業，肩書，専攻，生年月日，出身などを解説する。巻末に人名索引がある。

演奏家大事典 同編集委員会　音楽鑑賞教育振興会　1982　2冊　***629***
　20世紀に活躍した演奏家を網羅する方針のもとに，指揮者，ピアニスト，声楽家など，内外の演奏家約1万840人（うち日本人は約1000人）を，原綴名による姓のABC順に排列している。第2巻末にカナ表記の人名索引がある。

日本近代文学大事典 机上版　日本近代文学館　講談社　1984　1839p　***630***
　文学者のほか，映画，演劇，音楽，美術，出版関係者を登載した人名事典。『日本近代文学大事典』(*358*)の「人名」編(第1－3巻)所収の5170人の人物項目に，新たに460人を追加編集したもの。巻末に，日本近代文学略年表その他がある。

6.2.2
架空人名事典

架空人名辞典 教育社歴史言語研究室　教育社　1986－89　2冊　***631***
　「欧米編」は403作品から1600人を，「日本編」は古代から現代までの330作品から1800人を選び，文学，神話，聖書の登場人物を五十音順に排列し，出身，職業，異名，作品名，作者，関係人物などとともに人物描写をしている。巻末に五十音順作家別索引がある。日本図書センターから同書の複製(2011)が出ている。

日本架空伝承人名事典 新版　大隅和雄 等　平凡社　2012　619, 14p　***632***
　記紀神話の神名から近世末までの架空人名項目をかな見出しの五十音順に排列している。小説，映画，テレビなどの登場人物も若干含まれている。各項目は解説本文(実在が認められている人物については，伝記的事実も記述)と，原典の引用部分からなる。巻末に人名索引がある。

日本文学作品人名辞典 吉田精一 等　河出書房　1956　665, 34p　***633***
　小説，説話，戯曲など，日本文学の主な作品に登場する人物およそ2000人（実在の人物は除く）を収載する一種の架空人名事典。原則として明治以前の人名は名を，明治以降の人名は姓を見出し語にし，その読みの五十音順に排列している。各項目には作品名，著作者名を添え，作品中の位置，活躍ぶりを解説している。巻末に人名の五十音順索引，作品名索引がある。

6.3
名　鑑

　名鑑の内容は変わりやすい傾向があるために，できるだけ情報の採集から編集・刊行までのタイムラグが短く，刊行頻度の多い継続刊行物が求められる。しかし，印刷物ではそうした要求に応じることは容易ではない。

　その点，頻繁に更新されるインターネット上の人物情報のほうが最新の情報を迅速に入手するにはまさっている。その反面，情報を更新する際に，過去の情報は逐次消去されることが多い。したがって，過去の特定の時点における人物の活動その他の人物情報あるいは団体機関等の情

報を求めようとする場合には，記録を残すかたちをとる印刷物が有用である。

6.3.1
専門人名鑑

研究者・研究課題総覧 1996　電気・電子情報学術振興財団　紀伊國屋書店 1997　9冊　　　　　　　　　　　　　　　　　　　　　　　　　**634**
　大学，短大，高専，文部科学省関係研究機関等に所属する研究者約13万人の氏名，読み，生年月日，所属機関・職名，出身校，取得学位，所属学会，研究課題，著作等を記載し，8類の専門分野別に収載する。第9冊は総合索引である。同CD-ROM版。なお，この内容（研究機関，研究者，研究課題など）は，科学技術振興機構（JST）提供の「researchmap」(https://researchmap.jp)によって閲覧することができる。

職員録 国立印刷局　1886-（年刊）　　　　　　　　　　　　　　　**635**
　上巻は中央官庁，独立行政法人，特殊法人などの諸機関名とその担当者名，下巻は都道府県，市町村の機関の係長以上の役職者を登載している。機構図，定員表，所掌事務要覧などと，職名とその職にある人の氏名（課長以上は住所と電話番号）を各機関から提供された報告に基づいて編集している。人名索引は，上巻では各省課長相当以上，下巻では部長相当以上を対象とする。1886（明治19）年に官報の付録として創刊。同CD-ROM版。出版元が大蔵省印刷局として知られていたが，財務省印刷局を経て，現在に変更されている。

大武鑑 改訂増補　橋本 博　名著刊行会　1965　3冊　　　　　　　**636**
　鎌倉時代以降の武鑑を複製し，時代順に整理し，明治2（1869）年の『官員録』までを収めている。江戸時代の旗本や諸大名の紋所，本国，居城，石高，官位，家系，相続，内室，家老，家臣の氏名などを摘記している。

　なお，「編年江戸武鑑」として大部なセットものがある。これは，寛政年間以降，幕末までの武鑑を翻刻し，年を追って編集するもので，『文化武鑑』（柏書房　1981-82　7冊）およびその索引『江戸幕府諸藩人名総鑑文化武鑑索引』(1983-85) を第1期とし，これに『文政武鑑』(1982-92　5冊) が続く。大名の氏名，居城，石高，官位，家紋などを調べることのできる『江戸幕府大名武鑑編年集成』（深井雅海，藤實久美子　東洋書林　1999-2000　18冊）および役職者を対象とする『江戸幕府役職武鑑編年集成』（深井雅海，藤實久美子　東洋書林　1996-99　36冊）もある。

また，1868（慶応４）年から1870（明治３）年までの期間を対象とする『明治初期官員録・職員録集成』（朝倉治彦　柏書房　1981－82　4冊）もある。さらに『国立国会図書館所蔵　官員録・職員録目録　明治元年－昭和22年』（国立国会図書館参考書誌部　1985），これと関連し，『職員録』各年版（昭41－63年版）別に，人名を五十音順に排列した索引『人名索引総覧』（文化図書　1995　4冊）がつくられている。

全国大学職員録 同刊行会　広潤社　1954－2006（年刊）　　　　**637**

昭和54年版から「国公立大学編」と「私立大学編」の２分冊になった。平成18(2006)年版は2006年４月現在で，前者には国公立大学のほか，国立大学付置研究所，同共同利用機関，文部科学省所管外の大学校の関係者，後者には私立大学関係者を収載している。大学は地域によって大別し，そのもとで大学名を五十音順に排列し，各大学の学長，役職員，教育職員の学位，氏名，生年，最終学歴などを示している。学長，理事長，教授の人名索引は「私立大学編」の巻末に一括されている。同社から『全国短大・高専職員録』，『全国専門・専修・各種学校ガイド』も刊行されていたが，いずれも2006年に終刊。

ダイヤモンド会社職員録 全上場会社版　ダイヤモンド社　1935－2011（年刊）　**638**

前年９月現在で，全国５証券市場に上場されている会社を部門別に分類収録している。2011年版(2010)は3675社を２分冊に分載している。各会社については，本社，資本金，従業員数，事業，本社以外の事業所などを記載し，役員，管理職を職制順に排列している。各人については，役職名，氏名，生年，出身地，卒業年次・出身校および専攻，入社年次，現住所，電話，趣味などを記載している。巻頭に会社索引（五十音順と業種別）。同CD-ROM版のほか，会員制有料データベース「役員・管理職情報ファイル」がある。姉妹編として，資本金5000万円以上の会社を対象とする１万社以上の「非上場会社版」(1965－2010年) がある。同CD-ROM版。

6.3.2
団体機関名鑑

団体機関名鑑は数多い。数年ごとに改訂される『名簿情報源　日本のダイレクトリー　2004』（日本能率協会総合研究所　2004）によれば，企業名，団体名，人名，施設，店舗，その他，URL，Ｅメールアドレスが分かる。これを手がかりにすれば，団体機関名情報を得ることができる。（ただし，2004年版を最後に刊行されていない。）以下には，比較的新しく，頻繁に利用される名鑑を選んで紹介する。

日本会社史総覧 東洋経済新報社　1995　3冊　　　　　　　　　　　　***639***

　有力会社3000社以上の創業・設立から現在に至る歴史を解説した個別社史の集大成である。上下2巻は掲載会社目次のもと五十音順排列とし，業種別に個別会社史を掲載。別巻は資料編と索引編（人名索引，事項索引，社名等索引）からなる。

会社年鑑 日本経済新聞社　1949-2005　　　　　　　　　　　　　　***640***

　2006年版は2005年8月現在，全国5証券取引所に上場している会社2854社とジャスダック上場944社を収録し，業種別に排列している。それぞれの会社については，本社，事業内容，沿革，事業所，役員，資本金推移，最近の業績，売上構成，主要取引先，粗付加価値額，原価構成，広告宣伝費，生産状況，設備状況，株価，上場市場，株主構成，大株主などを記載。姉妹編の『会社総鑑』（1960-2005　年刊）は非上場，未公開の会社で，資本金3000万円以上あるいは年間取引額5億円以上あるいは200人以上の従業員数の会社を選んで同種のデータをまとめている。なお，同社の『外国会社年鑑』1978-2006年版（1978-2005）は，50以上の国・地域の4000社以上の会社を業種分類して，社名，国名，所在地，URL，役員，その他の各種経営情報を収録している。この種の名鑑として『帝国データバンク会社年鑑』（1994－　）（『帝国銀行会社年鑑』の改題）も刊行されている。

官公庁便覧 日本加除出版　1985-　　　　　　　　　　　　　　　　***641***

　「平成29年版」は平成28年6月1日現在で編集。「国の機関」，「国立大学法人等」，「独立行政法人」，「特殊法人等」，「都道府県機関」，「警察本部・警察署」，「法務・司法関係諸団体」，「後期高齢者医療広域連合」の8編からなり，各機関の名称のもとに，所在地，電話番号を掲載している。巻末に機関名の五十音順索引がある。

国際機関総覧 1986-2002年版　外務省国際連合局　日本国際問題研究所　1986－2002　　　　　　　　　　　　　　　　　　　　　　　　　　　　　***642***

　第1部（国際連合下部機関および委員会），第2部（国連専門機関，下部機関および委員会），第3部（国際機関）からなる。和文機関名のもとに，欧文機関名，欧文略称，所在地，連絡方法，沿革，設立経緯，目的，加盟，組織，財政，活動および事業内容，他の機関との関係，日本との関係などを摘記する。

全国各種団体名鑑 原書房　1965-（隔年刊）　　　　　　　　　　　***643***

　各種の団体を，国際，行政・司法，産業・経済I-Ⅲ，社会・厚生，教育・文化，学術・研究，協同組合，学校法人・宗教法人，官公庁・公共機関に大分類し，さらに，細分排列している。各項目は団体名，略称，所在地，電話番号，設立，目的，事業，出版物，会員，役員，事務局などからなる。2021年版（2020）は3分冊と別冊（索引）からなる。出版者はこれまで数回変更されている。

全国学校総覧 東京教育研究所　原書房　1959 – （年刊）　　　　　　　　　***644***

　2020年版は，第1部（大学・大学院・短期大学，専門職大学等，通信制，高等専門学校），第2部（高等学校），第3部（中等教育学校），第4部（中学校），第5部（小学校），第6部（幼稚園），第7部（特別支援学校），第8部（専修学校），第9部（各種学校）の9部構成。都道府県別に学校（学長）名，在学者数，所在地，電話を記載している。巻末に全国教育委員会一覧および付表として文部科学省「令和元年度学校基本調査速報」による都道府県別の統計を収録。1999年版から原書房編集部編，2001年版以降全国学校データ研究所編。

全国団体名簿 昭和60 – 平成17年度　日刊工業新聞企業情報センター　日刊工業新聞社　1984 – 2004 （隔年刊）　　　　　　　　　　　　　　　　　　　　***645***

　前年6月現在の調査に基づいて全国的に活動している国際関係，科学技術・環境，経営・経済，建設・設備・資材など各業種にわたる団体を収載している。団体名のもとの項目は，住所，電話，設立年月，目的，会員数，役職員などからなる。巻末に団体名索引がある。

大学研究所要覧 1985 – 2003　日本学術振興会　1986 – 2003 （隔年刊）　　***646***

　国立・公立・私立大学の研究所などの組織と研究の概要を収載したもの。2003年版（2003）は2002年6月現在で実施した調査に基づいて編集発行したもの。国立大学共同利用機関，国立大学の付置研究所，研究センター，学部付属研究施設，文部科学省所轄研究所，文化庁研究所，公立・私立大学付属研究所など1200を収載している。各項目は研究所名，所在地，沿革，設置目的，組織，予算および研究内容などからなる。巻末に研究者名索引がある。1970年版から1985年版までは『研究所要覧』。

（図書館・情報機関）

専門情報機関総覧 同協議会調査分析委員会　専門図書館協議会　1969 –　***647***

　2018年版（2018）は1645の専門情報機関を地域別に収録する。各機関名のもとに，所在地，連絡手段（電話，ファックス，URL など），OPAC の有無，利用案内，所蔵資料，サービスの種類などを記載している。巻頭に主要分野別，重点収集資料別，機関種別の各索引，巻末に関係団体一覧，専門情報機関統計，五十音順索引がある。ほぼ3年ごとに新版が発行されている。冊子体購入者限定の Web 版がある。

図書館年鑑 日本図書館協会　1982 –　　　　　　　　　　　　　　　　　***648***

　前年の1月から12月までの図書館の動向を総説，各県別，館種別，問題別にまとめた「図書館概況」と統計，関係資料，図書館関係の書誌（図書・資料目録，図書館関係雑誌記事索引）を掲載した「図書館統計・資料」の2部からなる。主要雑誌目次一覧と名簿は2015年版から掲載がない。公共・大学図書館の名簿は同協会『日本の図書館　統計と名簿』（年刊）が参照できるほか，協会ホームページの図書館リンク集（https://www.jla.or.jp/link/tabid/95/Default.aspx）によって，公共・大学図

書館, 国立の図書館・機関等にアクセスすることができる。

6.4
人名索引

　図書の巻末には, 本文中の記述を対象とする内容索引としてしばしば人名索引が付載されている。この種の巻末索引は数多く, 枚挙にいとまがない。したがって, ここには複数の人名事典その他の事典類に収載されている人名項目を対象とする人名索引にかぎって取りあげたい。これらによれば, 人名を手がかりにして, その人物が, どの事典の項目として登載されているのかを容易に知ることができる。

人物レファレンス事典 新訂増補　日外アソシエーツ　1996−　　　　　**649**
　「古代・中世・近世編」(1996　2冊) は, 古代から幕末までに活躍した日本人を対象にする。50種174冊の人名事典, 歴史事典, 百科事典等所収の約6万1900人の人名項目の所在を検索することができる。これには「古代・中世・近世編 II 1996−2006」(2007　2冊) が追補版として刊行されている。同様に,「明治・大正・昭和(戦前)編」(2000　2冊) は72種194冊所収の約4万7160人を検索することができ, これにも追補版として「明治・大正・昭和(戦前)編 II 2000−2009」が刊行されている。さらに,「昭和(戦後)・平成編」(2003　2冊) は約6万5400人の人名項目の所在を検索することができる。このほか, CD-ROM版「CD-人物レファレンス事典　日本編, 西洋・東洋編」(増補改訂)がある。なお, 分野別の各編,「郷土人物編」(2008　2冊),「美術篇」(2010),「文芸篇」(2010),「科学技術篇」(2011),「音楽篇」(2013)もある。

外国人物レファレンス事典 日外アソシエーツ　1999−　　　　　**650**
　「古代−19世紀」(1999　7冊) は, 19世紀までに活躍した日本人以外の人物を対象にする。64種200冊以上の人名事典, 歴史事典, 百科事典類所収の約5万2000人の人名項目を欧文綴り名から検索できる「欧文名」(1999　4冊), 総画数から検索できる「漢字名」(1999　1冊) の2編とカナ引きの索引編 (1999　2冊) とからなる。『西洋人物レファレンス事典』『東洋人物レファレンス事典』を一体化した改訂版。継続版の「20世紀」編 (2002　7冊) は, 20世紀に活躍した外国人を対象にし, 同種の事典類から5万4000人の人名項目を検索できる「欧文名」(2001　4冊) と, 1万1000人を検索できる「漢字名」(2002　1冊) との2編および索引編 (2002　2冊) からなる。これらの追補新版として, 第2期の「古代−19世紀　1999-2009」(2010　4冊), 第3期の「古代−19世紀　2010−2018」(2019　4冊), 第2期の「20世紀　2002−2010」(2012　4冊), 第3期の「20世紀　2011−2019」(2019　4冊) がある。このほか「架空・伝承編」(2013), 同第2期(2022)もある。

日本女性人名総索引 日本人名情報研究会　日本図書センター　2002　2冊　*651*
　各種辞典・事典類より日本人女性および日本と関係の深い外国人女性を抽出し，文献名と掲載ページを示したもの。約3万4000名を収録し，収録点数は144点，245冊におよぶ。付録に平成女性物故録がある。

6.5
人物文献索引

　伝記書，人物評論，回顧録，日記・書簡など，人物情報を得るのに役立つ文献資料を人物文献あるいは人物資料とよぶ。これらの人物文献への手がかりを与える索引として，「個人書誌」(7.3.1)，「集合書誌」(7.3.2)のほか，以下のような人物文献索引がある。

人物文献索引 国立国会図書館参考書誌部　同館　1967-72　3冊　　*652*
　「人文編」，「経済・社会編」，「法律・政治編」の3冊がある。同館所蔵の邦文資料のうちから伝記関係の資料を検索できるよう人名を ABC 順に排列した索引。「人文編」は1945年から64年までに刊行された伝記関係書，履歴事項・著作目録・関係文献を含む文献を対象とする索引で，日本人の部（約3800人），欧米人の部（約1500人）からなる。「経済・社会編」は明治以降1968年までに刊行された伝記関係書（回想録，書簡集，評論書を含む）の人名索引である。日本人の部は約1700人，外国人の部は約700人を収載している。「法律・政治編」は明治以降1971年までの刊行資料を対象とし，日本人1870人，外国人380人を収載している。

近代日本政治関係人物文献目録 国立国会図書館所蔵　同館参考書誌部　同館　1985　532p　　*653*
　『人物文献索引』(*652*) の「法律・政治編」(1972) のうち，政治関係者を抽出し，その後の関係図書をも含めて増補したもの。天皇，閣僚，国会議員，政党指導者，外交官，行政官，軍人，知事，都道府県会議員，市町村長などを収録対象とし，人名の五十音順排列のもとに，3377人の伝記記事を含む文献約1万3000点を収録している。追録版「1985-1997」(同館専門資料部　2000) もある。これらをさらに増補しデータベース化した「近現代日本政治関係人物文献目録」を，同館のホームページ (https://rnavi.ndl.go.jp/seiji/) で公開している。

人物文献目録 '80-　森 睦彦　日外アソシエーツ　1981-　　*654*
　当該年に刊行された図書，雑誌から，内外の人物の伝記，叢伝（1冊で10人程度までのもの），日記，作家論，書誌，年譜，人物論などを採集し，各人名のもとに，五十音順に排列したもの。1981年度版から，「日本人編」と「外国人編」の2分冊となる。1986年版までは『年刊人物文献目録』であったが，「1987/88」年版より改

題。その後，毎年あるいは数年間隔で刊行されている。なお，主題を限定し，1980年から90年末までの11年間の累積をした『日本人物文献索引』「文学　80/90」(1994)，「政治・経済・社会　80/90」(1995) や1991年から2005年の15年間の累積版「文学1991－2005」(2006)，「政治・経済・社会　1991－2005」(2006) および21年間の累積版「思想・哲学　1980－2010」(2013)がある。

日本人物文献目録 法政大学文学部史学研究室　平凡社　1974　1199p　　　***655***
　明治以来，1966年までに刊行された人物情報関係の文献を収録したもの。約3万人の人名のもとに，書誌，図書，雑誌収載の記事の順に関係文献をあげ，人名の五十音順に排列している。ただし，叢伝，列伝などは索引対象から除いている。

6.6
姓名読みかた辞書

　人の姓あるいは名は常識では到底推定もできないような珍しい読みが与えられていることがある。この種の特殊な読みかたがなされる姓名を集めて辞書形式に編集し，読みを解説しているものを難読姓名辞書という。以下には，難読姓名辞書に合わせて，難読姓名の読みかたを確認するのに役立つ人名リスト類も取りあげたい。

実用難読奇姓辞典 増補新版　篠崎晃雄　日本加除出版　1986　479p　　　***656***
　前編「解説の部」，中編「名乗りの部」および後編「姓氏解読の部」からなる。前編は，苗字と戸籍の歴史，地名と苗字，氏名の文字と読みかたなどを解説し，中編は，命名用の漢字を名乗りの画数別に排列している。主体の「姓氏解読の部」(増補，追補部分はそれぞれ別立て）では，難訓姓を頭文字の画数順に排列し，読みを与えている。

人名よみかた辞典 増補改訂　日外アソシエーツ　1994　2冊　　　***657***
　明治以降の日本人名から，難読の姓・名，読み誤りやすい姓・名を採録し，「姓の部」と「名の部」の2分冊にしたもの。いずれも〈音訓読みのガイド〉と〈部首・総画順のガイド〉を巻頭に配し，本文は部首画数順に姓あるいは名を排列し，そのもとに読みがな，識別のための身分・職業または典拠文献（著作，その出版者）を添えている。姉妹編として『西洋人名よみかた辞典』(1992　3冊) がある。また『日本史人名よみかた辞典』(1999) は，『歴史人物よみかた辞典』(1989) を改訂したもので，6万8000人の名の先頭漢字の総画数によって排列している。継続版として，同「新訂第3版」(2004　2冊)，『姓名よみかた辞典』(2014　2冊)が出ている。

　また，たとえば〈仁平〉という姓は〈にだいら〉，〈にひら〉，〈にへい〉

など，数とおりの呼称があるように，同じ漢字の姓でも人によってしばしば読みが異なるために迷うことがある。そんなときには，同一表記で読みが同じものと読みが異なるものの両方を合わせた同姓同名の人物2万6653種，7万3801人を収録している『同名異人事典』（新訂増補　日外アソシエーツ　2002），同じく姓のカタカナ表記と名の頭文字が同じ人，姓の原綴表記と名の頭文字が同じ人を収録した『同名異人事典　外国編』（日外アソシエーツ　2005）がある。また，『同姓異読み人名辞典』（新訂　日外アソシエーツ　2009）は，姓の表記4664種，読み1万510通り，合計2万7176人を漢字画数見出しにする。西洋人名であれば人物によって同じ綴りで姓のカナ表記が異なることがあるが，そのような場合，『同姓異読み人名辞典　西洋人編』（新訂　日外アソシエーツ　2022）を参照するとよい。1万8646種の姓と4万9690人の人名が集められており，見出しは姓の原綴表記でABC順。見出しのもとに人名のカナ表記と原綴，生年月日または時代，国名，職業，著書などが掲載されている。

　姓だけではなく，名前の読みかたも多様である。だとえば，一字名の〈一〉と書かれていても，人によって，〈おさむ〉，〈すすむ〉，〈はじめ〉，〈まこと〉，〈まさし〉などとよびかたが異なる。こうした名前の識別の参考になるのが『名乗辞典』（荒木良造　東京堂出版　1959）である。これは名前に用いられる漢字を音読みの五十音順に排列し，その読みかた，実例，典拠を示した前編と，そこに現われる名前としての読みかたを音順に排列し，それに用いる漢字を列記した後編とからなる。また，『名前から引く人名辞典』（新訂増補　日外アソシエーツ　2002）は，近世以前の歴史上の人物を中心に7万人（延べ8万人）の名や雅号を五十音順に排列し，それぞれ見出しと表記・読みともに同一の名を持つ人物を集め，姓表記，姓の読み，名，生没年，活躍時代，肩書・身分，職業などを記載している。延べ6500の人名を収録する追補版（2　新訂増補　2018）も刊行された。

　さらに，『号・別名辞典』（新訂増補　日外アソシエーツ　2003）は「古代・中世・近世」と「近代・現代」の2冊からなる。また『近代人物号筆名辞典』（近代人物研究会　柏書房　1979）も近代の号・筆名一覧およびその索引などを収載しているので，ここに添えておこう。

難読とはかぎらないが，人名を広範に採集しているところから，以下のように，難読姓名の確認に役立つものもある。

国立国会図書館著者名典拠録 明治以降日本人名　第2版　国立国会図書館 1991　6冊　　　　　　　　　　　　　　　　　　　　　　　　　　　　**658**

同館開館以来，1991年3月までに目録記入の標目として採用された明治以来の日本人著者名の典拠ファイル。20万5524の人名を五十音順に排列し，人名カナ表記，漢字表記，生没年，職業，専攻など，さらに，必要に応じて，書名，注記，典拠資料を摘記し，難読姓名を確認できる。別冊「漢字索引」では漢字を画数順に排列し，本編に収録している人名の姓の読みを確認できる。索引項目は2万860件。現在典拠データは「国立国会図書館典拠データ検索・提供サービス」から検索できる。

日本著者名・人名典拠録 新訂増補第3版　日外アソシエーツ　2012　4冊
659

昭和元年から2011年までの85年間に刊行された日本人の著者，明治以降の著名人など75万人の人名について，生（没）年，職業・肩書，別名，著書・出版者・出版年などを添えて五十音順排列した本文と，姓・名を画数順に排列した索引とからなる。同社からは，欧米各国の人名のほか，アルファベットで表記される人名を含む17万5000人を対象にした『西洋人名・著者名典拠録　新訂増補』(2004　3冊)，古代から現代までの東洋人名3万2500人を対象にした『東洋人名・著者名典拠録』(2010　2冊)があり，漢字文化圏その他の漢字で表記される人名を収録している。

日本姓氏大辞典 丹羽基二，日本ユニバック　角川書店　1985　3冊　　**660**

日本人の約13万種の姓の読みを採集し，姓の読みかたをカナ表記し漢字を付して五十音順に排列した「表音編」，漢字表記を見出しにし，その第1語の総画数（第2語以降は部首別）によって排列し，その読みを付している「表記編」，さらに「解説編」を加えて3分冊に編集したもの。『日本の苗字』(日本ユニバック　日本経済新聞社　1978　2冊)の増補版に相当する。

欧米人名の場合にも，漢字で表記されていると，難読人名と同じように，正しい読みがつけにくい。このような場合の判別に役立つのが，つぎの辞書である。

中日欧対照世界地名人名辞典 竹之内安巳　国書刊行会　1978　477, 267p **661**

『漢日欧対照世界地名辞典』(1976)と『漢日欧対照世界人名辞典』(1977)を合綴し，「地名之部」と「人名之部」に改めたもの。たとえば，「人名之部」は東洋人以外の約7500の人名（実在しない人物も含む）を見出しとし，それぞれに漢訳人名のウェード式表記，カナ表記，原綴，国名，経歴，生没年などを添えている。両部ともに首字の総索引がある。

このほか,『漢訳漢名西洋人名字典』(仙田正雄 筆　天理　天理大学出版部　1964) や『標準漢訳外国人名地名表』(何崧齢 等　汲古書院 1975) を利用することもできる。前者は，西洋人名の漢訳名の漢字を見出し語として画数順に排列し，読み，原綴，生没年，国籍などを摘記している。後者は，地名のほかに，中国人以外の人名の原綴を見出しとし，発音記号と漢字名を添えている。

6.7

系譜・家系事典

系譜とか家系の事典も人名関係の情報を求めるときに役立つことがある。系譜には，血縁関係のみならず，諸芸の流派，学問の系統関係などを図に表示したものもある。多くは独立刊行物としてではなく，付録的に他の刊行物に含まれている。例えば『角川日本姓氏歴史人物大辞典』(竹内理三 等　角川書店　1989－　) は県別編纂であるが，各県・市町村の歴史と人物を解説した歴史・人物編，主要な姓氏について解説した姓氏編とともに，資料編に主要姓氏系図を収載している。

姓氏家系大辞典 再版　太田 亮　角川書店　1963　3冊　　　　　　　***662***
1934－36年に刊行された初版の複製。臣連，伴国両造，権門，勢家，本家，武門武将，守護，地頭，領主，大名などを中心に，明治以前の日本の姓氏およそ5万について，起源，分布，本支の関係を解説している。一氏を一条として，流を異にするごとに別項目を立て，ときには国により項を改めている。歴史的かなづかいによる五十音順排列である。

類似書名の『姓氏家系大事典』(丹羽基二　新人物往来社　2002) は，約3600項目について姓の読みによって五十音順に排列し，姓氏と家系を解説している。

日本史諸家系図人名辞典 小和田哲男　等　講談社　2003　739p　***663***
古代から幕末・明治維新まで歴史を動かした豪族・公家・武家の400家 (天皇家，6親王家などの) 系図を掲載し，約8800人の人名項目からなる人名辞典を一体化したもの。名言・名句，ゆかりの史跡・史書ガイド，参考文献などからなる。

新訂寛政重修諸家譜 続群書類従完成会　1964－67　22冊および索引 (4冊) ***664***
諸大名，旗本，武士，医師，茶人など，寛政10 (1798) 年までの徳川の家臣の系図集成である。各家系の由緒，本支分脈を明らかにし，故人の略伝，業績の注があ

る。索引は氏姓（家名），諱，称呼（幼名・通称・院号等），官職別による呼称，国名
による呼称からなる。

第**6**章の 質問事例

6－1　明治時代の教育者で，東奥日報社の社長にもなった蒲田広という人物の姓
の読みかたと略歴が知りたい。　（*608*）

6－2　正助という通称で知られた稲若水は，いつごろの人か。その専門分野（あ
るいは職業），生没年月日も知りたい。　（*649*）

6－3　南懐仁と衛匡国はいずれも中国に渡ったイエズス会士だそうだが，どこの
出身で，どんな活躍をした人たちか。　（*602*）

6－4　米国の作家，キャサリン・アンポーターの比較的くわしい伝記はないか。
また，この人について書かれた伝記書があれば，その著者名と書名を知りたい。
（*604*）

6－5　木芽田楽という人は，いつの時代のどんな人物か。その略歴を簡単に説明
したものがあるか。　（*649*）

6－6　雉山人ともいわれる足羽某という人の姓名は何で，それはどう読むか。ま
た，この人の略歴も知りたい。　（*610*）

6－7　〈森とむらの会〉は何を目的としてどこに設立され，どの程度の規模の会
員数からなるか。　（*643*）

6－8　西川という人が書いた高群逸枝に関する本の書名と出版者名を知りたい。
ほかに，高群逸枝関係の文献リストはないか。　（*654*）

6－9　〈大トー〉という会社は，どのような業種の会社か。その本社の所在地，
事業内容，沿革などについても知りたい。　（*640*）

6－10　昭和57年10月当時，建設省の下水道部は何局に属していたか。そのころの
部長の氏名は分からないか。　（*635*）

第**7**章

図書・叢書
の情報源

概　説

　あるテーマについて書かれたものはないか，ある人の書いたものはないか，などと問われるとき，それは一般に記録された資料（図書にかぎらず種々の文献資料）に関わる情報要求といえる。こうした情報要求は日常さまざまな機会に頻繁に生じてくる。記録物そのものを求めるのではなく，事物，人物，その他何らかの情報が必要とされるときにも，それが何かに書かれているのではないかといった記録資料探索の問題として扱われることが多い。

　これらの記録資料のうち，紙に印刷された冊子の代表的な種類は図書，雑誌，新聞などであるが，雑誌，新聞については次章にゆずることにして，本章では図書に関する問題解決のために利用されるレファレンスブックを取りあげる。

　図書は，著者，書名(タイトル)，出版地，出版者，出版年，ページ数（または冊数）などの書誌データによって識別することができるところから，図書に関する情報要求の多くは書誌データの全部あるいは一部を明らかにすることによって解決できる。さらに，書誌データを手がかりにして図書の内容，所在を調べることもできる。

　したがって，多数の書誌データを収録編成して成り立っている書誌は，図書関係の多くの問題を解決することのできる最適の情報源ということができる。ここにいう書誌は，第1章で述べたように，いわゆる資料（図書にかぎらず多様な記録資料）をリストした列挙書誌であり，「書誌の種類」(図7a) に示すように，一次的，二次的，三次的な書誌に大別することができる。その種類によって得られる書誌データにも違いがあ

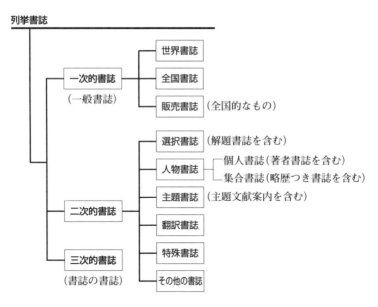

図7a　書誌の種類

るから，まず種類ごとの特徴を把握しておいたほうがよい。

　書誌のうち，世界のあらゆる資料の収録を目指した世界書誌，国内の
すべての資料を収録しようとする全国書誌，国内で出版販売されるすべ
ての図書を収録しようとする全国的販売書誌などは，網羅的，包括的で
あることを意図してつくられるところに共通性があり，その他の種類の
書誌を作成する際に，基盤となる書誌データを提供する意味において一
次的書誌とよばれる。

　もっとも，名実ともに，その名にふさわしい書誌をつくることは容易
ではない。今日では，世界書誌編纂の企ては夢となり，全国書誌と全国
的販売書誌の区別はあいまいになりつつある。したがって，本書では，
全国書誌およびそれに類する書誌を網羅性，包括性を持つという共通性
に着目して「一般書誌」(7.1) と総称したい。

　ちなみに，各国とも，一般書誌の電子化への取り組みが盛んで，従来
の冊子形態の書誌から，CD-ROM 版あるいは DVD-ROM 版，さらに
データベースによるインターネット上の提供へと大きく転換してきた。

　二次的書誌は，何らかの観点から，一次的書誌に収録されている書誌

データを選んでつくることのできる種類の書誌である。すなわち，特定の利用者層を対象とし，一定の選択基準を満たす図書を選んで収録した書誌が「選択書誌」(7.2) である。また，著者として，あるいはテーマとしての人物に関わる資料を選んで収録した書誌が「人物書誌」(7.3) である。そのうち，特定の個人に関わる資料を収録した書誌が「個人書誌」(7.3.1) であり，とくに，その人物自身による著作のみを収録した書誌を〈著者書誌〉という。同様に，個人書誌の集成ともいえる複数の人物に関わる書誌を集めたものを「集合書誌」(7.3.2) ということができる。この集合書誌のうちには，しばしば各個人（著者）名のもとに，その人の略歴を付したうえで関係資料を列挙する形式を取るものがある。これを〈略歴つき書誌(bio-bibliography)〉とよんでいる。

　また，特定の専門領域ないしトピックを決め，それに関わる資料を収録して「主題書誌」(7.4) がつくられる。この種の書誌も，広狭さまざまな主題のとらえかたの違いによって，一般的なものから特殊専門的なものまで多様なものとなる。

　さらに，翻訳書を収録した「翻訳書誌」(7.5)，政府刊行物を収録した「政府刊行物の書誌」(7.6) など，被収録資料の類別のしかたによって，さまざまな種類の書誌に分けられる。このほか，特殊な利用目的あるいは特殊な出版形態など，何らかの特殊性の観点から収録資料を選んで書誌がつくられることがある。これらを特殊書誌とよぶこともできるが，近年，メディアの多様化にともなって，さまざまな形態の書誌が急増しているために，〈特殊〉として一括できにくい現状にある。

　これまでに取りあげた一次的書誌，二次的書誌を収録対象にするのが三次的書誌である。これは，書誌のみならず後述の目録，索引などとよばれる文献資料のリスト類を広く収録対象とする書誌であり，一般に〈書誌の書誌〉あるいは〈書誌索引〉とよばれている。なお，書誌の書誌の具体例については，すでに第1章で取りあげている。

　このほか，叢書（シリーズ）あるいは全集，選集などの合集を収録対象とする書誌がある。本章では，これらの叢書合集の書誌と，叢書合集所収の細目資料などを探索するための索引すなわち叢書合集索引とを合わせて，「叢書合集の書誌・細目索引」(7.7) の節で取りあげたい。

書誌とならんで，書誌データを求めることができるものに目録がある。目録は，第1章で述べたように，収録資料の所在が明らかなものの書誌データに基づいてつくられるから，収録上の制約はあるものの，その所在箇所への手がかりを与えるという所在指示機能を果たすところに特色がある。

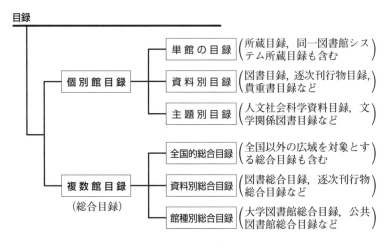

図7b 目録の種類

　目録は類別の観点しだいで，さまざまな種類に分けられるが，本章では，「目録の種類」(図7b) に示すように，個別館目録と複数館目録に大別する。この図では，それぞれのもとで比較的多く見られる種類を便宜的に取りあげている。個別館目録としては，単一の図書館が所蔵している資料を収録対象にした「所蔵目録」(7.8) があり，複数館目録としては，二つ以上の図書館が所蔵している資料を収録対象にした「総合目録」(7.9) がある。

　このほか，特定の形態の資料を選んで収録した目録が資料別目録であり，特定の主題の資料を選んで収録した目録が主題別目録である。収録資料の言語によれば，和文目録，欧文目録などに類別することができる。また貴重書目録，郷土資料目録，官庁刊行物目録などの資料別目録も比較的多くつくられている。

目録自体の形態によって，カード目録，冊子体目録，マイクロフォーム目録，電子化目録すなわちCD-ROM目録，さらにOPACで知られるオンライン利用のできる閲覧目録などに類別することもできる。これらのうち，今日ではOPACが普及し，これによって書誌データを識別し，さらにその所在情報および利用の可否が居ながらにして即時に確認できるようになった。

　総合目録も，ほぼ同様の類別ができるが，地域の観点から全国的総合目録のほか，資料別総合目録，館種別総合目録が比較的多く見られる。

　以上のことから，さまざまな内容かつ多様な形態の書誌，目録についての理解とそれらを利用するスキルが図書に関わる探索の成否を大きく左右してきたといってもよい。それがまた，他のさまざまな情報を求める発展的探索のための有力な指針を与えることにもなっていた。

　しかし，後述のように，今日では代表的な単館の所蔵目録を有する国立国会図書館の蔵書は「NDL-OPAC」を経て，「国立国会図書館オンライン」，「国立国会図書館サーチ」によって，また総合目録機能を果たす目録所在情報は国立情報学研究所の提供する「CiNii［サイニィ］Books」によって，きわめて容易に検索することができるようになり，従来ほどには探索のスキルが要求されなくなってきている。

7.1
一般書誌

　全国書誌とか全国的な規模で出版販売される図書を収録している販売書誌は，あらゆる分野の図書をできるだけ網羅的包括的に収録しようという意図のもとに編成されていることから，一般書誌とよばれている。

　世界の主要な国には一般書誌とよぶにふさわしいものが少なくとも一種類はあると考えてよい。したがって，それぞれの国内出版物を広く通覧したり，分野を問わず，国内出版物の書誌データを確認したりする際には，まず一般書誌を使うようにするとよい。

　わが国には，つぎのような一般書誌がある。ただし，今日では，既述のようにOPACが普及するとともに，出版販売されている図書情報については，インターネット上で「Amazon」(https://www.amazon.co.jp/)，

紀伊國屋書店の「Kinokuniya Web Store」(https://www.kinokuniya.co.jp/),
オンライン書店「Honya Club」(https://www.honyaclub.com) など, 多
くのオンライン書店を利用することによって容易に入手できるように
なってきた。したがって, 以下の冊子形態の書誌の多くは, 新刊書の検
索だけを目的とするならば, 必要ではなくなってきた。

全日本出版物総目録 1948－76　国立国会図書館　1951－78　32冊　　　***701***
　第二次大戦後から『日本全国書誌』(*702*) の創刊までのあいだに国内で毎年出版さ
れた図書と逐次刊行物を, 官公庁出版のものと一般民間のものとに大別して収録し
ている。官公庁出版物は省庁部局課名順および都道府県別に, 民間の出版物は
NDC によって排列されている。各記載事項は著者名, 書名, 出版者名, 出版月,
冊 (ページ) 数, 大きさ, 価格などからなる。はじめのうちはレコード, 映画フィル
ム, 点字図書など, 各種の資料を広範に収録していたが, 途中から図書と逐次刊行
物に収録対象を限定するものに改められた。各年版の巻末に図書の書名索引と逐次
刊行物誌名一覧がある。なお, この基礎となったのは週刊の『納本週報』であった。

日本全国書誌　国立国会図書館　1981－2007.6 (週刊)　　　　　***702***
　『納本週報』を継承する国内出版物の週刊リスト。「官公庁納入の部」,「民間納入
の部」, さらに児童書, 各種資格試験関係書等からなる。別に, 季刊の索引 (書名索引,
著者名索引) がある。図書の部分をリストした J-BISC (CD-ROM 版, DVD-ROM 版,
Web 版, USB 版) もある (JM-BISC　2013-)。なお, 2018年1月から国立国会図書
館のオンラインサービス「NDL-OPAC」に代わり,「全国書誌提供サービス NDL-
Bib」のもとの〈新着書誌情報〉によって書誌データを作成開始日で検索, 閲覧し
たり, 同〈全国書誌〉によって指定した日に作成が完了した書誌データを一覧表示
したりでき, いずれも書誌データを MARC 形式等でダウンロードが可能であった。
このサービスは2020年12月に終了。現在は「JAPAN/MARC データ (毎週更新)」等
から MARC 形式の書誌データをダウンロードできる。2024年1月以降「国立国会
図書館サーチ」リニューアルにともない, 全国書誌データの検索・ダウンロードの
機能が拡充される予定。

出版年鑑　出版ニュース社　2005－ (年刊)　2018年版(2018)をもって休刊　***703***
　冊子体の『出版年鑑』(出版ニュース社　1950－2001) を継承し, 第1巻「資料・
名簿」は, 年間史・年表, 法規・規約, 統計・資料, 名簿からなり, 第2巻「目録・
索引」は, 前年に出版販売された新刊, オンデマンド出版物, オーディオブック,
雑誌のリストと索引からなる。図書の部の各記載項目は, 著者名, 書名, 大きさ,
冊 (ページ) 数, 価格, 出版者, 出版月, NDC, 件名, ISBN からなり, NDC による
分類排列 (児童書, 学習参考書は別立て) である。『出版ニュース』誌 (旬刊) に連載

されていた「新刊分類旬報」がこの基礎となっていた。

　冊子体の『日本書籍総目録』(日本書籍出版協会　1977－2001　年刊)は，同協会加盟の出版者に毎年5月現在在庫の市販図書について報告を求め，そのデータに基づいて書名順排列の「書名編」と，著者名索引，シリーズ索引および出版者リストからなる「索引編」が作成されてきたが，2002年版から2004年版まではCD-ROM版のかたちで『出版年鑑』と合体していた。なお，現在は日本書籍出版協会と出版情報登録センター(JPRO)のデータベースが統合され，「Books　出版書誌データベース」(https://www.books.or.jp/)から国内で発行された図書(電子書籍，定期刊行物を含む)の検索ができる。

Book page 本の年鑑 '88－　日外アソシエーツ　1988－　(年刊)　**704**

　前年の新刊書を中心に，実用書，絵本・児童書，社会・政治・法律，経済・産業・労働などに分類し，約1000項目の見出し語のもとに五十音順に排列。書名のもとの各記載事項は，著者名，出版者名，要旨(あるいは目次)，出版年月，ページ，価格，ISBNなどからなる。2020年版は2019年に出版販売された新刊書5万1000冊を2分冊に収録している。各巻頭に五十音順の事項名(キーワード)索引，2巻目の巻末に書名索引，著者名索引がある。1990年までブックページ刊行会編。なお，記載内容は日外アソシエーツ等4社製作の「BOOK」データベース(有料)に基づいている。

日本件名図書目録　日外アソシエーツ　1984－　**705**

　図書を件名から探せるように，主題別に編成したもの。「1956－69」，「1970－76」，「1977－84」の各セットがあり，1985年以降に刊行された図書については，「人名・地名・団体名」編と「一般件名」編に分けて毎年続刊されている。件名のもとに排列された各記載事項は，書名，著者名，出版者，出版年月，ページ(冊)数，大きさ，NDC番号，価格などからなり，著者名，書名索引がある。また，姉妹編の『日本著者名総目録』は個人著者名，団体著者名，書名索引の3編に編成替えしたもので，「1927－44」，「1945－47」，「1948－76」，「1977－86」の各セットがあり，「1987－88」年版以降は2年ごとに「2005－2006」(2007)まで続刊されている。

7.2
選択書誌

　一般書誌は収録点数の多さに特色があるが，他面，そのなかから何かの図書を選ぼうとすると，その量の多さに圧倒され，かえって玉石混交の内容に惑わされることになる。したがって，図書を取捨選択しようとする際には，一定の選択基準を設けて収録対象を選んでいる選択書誌は有用である。しかも，この種の書誌は収録している書誌データに解題(短

文による図書の要約的紹介）ないし注解を付していることが多い。

　以下には，この種の解題つきの選択書誌すなわち〈解題書誌〉を紹介する。なお，解題をややくわしくして読物風にまとめた〈名著解題〉とよばれるものや特定の著者がみずからの読書遍歴を記録したものからも，その紹介文を読むことによって内容を知る手がかりを得ることができる。

選定図書総目録 1950年度－2006年度　日本図書館協会　1951－2006（年刊）**706**
　前年度に市販された図書のうちから同協会の選定委員会が選んだ図書のリスト。各記載事項は，書名，著者名(読み)，注解，分類番号，件名，冊(ページ)数，大きさ，価格，出版者名，利用対象（一般向き，青年向，大学生など）からなり，簡単な注解を添えて NDC によって排列（児童書は別立て）している。巻末に，著者名，書名，件名の各索引がある。この累積の基礎は『選定図書速報』である。2006年版では，前年に刊行された5万5570点の図書のなかから9275点を選定収録している。なお，2007年度から CD-ROM 版となる。2011年版の CD-ROM 版は2006－2010年の選定図書4万9950点を収録している(2016年版で終了)。

学校図書館基本図書目録 全国学校図書館協議会　1952－2014（年刊）　**707**
　小学校，中学校，高等学校の対象別3部門に分け，前年9月までに同協議会において選定され，かつ入手可能な図書を選び，その書誌データのほか，分類番号，件名，定価，さらに注解を添えて，NDC 順（小学校低学年向きの図書は一括して〈文学〉のあと）に排列している。したがって，年刊であっても，収録範囲は5年累積であったが，2012年刊から前年度の刊行物のみに限定している。巻末に，書名索引と著者名索引がある。

世界名著大事典 オリジナル新版　平凡社　1987－89　17冊　　**708**
　各国の主な古典的著作およそ1万1000点を選び，書名（外国語のものは日本語訳名）を見出しとし，原書名（外国語の著作のみ），巻数，出版年，著編者名（生没年）を添え，それぞれに解説を加えている。書名の五十音順排列であるが，百科事典，国語辞書，全集叢書などは第13巻に一括収録している。第14，15巻は約6800人の著者の略伝とその主著の紹介，第16巻は書名，難訓書名，著者名，部門別，欧文などの各索引からなる。1960－62年刊行の旧版に「補遺」1冊を加えたもの。

国書解題 増訂　佐村八郎　日本図書センター　1979　2冊（復刻）　**709**
　日本人による1867（慶応3）年までの著作（仏書，江戸期の小説，草双紙などを除く）約2万5000点を書名の五十音順に排列し，それぞれに著者の略伝を含む解説を与えている。著者伝記索引，分類索引，字画索引のほか，付録として「叢書目録」を添え，その内容細目を示している。原本は六合館から1926年に刊行。ほかにも復

刻版がある。

漢籍解題 桂 五十郎　名著刊行会　1970　980, 22, 26, 16p（復刻）　***710***

　漢文で書かれた書籍すなわち漢籍およそ1500点を選び，経，史，子，集，政治，地理，金石，目録，小学（言語），修辞，類書，雑書，叢書に大別し，それをさらに細分し，時代順に排列している。各記載事項は，作者・題名，大意，伝来・体裁，注解，参考などからなり，比較的くわしく解説している。巻末には，字画・仮名・異名・著者名の各索引がある。原本は明治書院から1905年に刊行。なお，日本図書センターの復刻版もある。

　図書の内容は，解題のほか，雑誌や新聞の書評記事からも知ることができる。書評は解題と本質的に異なるものではないが，解題が内容の簡潔な叙述を特徴とするのに対し，書評は比較的詳細に記述することによって，多くの場合，著作の内容を批判的に評価しているところに特徴がある。したがって，すぐれた書評ならば，解題よりもさらにくわしく，(1)著作の意図や内容を説明し，(2)特色を取りあげて紹介し，(3)観点を明らかにして評価を加えている。その際(4)著編者や出版者等についても言及したり，(5)類書あるいは旧著その他の関連のある著作と比較したりすることもある。

　大多数の書評は，新聞，雑誌などの書評欄に掲載されるから，雑誌記事として探せることもあるが，短文であれば雑誌記事索引の収録対象から除外されがちである。したがって，本書では，第8章の「雑誌記事索引」(8.6)のもとに「書評索引」(8.6.3)の項を設けて紹介する。

7.3
人物書誌

　既述のように人物書誌には個人書誌と集合書誌がある。特定の個人の著作あるいはその人物さらにその業績に関する著作を収録している個人書誌は，その人名を手がかりにして関係資料（図書だけでなく，その他の資料も含む）を探すのに役立つが，個人書誌のうち，その著者自身の著作だけを収録する目的で作成された著者書誌は，収録資料を網羅的に収録しているものと期待することができ，それによって著作活動の推移をたどることができる点に特色がある。

個人書誌

　個人書誌は，たとえば『定本三島由紀夫書誌』，『内村鑑三研究文献目録』，『日本マックス・ヴェーバー書誌』などのような単行本からパンフレット，さらに著作年譜あるいは業績目録として図書や雑誌の一部に付載されているものまで，多様な形態で発表されており，枚挙にいとまがない。日外アソシエーツ社の「人物書誌大系」のように，人物書誌シリーズ形式で，徳永直，壇一雄，幸徳秋水，尾佐竹猛など，各人に1冊をあてた個人書誌もある。

　本書では，独立項目として個別の個人書誌は取りあげないが，どんな個人書誌があり，それらが何に収載されているかを確かめるには，たとえば，『日本書誌の書誌』(*105*)，『人物書誌索引』(p.29)，『書誌年鑑』(*106*)などを利用すればよい。

集合書誌

　個人書誌が一人の著作あるいはその人物の関係文献を収録した書誌であるのに対し，集合書誌は複数の人物の著作あるいはその関係文献を収録している書誌であり，多面的な利用の可能性はあるが，個別の人物の観点からするならば，個人書誌ほど収録文献の網羅性を期待することはできない。しかし，その編集に工夫がほどこされて，同時代人あるいは同分野の人物の著作を比較する視点が与えられているとか，人脈をたどった文献探索ができるといった特徴を備えたものであれば，独自の特色を発揮する。

　なお，この種の書誌のうち，各人名のもとに略歴が添えられている略歴つき書誌によって，書誌情報とともに人物情報を求めることができる。以下に，その例をあげよう。

近世漢学者伝記著作大事典 関 儀一郎，関 義直　井上書店　1981　573, 100, 44p（復刻）
711
　1619（元和5）年から1937年までの漢学者約2900人の人名のもとに，その略伝と著作を記述したもの。巻末に，学統譜，年表がある。原本は井田書店から1943年に刊行されたもの。

現代日本執筆者大事典 第5期　紀田順一郎 等　日外アソシエーツ　2015　3 冊　　　　　　　　　　　　　　　　　　　　　　　　　　　　　　　***712***

　同社のデータベース「bookplus」,「magazineplus」を主な典拠として, 2003年から2015年の間の各分野の文献470万点から約5000人の執筆者を選び, 五十音順に排列した氏名のもとに職業, 肩書, 専門, 連絡先などを記し, 著書, 雑誌記事などの文献をリストしている。本人からの回答がない場合, 記載項目は職業, 肩書, 図書のみ。巻頭に人名目次がある。旧版にあった CD-ROM 版索引はなくなり, 代わりに索引は Web で提供される。

現代日本科学技術者大事典 日外アソシエーツ　1986-87　5冊　　　　***713***

　『現代日本執筆者大事典』(*712*) の姉妹編。科学者, 技術者を収載対象とし, 約1万3000人について略歴, 住所を記し, 著作その他の業績, その人物紹介ないし研究文献を掲載している。第5巻は研究テーマ, 業績などから抽出した索引語からなる事項索引である。同 CD-ROM 版。

7.4
主題書誌

　さまざまな分野に多数の文献資料があり, それらはさまざまな目的で利用されている。こうした分野では, 当然その分野の文献資料を展望するとか, さらに利用するといった目的で主題書誌がつくられる。つまり, 文献資料に関心が持たれる分野には主題書誌が必ずあるといってよい。もっとも, 充実した主題書誌がつくられ, 比較的頻繁に利用されるのは文科系の領域においてであり, 最新の情報に対する需要が強い科学技術分野では, 概して書誌よりも, 次章で取りあげるような索引に対する依存度が強い。

　したがって, 探索の主題分野ないしトピックの文献資料を探す必要があれば, まずそのテーマを対象とする適切な主題書誌があるかどうかを確かめる必要がある。当該主題のもののみならず, 上位主題のもの, 下位主題のものなどがあり, そのなかのどれを利用すればよいか, その選択は容易ではない。

　特定の主題書誌のいずれを選べばよいか, 判断がつかない場合, まず, 主題書誌をリストしている〈書誌の書誌〉を利用するとよい。第1章の「書誌の書誌」(1.4)で紹介したタイトル, 具体的には, 『書誌年鑑』(*106*), 『主題書誌索引』(p.29) の各セットが参考になる。

社会科学書誌書目集成 日本図書センター 1996-98 60冊 **714**
　教育，統計，経済・経営，社会・労働，政治・法律の各テーマに構成し，社会科学分野の既刊の書誌，目録，索引類を複製してセット化した膨大な二次資料集成。これによって，さらにさかのぼって特殊専門的な主題書誌を探すことができる。

　なお，本書では取りあげないが，文献解説，研究入門，文献事典と称する〈主題文献案内〉も少なくない。これらのなかには文献紹介に重点をおいて編集した主題書誌としての色彩の強いものがある。この種の書誌は，主題分野の研究動向，研究方法を明らかにするとともに関係文献を紹介しているところに特色があり，文献選択の指針を与えてくれる。
　自然科学分野では，ここに特記すべき書誌はない。以下には，人文・社会科学関係の比較的包括的な主題書誌を NDC に準じて例示的に取りあげる。

図書館情報学研究文献要覧 1982-90 日本図書館学会編集委員会 日外アソシエーツ 1993 768p **715**
　巻頭に分類目次を掲げる。図書館関係分野の図書を中心に，図書館総記，図書館行政，図書館建築，図書館管理，図書館資料，図書館活動，一般図書館，学校図書館，専門図書館，読書に分類収録している。なお，大学図書館関係は便宜上，学校図書館のもとに収録されている。「1970-81」(深井人詩，目黒聡子　1983) の継続版。同学会(現 日本図書館情報学会)から「1991-1998」(2008)，「1999-2006」(2009) が冊子として刊行されているほか，「『図書館情報学文献目録』データベース」(「BIBLIS PLUS」として実践女子大学・実践女子短期大学部図書館から再公開)を利用できる。

神道書籍目録 加藤玄智 京都 臨川書店 1974 2冊 (復刻) **716**
　慶応3 (1867) 年までの神道書を上古，中古，近古，近世の時代区分にしたがい，さらに学派によって細分排列した第1巻と，その翌年から1940年までを対象とし，内容を10部門に大別し，さらに細分排列した第2巻とがある。神道書として取りあげる範囲は広範で，かつ書名と編著者名にローマ字の読みが付記されているので，難読書名の読みを確かめるのにも役立つ。また，注解を付したものや所在指示をしたものもある。巻末に編著者名索引，書名索引がある。第1巻は『神道書籍目録』(1938)，第2巻は『明治大正昭和神道書籍目録』(1953) の改題復刻版。

仏書解説大辞典 改訂 小野玄妙 等 大東出版社 1964-88 13冊および別冊 **717**
　1932年10月末までに刊行された和・漢・洋の仏教関係書約6万5500点に解説を付して書名順に排列し，1933年から35年にかけて11巻を刊行。さらに，その再版刊行に際して，1965年までに著された仏教関係書約7300点を2巻にまとめて増補してい

る。各記載事項は (1) 読み，書名，略名，異名併記，(2) 巻数，(3) 存・欠，(4) 著者名または訳者名（生没年），(5) 著作年代または訳出年代，(6) 内容解説，(7) 末書（注釈書参考書類），(8) 写刊の年代，(9) 現所蔵者，図書館名，(10) 発行所名からなる。別巻として「著者別書名索引」(1988) がある。縮刷版（1999）もある。

日本キリスト教文献目録 明治期 Part Ⅱ（1859－1912）　国際基督教大学アジア文化研究委員会　創文社　1965　429, 62p　　　　　　　　　　　**718**
　開国より明治末年までに，わが国で出版された，主としてプロテスタント関係の図書（翻訳書を含む）と雑誌の書誌。キリスト教書，対外活動，関係書および逐次刊行物の4部からなる。キリスト教について触れているものを広く収めているので，収録範囲は広い。記載事項は詳細で所在指示もある。書名索引，著訳者名索引がある。第1部の *Christianity in Japan*（1543－1858）に続く期間の資料を収録対象としている。

日本史文献解題辞典 加藤友康，由井正臣　吉川弘文館　2000　1146, 209p　**719**
　日本歴史に関する古文書・古記録，書籍などの文献史料，金石文あるいは古代刀剣銘などの考古学的遺物，墨書銘・絵画資料などの美術的史料，さらに新聞・雑誌に関する約4700項目を五十音順に排列して解説し，参考文献，署名を付す。巻末に頭字索引，典籍索引，人名索引，事項索引がある。

東洋学文献類目 1963－2017年度　京都　京都大学人文科学研究所附属東アジア研究センター　1966－2019（年刊）　　　　　　　　　　　　　　　　　**720**
　内外の雑誌・論文集収載の関係論文を日本・中国・朝鮮文と欧文とに大別し，そのもとで論文と単行書に分け，それぞれをさらに歴史，地理，社会，経済，政治，法制，宗教などに分類収録している。『東洋史研究文献目録』(1934－60)，『東洋学研究文献類目』(1961－62) を経て現書名に改題。同研究センターの Web 版「東洋学文献類目検索」(http://kita.zinbun.kyoto-u.ac.jp/publication/ruimoku/) で検索できる。

法学文献総目録 法律時報編集部　日本評論社　1979－81　3冊　　　　**721**
　1916年から44年までの関係文献を第1巻「1916－30年」，第2巻「1929年10月－35年」，第3巻「1936－44年」に収録する。第2, 3巻は『法律時報』連載の「文献月報」を月号順にまとめたもの。これに継承するものとして，1945年8月から53年末までの法学文献（図書，論文集，雑誌論文）を分類収録している姉妹版『戦後法学文献総目録』(1954－55　2冊) およびその後の追録がある。

経済史文献解題 昭和34－平成17年版　大阪経済大学日本経済史研究所経済史文献編集委員会　日本評論新社　1960－2007（年刊）　　　　　　　　　　　**722**
　図書，雑誌論文を対象とし，総論，日本歴史，日本経済史，東洋経済史，西洋経済史の5部に大別し，さらに主題によって分類収録している。それぞれに主要目次

程度の簡単な解説をつけている。巻末に，採録誌名一覧，書名索引，論文執筆者・訳者索引がある。第二次大戦後復刊された『経済史年鑑』，さらにその改題書『経済史文献』を継承したもの。昭和50年版から大阪　清文堂出版，平成 8 年版から京都　思文閣出版。『経済史文献解題』2004（平成16）年版から著書・論文のデータ入力が行われ，2005年から『経済史文献解題』データベースが公開される。データベース化に伴い，過去のデータについても，1955（昭和30）年刊行の『経済史年鑑』復刊第 1 冊に遡って検索できるようになった。

日本民俗学文献総目録 日本民俗学会　弘文堂　1980　1467p　　　　　***723***
　明治期から1975年末までに出された民俗学関係の図書，雑誌論文，その他の資料を収録し，総記，社会組織，通過儀礼，衣食住，年中行事，信仰，芸能・口承文芸，民俗誌などの分類見出し語のもとに排列。巻末に，関係著作内容一覧を付している。

地理学文献目録 人文地理学会　古今書院　1953 - 2009　　　　　　***724***
　地理学およびその関連分野の図書，雑誌論文その他の資料を分類排列したもの。第 1 集（1953年刊行）は1945年 8 月から51年末までの約3500点を収録しているが，その後はほぼ 5 年ごとに継続刊行し，収録点数も増加している。なお，文献解題，年鑑，白書，年次統計類は収録対象から除外している。第 1 - 3 集は柳原書店，第 8 集までは大明堂から刊行。2007 - 2019年分は同学会「学会展望　文献リスト」に，2020年以降は文献が「J-stage」に収録される。

国文学年鑑 昭和52 - 平成17　国文学研究資料館　至文堂　1979 - 2007（年刊）***725***
　当該年間の国文学関係の雑誌，紀要，図書などの収載論文のリストと「単行本目録」からなる。時代区分によって文献を排列し，必要に応じて細分している。「新聞所載論文目録」，「学会消息」，「索引および一覧」などもある。『国語国文学研究文献目録』（昭和38 - 45年版），『国文学研究文献目録』（昭和46 - 51年版）を経て，現書名に改題された。これには，明治21年以降のデータを公開している「国文学論文目録データベース」（https://ronbun.nijl.ac.jp/kokubun）が対応している。

　明治以来，1980年ごろまでに発表された国文学の研究書およそ2400点を選んで解説を付した『国文学研究書目解題』（市古貞次　東京大学出版会　1982）もある。

7.5
翻訳書誌

　翻訳書も日本で出版されたものならば，当然「一般書誌」（7.1）の収録対象になるから，それを使って翻訳書を探すこともできる。しかし，原

176

著者名，原書名，翻訳者など，あらかじめ翻訳書に関する探索問題として限定できる場合には，一定期間に発行された翻訳書だけを収録対象とする以下のような翻訳書誌が使えるならば，格段に便利である。

翻訳図書目録 '45/76 − 日外アソシエーツ 1984 − **726**
　わが国で出版された翻訳書を「総記・人文・社会」，「科学・技術・産業」，「芸術・言語・文学」の各編に収録し，原書名，訳書名，原著者名カナ表記の各索引を付す。1945 − 76（3冊），1977 − 84（3冊），1984 − 88（3冊），1988 − 92（3冊），1992 − 96（4冊），1996 − 2000（4冊），2000 − 2003（4冊），2004 − 2007（4冊），2008 − 2010（4冊），2011 − 2013（4冊），2014 − 2016（4冊）の各セットのほか，「明治・大正・昭和戦前期」（2006 − 2007　4冊）がある。CD-ROM版「CD翻訳図書目録45/92」の「総記・人文・社会編」，「科学・技術・産業編」，「芸術・文学編」の各編，および4万9000点を収載している「CD-翻訳図書目録　1992 − 2000」もある。

明治大正昭和翻訳文学目録 国立国会図書館　風間書房 1959 779p **727**
　明治初年以来1955年までに和訳された欧米各国の翻訳文学作品を収録する。主体である第1部は1912年から1955年までの翻訳書を原著者名のもとに収録している。原著者名見出しのもとの記載事項は，訳書名，訳者名，出版年，原書名などからなる。第2部は明治年間のものを対象とし，文学以外の翻訳書，その他新聞や雑誌掲載のものも合わせて出版年順に排列している。

　このほか日外アソシエーツ『全集・合集収載翻訳図書目録　45/75』（1996），「76/92」（1995），「1992/2007」（2009）を使えば，全集や論文所収の翻訳ものを検索できる。
　また，『東京都立中央図書館蔵合集収載翻訳文学索引　1945 − 75』（1977）は，単館所蔵の全集・選集などに収載されているものにかぎられるが，収載点数が多く，翻訳書誌として使うこともできる。
　さらに，『人文・社会　翻訳記事論文索引』の「1981 − 1990」（日外アソシエーツ　1999）は，その間の雑誌，年報などに翻訳掲載された人文・社会系の論文や記事の索引であるが，翻訳書誌の役割を果たすことができる。

7.6
官公庁刊行物の書誌

　官公庁刊行物には，官報，法令全書などの法令関係資料，政治，経済，

社会の実態や政策などを解説する白書類，各省庁関係の報告書，広報誌，統計調査資料，答申書，議事録など，国の諸機関の刊行物のほか，都道府県，市区町村の刊行物も含まれる。

　各種の国立研究機関における研究や，政府からの研究・調査の助成金を受けて行われた民間の研究・調査活動が活発になるにつれて，官公庁刊行物の種類が多様化するとともに，その量も増大してきている。これらの刊行物の多くは一次資料とみなされ，その情報的価値は比較的高く評価されている。

　しかし，わが国では，この種の刊行物を包括的に収録する専門の書誌が整っていない。また，販売書誌類は当然ながら市販されたものにかぎっている。官公庁刊行物は探しにくく，入手しにくい種類の資料すなわち灰色文献（gray literature）といわれるゆえんである。したがって，現状では，少なくとも新しい情報については，冊子資料に頼るよりもインターネット上の官公庁リンク集を活用したほうがよい。

　インターネットによれば，「首相官邸」のホームページ（https://www.kantei.go.jp）から〈各府省の新着〉を手がかりにすれば，各官公庁の新しい情報へのアクセスは容易である。

　デジタル庁が運営する「e-Gov ポータル」（https://www.e-gov.go.jp）からも各府省庁へのリンクがあるほか，「災害・非常事態」，「健康」などカテゴリー別に各府省庁が提供する行政情報を横断検索することができる。

　このほか，「全国官報販売協同組合」（https://www.gov-book.or.jp）を利用することができる。

　個別のデータベースとしては，たとえば，国立国会図書館の「日本法令索引」（https://hourei.ndl.go.jp）によって，法令条文の最新の内容まで，また「国会会議録検索システム」（https://kokkai.ndl.go.jp）によって国会の本会議，予算委員会などの会議録を検索することができる。また「インターネット版　官報」（https://kanpou.npb.go.jp/）では，最新90日分の全文に加え，2003年7月以降の法律，政令等の官報情報，2016年4月以降の政府調達の官報情報を公開している。

　さらに，地方公共団体情報システム機構には，地方公共団体の公式サ

イトへのリンク一覧「全国自治体マップ検索」(https://www.j-lis.go.jp/spd/map-search/cms_1069.html) があり，都道府県，市区町村などの情報にアクセスすることができる。

　冊子の場合，一般書誌のうち，『日本全国書誌』(702) は官公庁刊行物を収録する書誌として利用できるが，これらによっても十分に官公庁刊行物が収録されているとはいいがたい。官公庁の刊行物を対象にしたリスト類をあえて取りあげるとすれば，以下のものがある。

政府刊行物月報 政府刊行物普及協議会　政府刊行物サービスセンター　1957 –
2007　　　　　　　　　　　　　　　　　　　　　　　　　　　　　　***728***
　内閣総理大臣官房広報室に提出された各省庁および政府関係機関編著の主要な刊行物を単行書と定期・不定期の逐次刊行物に分けて紹介している。各刊行物は省庁別に大別し，主管部課，刊行物名，主要内容，定期・不定期の別，価格，発行年月，発行所などからなる。月刊の『政府刊行物目録』(1957 – 61) を改題。2007年3月からは「政府広報オンライン」(https://www.gov-online.go.jp)で提供。

政府刊行物等総合目録 1980 – 2011年版　全国官報販売協同組合　1979 – 2010
（年刊）　　　　　　　　　　　　　　　　　　　　　　　　　　　***729***
　各省庁が編集・発行した刊行物のほか，それに準ずる刊行物，関連する実務書などを省庁別，専門分野別に排列・収録し，書名索引を付している。本来の意味の総合目録ではなく，一種の販売書誌で，これに収載されているものは政府刊行物サービスセンターで購入することができる。2003年版は前々年の10月から前年の9月までに刊行された主な不定期・定期刊行物，白書一覧を収載している。なお，同組合では半月刊の『政府刊行物新聞』(1964年6月 –　　) も発行している。Web版「政府刊行物」(https://www.gov-book.or.jp/book/) では，刊行物を検索・注文することができる。

　このほか，第二次大戦後の総合目録の一例をあげておこう。すなわち，国立国会図書館支部図書館部編『官庁刊行物総合目録』(官庁図書館研究会　1952 – 60　8冊) である。第1巻は1945年9月から1950年12月まで，第2巻は1951年1月から1952年12月までのものを収録し，その後毎年1冊を刊行していたが，途中，編集者，発行者がそれぞれ国立国会図書館収書部，大蔵省印刷局に変更されている。この総合目録は国の機関が編集または刊行した図書，資料(国立大学関係の刊行物は除く)を収録対象とし，NDCにしたがって大別し，同一分類のなかでは官署，機関別に

排列して，各項目については所蔵している同館の支部図書館名を添えている。

7.7
叢書合集の書誌・細目索引

　図書には違いないが，叢書あるいはシリーズとよばれる一連の刊行物がある。すなわち，同じような体裁の図書で，個別の書名のほか，共通のタイトルすなわち叢書(シリーズ)名のもとに継続的に刊行される2冊以上からなる図書群である。また，複数の作品をまとめて編纂した全集あるいは選集，さらに複数の論文を1冊ないし数冊にまとめて刊行した論文集などもある。これらを合集というが，叢書との類似性に着目し，ここでは両者を一括して〈叢書合集〉とよぶことにする。

　叢書合集のすべて，あるいはいずれかを収録対象としてつくられたリストが叢書合集の書誌である。明らかに特定の叢書(シリーズ)，合集などに関わる問題と分かっている場合，その解決にあたっては，この種の書誌が有用である。

　しかし，個別の作品名あるいは論文名を手がかりにして，それが何に収載されているかといった問題にぶつかると，この種の書誌だけでは解決困難である。従来，所蔵目録でも内容細目を記載してはいたが，細目が数多くある場合はしばしば省略されていた。その点で，近年OPACで個別の作品名や論文名から検索できるようになってきたことは大きな前進である。もちろん，OPACだけで十分であるというわけではない。

　冊子の場合は，叢書合集の書誌が，しばしば内容細目を列挙した目次一覧を付したり，内容細目を一系排列(たとえば五十音順排列)して内容細目索引にしたりしている。さらに，以下のような叢書や合集の内容細目索引を独立刊行しているものもある。これらを利用するならば，個別の作品あるいは論文を見つけようとする際に補足的な手がかりを与えてくれるだろう。

全集・叢書総目録 日外アソシエーツ　1992　6冊　　　　　　　*730*
　「45/90」は，第二次大戦後から1990年までに国内で刊行された全集叢書類（ただし，この編集時点で刊行中の文庫・新書は除く）4万6000点をNDCに準じて5部

門（5分冊）に大別・収録している。叢書名のもとの書誌データは個別の書名，巻次，著者名，刊行年等からなる。別に叢書名索引（第6巻）がある。同じ形式で「91/98」（1999），「1999 – 2004」(2005)，「2005 – 2010」(2011)，「2011 – 2016」(2017 – 2018) がこれに続く。さかのぼって，『明治・大正・昭和戦前期』(2007　2冊）もある。

全集・叢書細目総覧 国立国会図書館　紀伊國屋書店　1973 – 89　3冊　　**731**
　同館に所蔵されている，明治以降1970年末までに刊行された約1200種の全集，叢書を全集名，叢書名の五十音順に排列し，内容細目（作品名）を巻冊順に列挙している。第1巻「古典編」に対し，その作品名の読みによる五十音順排列にした別冊「古典編索引」がある。なお，追録の「古典編　続」には索引が付されている。

個人著作集内容総覧 1997 – 2001　日外アソシエーツ　2002　2冊　　**732**
　文学関係の作家以外の著作者による約600人の論文集の内容目次集。上巻「総記・人文」，下巻「社会・科学・芸術・文学」があり，各巻末に五十音順の論題名索引がある。1945年から96年までに刊行された論文集1652種，1万360冊を対象にした同「49/90」(1997 – 98　6冊）の継続版である。「2002 – 2006」(2007) が後に続く。

論文集内容細目総覧 日外アソシエーツ　1993 –　　**733**
　1945年から92年までに刊行された論文集，シンポジウム・講演集の収載論文などのタイトルをNDCに準拠して排列した内容目次集成で，編者名索引，被記念者名索引，執筆者名索引がある。同「1993 – 1998」(2000　3冊)，「1999 – 2003」(2004　3冊)，「2004 – 2008」(2009　3冊）がこれに継続する。「CD-論文集内容細目総覧1945 – 2003」はその累積で，論文集1万600冊（240万論文）を収録している。

人文社会 全集講座内容綜覧 日外アソシエーツ　1995 –　　**734**
　各巻ごとに複数の執筆者があり，複数の論文が掲載されている人文・社会科学分野の全集，講座類を収録対象にしている。「人文編」は，1945年から94年までの50年間に刊行された全集，講座，選集，大系などの継続出版物333種，2467冊を，「社会編」は，443種，2741冊を収録している。内容によって大別し，そのもとで書名により五十音順排列し，著者名索引を付している。継続版『全集講座内容綜覧』「1995 – 1999」(2000)は，同様の継続出版物221種，1897冊を収録，「2000 – 2004」(2005)は241種，1904冊を収録し，いずれも著者名索引を付している。

　内外の文学全集所収の作品名あるいは作家名を確かめ，またはこれらを手がかりにして所収全集名および所収巻を特定するには，つぎの二つのシリーズを利用することができる。

現代日本文学綜覧シリーズ 日外アソシエーツ　1982 –　　**735**
　104種3200冊の現代日本文学の全集，選集などを対象とし，内容細目を総目次形

式にした(1)『全集・内容綜覧』(1982　2冊)，それを作家名の五十音順に排列した(2)『全集・作家名綜覧』(1982　2冊)，作品名順に排列した(3)『全集・作品名綜覧』(1982　2冊)がある。これには，それぞれ第2期(1993)が追録版として刊行されている。

　また，520人の個人全集，選集など，557種約5500冊を対象とし，作家名順に排列し，それぞれのもとに総目次を示した(4)『個人全集・内容綜覧』(1984　5冊)，その作品名順に排列した(5)『個人全集・作品名綜覧』(1985　4冊)がある。これには，それぞれ第2期(1994　5冊)，第3期(1998　5冊)，第4期(2004　5冊)，第5期(2010　5冊)，第6期(2016　5冊)，第7期(2022　5冊)が続く。

　さらに，1929年から84年に刊行された詩歌全集35種426冊を対象とし，内容細目を総目次形式にした(6)『詩歌全集・内容綜覧』(1988　2冊)，それを詩人，歌人，俳人などの順に排列した(7)『詩歌全集・作家名綜覧』(1988　2冊)，作品名順に排列した(8)『詩歌全集・作品名綜覧』(1988　2冊)がある。これにも追録として第2期(1999-2000　5冊)がある。

　このほか，児童文学関係では，1945年から94年に刊行された49種923冊を対象とする『児童文学全集・内容綜覧作品名綜覧』(1995)，『児童文学全集・作家名綜覧』(1995)とそれぞれの追録として第2期(2004)，および『児童文学個人全集・内容綜覧』(1994)，『児童文学個人全集・作品名綜覧』(1995)とこれらの追録の『児童文学個人全集・内容綜覧作品名綜覧　第2期』(2004)，第3期(2013)がある。

　CD-ROM版では，明治以降2003年までに刊行された現代日本文学全集，個人全集，児童文学全集，詩歌全集，戯曲集など，1500種，65万作品の内容細目を収録した「CD-現代日本文学全集綜覧　増補改訂版」(2004)がある。

世界文学綜覧シリーズ　日外アソシエーツ　1986- *736*

　1926-81年に和訳された世界文学や外国文学関係の全集，選集など166種3094冊に収録された約4万1200点を対象とし，内容細目を総目次形式にした(1)『世界文学全集・内容綜覧』(1986　2冊)，それを作家名順に排列した(2)『世界文学全集・作家名綜覧』(1986　2冊)，作品名順に排列した(3)『世界文学全集・作品名綜覧』(1986　2冊)がある。

　また，同じく個人全集394点約2800冊の総目次である(4)『世界文学個人全集・内容綜覧』(1987　2冊)，それを作品名順に排列した(5)『世界文学個人全集・作品名綜覧』(1987　3冊)があり，これらの追録として『世界文学全集／個人全集』の「内容綜覧」，「作品名綜覧」，「作家名綜覧」の各第2期(1998)，各第3期(2005-2006)，各第4期(2017)が続く。

　さらに，1948-2001年に国内で刊行された海外の詩作品を収録した全集・叢書43点513冊，5万4027点を内容細目順に収録した(6)『世界文学詩歌全集・内容綜覧』(2003　2冊)，それを作家名順に排列した(7)『世界文学詩歌全集・作家名綜覧』(2003　2冊)，作品名順に排列した(8)『世界文学詩歌全集・作品名綜覧』(2003　2

冊）がある。

児童文学関係では，1945-94年に刊行された児童文学全集116点3162冊を収録した (9)『世界児童文学全集・内容綜覧』(1998)，それを作家名順に排列した (10)『世界児童文学全集・作家名綜覧』(1999　2冊)，作品名順に排列した (11)『世界児童文学全集・作品名綜覧』(1999　2冊) がある。同じく1945-2000年までに翻訳された児童文学関連の個人全集233点1412冊を対象にした (12)『世界児童文学個人全集・内容綜覧』(2000)，作品名順に排列した (13)『世界児童文学個人全集・作品名綜覧』(2000) がある。これらの後継として『世界児童文学全集／個人全集』第2期の「内容綜覧作品名綜覧」(2018)，「作家名綜覧」(2019)が出ている。

以上の「世界文学綜覧シリーズ」をCD-ROM化し，1926-2001年に刊行された世界文学全集，個人全集，世界児童文学全集，詩歌全集など，1100種，20万3300作品の内容細目を収録した「CD-世界文学全集綜覧　完全収録版」(2005) がある。

7.8
所蔵目録

　わが国では書誌類が十分整備されていなかったため，資料の探索には長時間を要することが多かった。それでも重複をいとわず，既製の書誌類を併用するなどして，所期の目的を達してきたといってよい。しかし，近年ではインターネット上のデータベースを利用することによって，おびただしい数の図書情報へのアクセスが可能になっている。

　しかし，こうした書誌類を通じて容易に入手できる図書の情報は，多くの場合，販売目的の紹介であるところから，書誌データとして必ずしも満足すべきものではない。したがって，正確な書誌情報とともに，それらの図書がどこにあるのか，さらにそれが利用できるかどうかについて確認するには所蔵目録が必要である。

　第1章で述べたように，収録資料の所在を示しているリストをとくに目録とよんで書誌と区別するが，目録の一種である所蔵目録は特定の図書館あるいはコレクションに収められている図書の目録であるから，求めている図書が特定の図書館に所蔵されているかどうかを確かめるには，その所蔵目録を調べるのがよい。

　かつては，所蔵目録はカード目録のかたちをとることが多かった。目録がカード式であれば，蔵書の増加に応じてカードを正しい排列位置のもとに繰り込むのが容易であり，比較的経済的に目録の新しさを保つこ

とができたからである。その反面，カード目録は一覧性に欠け，使いにくい。また，複製をするのが困難で，かさばって持ち運びもできない。したがって利用者はカード目録のあるところでしか使えないという不便さがあった。

　こうした欠点の解消に向かわせたのが，書誌データのデジタル化である。その結果，CD-ROM版，さらにオンラインで利用できるOPACの普及に伴い，目録利用上の障害は大幅に解消され，とくにカレントな図書の検索は格段に容易になった。規模の大小を問わず，多くの図書館でOPACを公開するようになり，横断検索が可能な場合，それを利用すれば，多数の図書館にある図書の所在を容易に確認することができるようになった。

　もちろん，所蔵目録は探している図書を見つけるためだけに使われるわけではない。本来，所蔵目録は受け入れられた図書そのものに基づいて得られた書誌データからなるものだから，そのデータの信頼性は比較的高い。したがって，特定の本の所在の有無とは無関係に，正確な書誌データを求めて利用されることも多い。

　こうしたことから，従来，米国の議会図書館，英国の英国図書館など，圧倒的な規模を誇る国立図書館の蔵書目録が冊子体で刊行され，書誌データの確認のために世界各国で広く利用されてきた。わが国でも，こうした使いかたのできるものとして国立国会図書館の所蔵目録をあげることができる。

　しかし，今日では，これらの目録データがデータベース化され，さらにオンラインのアクセスが可能になるに伴い，冊子体の所蔵目録への依存度は急速に低下してきている。たとえば，わが国の場合，国立国会図書館は，2002年10月，NDL-OPACの運用を開始したが，これにより，同館で受入整理され，データベース化されている図書，新聞，雑誌等の書誌データの検索が可能となり，同館の所蔵資料の有無，利用の可否の確認が容易にできるようになった。2012年1月には「国立国会図書館サーチ」を正式に公開し，NDL-OPACを含む統合図書館システムが開始された。NDL-OPACは2017年12月には終了し，「国立国会図書館オンライン」へ移行，2024年1月には「国立国会図書館サーチ」との統合・

リニューアルが行われる。

　このほか昭和元(1926)年から1949年3月までの『国立国会図書館蔵書目録』(同館　1997　13冊)，さらに大正期(*738n*)，明治期(*738*)にさかのぼる蔵書目録がCD-ROM化されている。

　もちろん，これらが使えない環境において，あるいは特定主題あるいは著者名のもとの書誌データを通覧し読みとるといった目的で利用する場合は，以下の冊子体目録は依然として有用である。

国立国会図書館蔵書目録 昭和元／24.3-　同館　1960-　　　　　**737**
　同館で整理された和書について，1948年以降一定の間隔で累積した冊子目録。第1期は1948年から58年までのものを4編(4冊)と書名索引(1冊)に，第2期は1959年から68年までのものを4編(9冊)と書名索引(1冊)に，第3期は1969年から76年までのものを5編(13冊)と書名索引，著者名索引に，第4期は1977年から85年までのものを5編(23冊)と書名索引，著者名索引(各3冊)に，第5期は1986年から90年までのものを9編(16冊)と書名索引，著者名索引(各2冊)に，第6期は1991年から1995年までのものを9編(18冊)と書名索引，著者名索引(各3冊)に収録。第2期まではNDCにより，第3期からは国立国会図書館分類表によって排列している。この累積の基礎は『日本全国書誌』(*702*)である。なお，別に洋書編のほか，遡及目録として1925年から49年3月までを対象とする「昭和元年-24年3月」6編(9冊)と書名索引(2冊)，著者名索引(2冊)が刊行されている。

　国立国会図書館の前身，帝国図書館は戦前の納本図書を収蔵していた図書館であるから，この図書館の蔵書目録は戦前の全国書誌として利用することができる。帝国図書館の蔵書は上野図書館を経て，現在は国立国会図書館に移管されている。したがって，この目録に収録されている図書は国立国会図書館で利用できると考えてよい。ただし，古いものについては所在の不確かなものがあるので，つぎの目録その他の個別目録を利用したほうがよい。

国立国会図書館蔵書目録 明治期　同館　1994-95　8冊　　　　**738**
　上野図書館時代の蔵書を中心に，国立国会図書館にある明治年間出版の図書を収録していた『国立国会図書館所蔵明治期刊行図書目録』に，その後の受入図書約3500点を追録し，併せて11万3328点を収録している。本編6冊のほかに，著者名索引と書名索引の2冊がある。同「大正期」(1998-99)は本編4冊，索引2冊からなる。いずれにもCD-ROM版がある。

新編帝国図書館和古書目録 東京堂出版　1985　3冊 *739*

　『帝国図書館和漢図書書名目録』第1－7編（1957－66），『帝国図書館国立図書館和漢図書分類目録』(1964) その他の目録から江戸時代の写本，板本を抜き出し，書名の読みの五十音順に排列し請求番号を添えている。下巻末に著者名（五十音順）索引がある。

7.9
総合目録

　どんなに積極的に資料収集をしようとしても，個別の図書館では，購入予算にも収蔵スペースにもおのずから限度があり，あらゆる図書を網羅的に収集することは到底不可能なことである。

　そこで，図書館間の協力収集，分担収集といったことが考えられるが，その裏づけを与えるのが総合目録である。総合目録は二つ以上の図書館の蔵書を基礎にして，各所蔵館の記入を一つの目録として編成し，収録資料の所在指示をしたものである。したがって，複数の図書館における所蔵状況を確かめるのに便利なツールである。

　従来，これらの総合目録は複数館の協力のもとでカード形態ないし冊子形態でつくられていたが，現在ではこれもデータベース化されてきている。

　その代表例として，国立情報学研究所（NII）の「総合目録データベースWWW検索サービス」(NACSIS Webcat：2013年3月で終了)，後継サービスの「CiNii Books」(https://ci.nii.ac.jp/books/) がある。これは，大学，短期大学，高等専門学校などの図書館が共同で構築する総合目録であり，国立国会図書館，公共図書館の蔵書のほか多数のデータベースを網羅的に検索する「国立国会図書館サーチ」の検索対象にもなっている。

　今後は，一般の図書の所在調査に冊子体の蔵書目録を利用する機会はまれになり，オンラインで目的を果たすことが一般化するだろう。しかし，過去に蓄積された書誌データが漸次データベース化されたとしても，冊子形態の目録には，それなりの参照のしやすさがあるとともに，個々の利用者の利用条件に違いがあるために，全面的に冊子形態の総合目録に取って代わることはないであろう。

以下には，わが国でつくられている代表的な総合目録を取りあげる。

国書総目録 補訂版　森末義彰 等　岩波書店　1989−91　9冊　　**740**
　慶応3（1867）年までに日本人によって書かれ，あるいは編纂され，あるいは翻訳された図書で，図書館や文庫などに所蔵されているもの約50万点を書名の五十音順に排列した一種の総合目録である。所在が指示されていても，実際にはその図書館に所蔵されていなかったり，近世庶民資料などのうちに収録されていなかったりするものもある。また，絵図，地図，古文書なども除かれているが，明治以前の国書の所在を確かめるにはかけがえのない総合目録である。各記載事項は，書名のもとの読み，巻冊，角書，別称，内容の分野，著者名，成立年，写刊の別，活字本の有無，所収叢書名，所在箇所などからなる。第9巻は「著者別索引」である。この続編として『古典籍総合目録』（国文学研究資料館　岩波書店　1990　3冊）がある。第3巻は「書名索引・著者名索引」である（「国書データベース」から検索可）。このほか本目録の収録資料の著者のうち，約3万人について生没年，名号，家系，経歴などを解説した『国書人名辞典』（市古貞次 等　岩波書店　1993−99　5冊）がある。

第**7**章の　質問事例

7−1　『くすりと情報は使いよう』という本の著者，出版者と簡単な内容解説が知りたい。　（**704**）

7−2　『犬たちの知られざる超能力』の著者は誰か。また，その内容を簡単に紹介したものはないか。　（**706**）

7−3　『こよみとくらし』はいつ，どこの出版者から発行されたか。合わせて，その簡単な内容も知りたい。　（**703**）

7−4　何人かの作家の全集に「胡桃」という題の作品が収められているそうだが，収載全集名，作家名，作品のジャンルを知りたい。　（**735**）

7−5　『獺祭書屋俳話』の初版（1893年発行）と，その第2版，第3版の内容の違いについて解説しているものはないか。　（**708**）

7−6　アテネ文庫の世界史シリーズ，日本史シリーズには，それぞれどんな書名（著者名）の本が入っているか。　（**730**）

7－7　中学生向きの宇宙関係の本を数冊選び，書名，出版者，価格とともに簡単な内容解説を添えて欲しい。　（**707**）

7－8　『群書備考』という本の簡単な内容およびその著者の略歴を知るには何を見ればよいか。　（**708**）

7－9　『あなたへの贈りもの』という本の著者名と，これを出版した中央書院のアドレスを知るには何を調べればよいか。　（**703**）

7－10　『室八嶋』はどんな分野の作品で，作者は誰か。この作者の略歴および作品の所在(所蔵館など)も知りたい。　（**740**）

<h1>第8章</h1>

<h1>新聞・雑誌
の情報源</h1>

<h2>8.0
概　説</h2>

　図書以外の記録資料として大きな部分を占めるのが逐次刊行物である。逐次刊行物は図書と並ぶ，代表的な印刷物であり，新聞，雑誌はともにこの逐次刊行物に属している。これらは，一定の間隔をおいて連続的な部分として継続的に発行され，しかも，原則として終期を予定しないで創刊される種類の刊行物である。

　新聞は通常，日刊，週刊，あるいは半週刊などの頻度で定期的に発行され，政治，文化，社会など，あらゆる問題に関わる報道記事を掲載している一般紙のほか，業界紙，機関紙，娯楽紙，宣伝紙などがある。それぞれに最新の事件や一般の関心事をトピックとしてニュースに取りあげるとともに，副次的に広告媒体としての役割も担っている点に共通性がある。

　新聞はテレビやラジオほどの速報性はないが，他の印刷物よりもカレントな情報が求めやすく，かつ反復的に利用できる記録情報源である。さらに，解説，評論などがあり，情報を判断する材料を与えるという特色もある。

　また，雑誌はどうだろうか。年報類や新聞を除く逐次刊行物は一般に雑誌類として扱われる。したがって，ひとくちに雑誌といっても，学術雑誌から大衆娯楽誌まで，その種類，さらに内容は多様である。しかし多くの場合，情報の迅速な伝達，特殊主題・関心事の記録，継続的な記事の連載，甲論乙駁の誌上論争などが，雑誌の特徴として数えられる。

　これらの新聞あるいは雑誌について求められる情報は，まず，〈どんな種類があるか〉，〈どんな内容か〉，〈いつ創刊されたか〉，〈どこから発

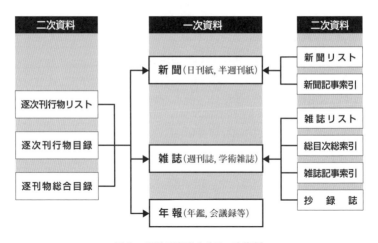

図8a　逐次刊行物とその二次資料

行されているか〉など，書誌データに関わる問題である。「逐次刊行物とその二次資料」（図8a）に見られるように，こうした新聞，雑誌のタイトル単位の書誌データは「逐次刊行物リスト」（8.1）によって求めることができる。これらには新聞，雑誌のいずれか一方，あるいは両方をともにリストしているものもある。この種のリストのうち，特色のあるコレクションの「逐次刊行物目録」（8.2）によれば，一般の逐次刊行物リストからは得がたい書誌データを求めることができるだろう。同様に，複数の図書館あるいはコレクションを対象とする目録として，「逐次刊行物総合目録」（8.3）がある。

　しかし，逐次刊行物関係の問題の多くは，紙誌名単位ではなく，〈どんな記事が，いつ，何に載っているか〉といった収載記事あるいは収載論文に関わっている。したがって，図8a に見られるように，その主な探索ツールは索引である。

　これまで索引については，第1章の「案内指示的なレファレンスブック」（1.1.2）でその定義に触れただけで，その後の各章で各種の索引を取りあげたが，あえて種類については言及しないできた。したがって，索引を中心的に取りあげる本章で，「索引の種類」（図8b）を説明する。

　すでに第1章で，索引は書誌単位レベルの索引と記録内容レベルの索引に大別できると述べたが，この図は，索引項目が書誌データで表せる

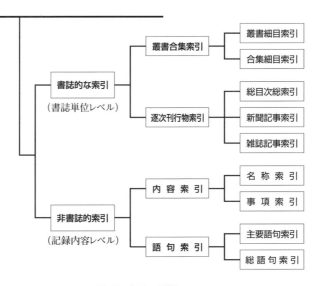

図8b 索引の種類

か否かによる区分である。第7章の「叢書合集の書誌・細目索引」(7.7)
で取りあげた索引は叢書中の個別のタイトル，論文集中の個別の論文，
あるいは全集所収の個別の作品など，いずれも書誌データで表すことの
できる書誌単位を検索対象とする索引すなわち書誌単位レベルの索引で
ある。同じく，新聞掲載の記事を検索対象とする「新聞記事索引」(8.4)，
または雑誌の記事を検索対象とする「総目次・総索引」(8.5) や「雑誌記
事索引」(8.6) なども書誌単位レベルの索引である。

　これに対して，図書の巻末に見られる索引あるいは別巻として本編と
は別に索引編が設けられているような場合，その多くは本文の記述内容
への手がかりを与えるために本文中から見出し語を選び，五十音順（あ
るいは ABC 順）に排列し，その所在（たとえば本文ページ）指示をした
索引すなわち記録内容レベルの索引である。このうち，人名，地名，書
名などの固有名称を見出し語として選んだものが〈名称索引〉であり，
その他の内容を表すことばを選んだものが〈事項索引〉である。

　同じく，記録内容レベルの索引であっても，本文中に出現した語句の
所在位置を示すため，それらを見出し語として選んだ索引を〈語句索引〉
という。このうち，主要な語句を選んだものを〈主要語句索引〉という。

これに対し，第2章の「語句索引」(2.8) の節で取りあげた〈コンコーダンス〉のように，被索引資料のなかに出現したすべての語句（若干のストップワードを除く）を見出し語にしている索引は〈総語句索引〉ということができる。

　なお，雑誌記事にはかぎらないが，論文，記事を対象とし，索引機能とともに，それらの内容の要旨を伝えてくれる抄録を収載し，雑誌のかたちで発行されている「抄録誌」(8.7) についても言及する。

8.1
逐次刊行物リスト

　新聞あるいは雑誌あるいは両者を合わせて，それらのタイトル（以下，紙誌名という）を見出しにしてリストしたものを使えば，新聞雑誌などの書誌データその他の情報を比較的容易に確かめることができる。この種のリストは前章で述べた図書の場合の書誌に相当するが，書誌とはよばないで，慣用的に〈逐次刊行物目録〉とよぶことが多い。しかし，〈目録〉は，本来，単なるリストではなく，収録資料の所在指示をしているところに特徴がある。したがって，ここでは混同をさけるために，単に新聞や雑誌をリストしているだけのものは，〈逐次刊行物リスト〉とよぶことにする。

　ところで，逐次刊行物リストには，どんな種類のものがあるだろうか。こうした疑問に答えてくれる手ごろなツールとして，『日本雑誌総目次要覧』(811) の「付編：雑誌新聞目録」が役立つだろう。これは逐次刊行物のリストをリストしたものであるから，一種の書誌の書誌である。これによれば，逐次刊行物リストはかなりの数にのぼることが分かる。しかし，継続的に刊行されるものは意外に少なく，以下には，若干の逐次刊行物リストを紹介することにしたい。

雑誌新聞総かたろぐ 1979年版－　メディア・リサーチ・センター　1978－（年刊）　2019年版(2019)をもって休刊　有料のWeb検索も同年11月に終了　　　***801***
　国内の雑誌，新聞，通信，その他の定期刊行物を分類排列し，各タイトルのもとに書誌データのほか，発行部数，広告の有無，読者層，内容解説などを添えている。分類コード早見表，雑誌データ目次，新聞・通信データ目次，その他の定期刊行物

データ目次，白書目次，発行社かたろぐ，タイトルの五十音順索引のほか，創刊，改題，休刊，Web化の各リストなどがある。2019年版は刊行物1万6541誌を収載。

日本新聞雑誌便覧 昭和40年版－平成15年版　日本新聞雑誌調査会　1965－2003（年刊）　　　　　　　　　　　　　　　　　　　　　　　　　　　**802**
　全国の新聞雑誌社を分類し，各社名のもとに，紙誌名を五十音順に排列し，それぞれ発行頻度，購読料などを添えている。これによって新聞雑誌関係の団体について知ることもできる。巻末に新聞雑誌名索引を付している。[注] 休刊。

日本新聞年鑑 昭和22年版－　日本新聞協会　電通　1947－　　　　　**803**
　概況編（国内新聞，外国新聞），各地方別に同協会加盟機関の新聞の創刊，社史，綱領，発行部数，発行形態，購読料金，役員幹部名などを明らかにした現況編，さらに資料編などからなる。第二次大戦前について調べるには明治40年以来発行されていた年刊の『新聞総覧』(明治43－昭和18年版　日本電報通信社　33冊　大空社複製) を利用するとよい。同協会のホームページ「Pressnet」(https://www.pressnet.or.jp)に全国の加盟新聞・通信社へのリンク集「メディアリンク」がある。

日本マスコミ総覧 1966年度版－　文化通信社，1966－　（隔年刊）　　**804**
　新聞社，放送局，広告会社，出版社，取次・販売会社などの社名，住所，アドレス，従業員，その他を収載する。排列は全国紙・経済紙等，地域紙・ローカル紙，専門紙，地上波放送・衛星放送等，広告会社，出版社などのジャンル別で，ジャンルごとに地域順，社名の五十音順となっている。巻末に社名の五十音順索引がある。このほか，『専門新聞要覧』(昭和58年版－　日本専門新聞協会　1983－　年刊) は加盟社82社(2020年版)の専門新聞情報を収録している。

8.2
逐次刊行物目録

国立国会図書館所蔵国内逐次刊行物目録 平成9年末現在　同館　1998　3冊および追録　「平成10年1月－平成11年6月」(1999)　　　　　　　　**805**
　1997年末現在，同館が所蔵する国内発行の新聞，雑誌，通信，年鑑などの逐次刊行物（中国語，朝鮮語，その他のアジア諸言語のものは除く）10万1793点を紙誌名の読みの五十音順に排列している。各紙誌名のもとの記載事項は編者名，発行地，発行者名，発行頻度，所蔵巻号，請求記号などからなる。巻末に国内発行の欧文の逐次刊行物約3200点のリストがあり，別冊に「総目次・総索引一覧」がある。同CD-ROM版。なお，姉妹編として同『外国逐次刊行物目録追録』(1999年6月現在1999) がある。

明治新聞雑誌文庫所蔵雑誌目録 東京大学法学部同文庫　東京大学出版会
1979　340p *806*

　1979年３月現在の同文庫所蔵の雑誌6090誌を日本語，中国語，外国語に大別し，前二者は誌名の各五十音順，外国語誌は ABC 順に排列している。姉妹編の『新聞目録』(1977) は1977年４月現在で1856紙を収録する。両目録は，明治期の新聞雑誌目録として知られている『東天紅』(内外通信社出版部　1930−41　３冊) の改訂版に相当。新聞の所蔵は「明治新聞雑誌文庫所蔵検索システム」から，雑誌の所蔵は「東京大学 OPAC」から検索できるようになった。

　なお，この目録の収載対象誌の目次集成として『東京大学法学部附属明治新聞雑誌文庫所蔵雑誌目次総覧』(大空社　1993−98　150冊) があり，その第145−49冊は著者名索引，第150冊は雑誌別発行年月日一覧である。

8.3
逐次刊行物総合目録

　特定の新聞あるいは雑誌の記事を探索する場合，まずその記事を収載している新聞名ないし雑誌名とその収載箇所を確認しなければならない。それが分かったら，つぎにその新聞雑誌がどこにあるのかを確かめる必要が生じるだろう。そのために，まず身近な図書館の新聞あるいは雑誌の目録を調べるのが一般的な方法である。

　しかし，よほど蔵書規模が大きな図書館以外では，収集できる新聞雑誌の種類にはかなり制約がある。したがって，最寄りの図書館に求める新聞雑誌が所蔵されていないときには，総合目録を調べるとよい。これによって他の多くの図書館の所蔵状況も合わせて知ることができる。とくに新聞については，国立国会図書館の「全国新聞総合目録データベース」が「国立国会図書館サーチ」に統合され，全国の図書館その他の機関の所蔵状況を調べることができるので便利である(2021年３月で終了。終了時点で凍結したデータは「リサーチ・ナビ」からアクセス可能)。

　逐次刊行物の総合目録は，図書のそれとくらべて，各参加館の所蔵するタイトルの変動は少ないし，しかも一旦収集すると決まったタイトルは継続的に収集される可能性があるところから，冊子の総合目録でも比較的永い寿命を保つことができる。つぎに，わが国の代表的な雑誌の総合目録の一例をあげておこう。

学術雑誌総合目録 和文編　2000年版　国立情報学研究所　丸善　2001　8冊

国立・公立・私立大学，国立の試験研究機関，地方公共団体，法人，学協会など
の942機関に所蔵されている和文の逐次刊行物の総合目録で，9万9800誌以上を誌
名の五十音順に排列している。また，同「欧文編　1998年版」(学術情報センター編
丸善　1999　7冊)には854機関に所蔵されている欧文の逐次刊行物12万8000誌が収
録されている。現在は冊子体の刊行は終了し，「総合目録データベース WWW 検索
サービス　NACSIS Webcat」(http://webcat.nii.ac.jp/) に代替された後，「CiNii
Books」(2022年4月「CiNii Research」にも収録される)で検索できるようになった。

8.4
新聞記事索引

従来，新聞の記事を探そうとする場合，収載紙名だけでなく，日付ま
で分かっていないと，探索にはかなり難渋するのが常であった。注目を
集めた事件とか大きな事件ならば，その事件名を手がかりにして日付の
見当をつけることもできようが，ささいなニュース，トピックを見つけ
出そうとする場合，数十日あるいは数か月分の新聞に目を通す必要があ
る。丹念に調べても見落とすおそれがあるかもしれない。

諸外国では，「ニューヨークタイムズ」紙やロンドン「タイムズ」紙
などをはじめとして，それぞれの新聞に対応する著名な新聞記事索引が
古くから発行されていた。したがって，過去にさかのぼって新聞記事を
探索する場合にも比較的容易に求めることができた。

わが国では，この種の索引は順調に発達せず，『朝日新聞インデックス』
やその年刊版『ニュースイヤブック』，あるいは『毎日ニュース事典』な
どが一時期発行されていたものの，いずれも概して短命に終わっている。

しかし，インターネット上で新聞が閲覧できるようになった今日では，
少なくとも最新の新聞記事を探すのに冊子形態の新聞記事索引を必要と
することはない。新聞の CD-ROM 版その他のデータベースがあれば，
それを利用すればよい。

たとえば「朝日新聞」は，有料であるが「聞蔵 II ビジュアル」(2022年
3月「朝日新聞クロスサーチ」に名称を変更)により，1879年(明治12)年
の創刊号から1989年の縮刷版の紙面イメージ，1985年以降の記事全文を

検索することができる。『週刊朝日』ニュース面（2000年以降）のほか，『AERA』,『知恵蔵』(いずれも最新版)の記事も検索可能である。

　読売新聞のCD-ROM版，DVD-ROM版は，創刊以来の記事を「明治の読売新聞」,「大正の読売新聞」,「昭和の読売新聞　戦前1・2」,「昭和の読売新聞 戦後1～3」などの各セットとして収録している。またデータベース「ヨミダス歴史館」では1874（明治7）年の創刊から最新号までの記事を検索することができる。このほか縮刷版を収録した毎月発行のDVD-ROM版も年間索引版とともに継続して出版されている。

　毎日新聞は「毎日ニュースパック」の後継サービスとして，2011年4月から「毎索(マイサク)」を開始し，1872（明治5）年の創刊から1999年までの紙面を提供している。

　カレントなニュースは，各新聞社のウェブサイトから，その新聞記事を容易に検索することができる。たとえば，「朝日新聞デジタル」(https://www.asahi.com),「読売新聞オンライン」(https://www.yomiuri.co.jp),「毎日新聞」(https://mainichi.jp),「日本経済新聞」(https://www.nikkei.com)などから関連記事が検索できる。

　その他の多くの新聞社でもウェブサイトを開設しているが，いずれの場合も，過去にさかのぼって記事を探すとなると，有料であることもあって，最新記事のように気軽に利用できるわけではない。

　以下に，一種の新聞記事索引として，わが国で比較的長期にわたって刊行されていた冊子体の索引の一例をあげておく。

読売ニュース総覧 1980-94年版　読売新聞社　1981-95　15冊　　　　　***808***
『読売新聞』(東京)の記事を対象とする索引で，一般索引，連載索引，年間企画索引，人名索引，企業名索引からなる。60字程度の抄録を添えているので，記事の内容を推測することができる。なお，巻頭の目次によって，毎年の検索語を一覧することもできる。「読売新聞記事データベース（YOMIDAS）」に基づく副産物としての冊子である。

　新聞記事索引ではないが，各新聞に縮刷版があるものについてはその目次を記事索引の代りに使うのもよい。たとえば，『朝日新聞』,『毎日新聞』,『読売新聞』,　その他の主要な新聞には毎月の新聞を1冊にまとめた縮刷版がある。縮刷版の目次は，多くの場合，分類方式で編成され

ており，記事索引に代わるほどの詳細さはないが，あらましの見当をつけ，本文の紙面と対照しながら利用すれば，結構役立つものである。とくに，『朝日新聞縮刷版』は，1919年7月から刊行されており，毎号の目次集成としての『朝日新聞記事総覧』（日本図書センター　1985－99　54冊）があり，これには執筆者人名索引もある。

　どの新聞の記事であっても構わない場合とか，特定の新聞の記事でなければならない場合とか，新聞記事を探すときにもいろいろな条件があるはずである。しかし，その条件がどうであれ，事件関係，人物関係をはじめとする多くの記事は，ある新聞で見つけることができたならば，その日付を手がかりにして，他の新聞からも見つけることができる。複数の新聞を併用することは効率的な探索のためのみならず，記事を比較検討するうえにも有効である。

　新聞から記事を探す際には，縮刷版の目次のほかに，手がかりになる日付を確認するためのツールをあらかじめ利用したほうがよい。たとえば，年鑑あるいは年表によってまず年月を確認したうえで新聞記事を探すならば，探索の範囲を一挙に絞ることができる。

　また，つぎの新聞集成の目次と索引を一種の新聞記事索引として利用するのもよい。

新聞集成　明治編年史　同編纂会　財政経済学会　1934－36　15冊　　　　　***809***
　1862（文久2）年から1912（明治45）年までのあいだに発行された200種以上の新聞の政治，経済，社会，文化など万般にわたる紙面から，重要記事を採録し，分類整理したもの。各巻に編年目次，分類総目次があり，第15巻には五十音順総索引がある。

明治ニュース事典　同編集委員会　毎日コミュニケーションズ　1983－86　9冊
　　　　　　　　　　　　　　　　　　　　　　　　　　　　　　　　　　　　　810
　上掲の『新聞集成　明治編年史』(*809*) を参考資料として記事を選択し，歴史上の事件名，人名，地名，団体名，共通テーマの順に分類している。各巻頭に「五十音順一般索引」，「分類別索引」，「年次別歴史索引」をおく。また，別巻の総索引（事項索引，見出し索引，年次別索引，分類順索引）もある。続いて，同社では『大正ニュース事典』(1986－89　7冊および総索引1冊)，『昭和ニュース事典』(1990－94　8冊および総索引1冊) を刊行している。

総目次・総索引

　雑誌の各号には数編の記事（論文）が収載されている。その細目は目次によって知ることができる。その数号が1巻にまとめられると，しばしば通巻目次がつけられる。さらに数巻ないし数十巻がまとまったところで，総目次あるいは総索引がつくられることがある。

　雑誌の種類は多いし，その雑誌の一部に付録として総目次や総索引が載っていることも少なくない。しかし，どの雑誌に総目次あるいは総索引がつくられているのか，それがあるとしたら，どの期間をカバーしているのか，いちいち覚えていることはむずかしい。

　したがって，ある特定の雑誌に総目次あるいは総索引があるかどうか，その所在を確かめる必要が生じたときには，それらをリストしたもの，たとえば『国立国会図書館所蔵国内逐次刊行物目録』（*805*）の別冊「総目次・総索引一覧」とか，つぎの要覧を調べるとよい。

日本雑誌総目次要覧 天野敬太郎，深井人詩　日外アソシエーツ　1985　515p
811

　日本で発行された雑誌2巻以上に対する総目次あるいは索引をリストしたもの。1983年末までにつくられた7323点を五十音順排列の雑誌名（4415誌）のもとに収載している。記載事項はその内容（巻号順か年月順かなど），収録巻号・期間，収載雑誌名または図書名，その発行年月，ページなどからなる。この追録版として『日本雑誌総目次要覧　84/93』（深井人詩，田口令子　1995），「1994－2003」（深井人詩，中西裕　2005），「2004－2013」（中西裕　2014）がある。

8.5.1
単一誌の総目次・総索引

　個別の雑誌の総目次，総索引には，それぞれの雑誌に付載されるもの，特集号として別冊のかたちで発行されるもの，1冊または数冊の図書として独立に刊行されるものなど，種々の形態のものがある。単純に目次を複製しただけのものから，手の込んだ編集を行なったうえで各種の索引を付しているものまで，その内容も多様である。

　単純な目次形式のものであっても，それを通覧することによって，特定の雑誌が各時代に取りあげたテーマ，主要な執筆者の推移をたどるこ

とができ，また，同誌同号に，どんな並びで記事が発表され，執筆者は
だれであったのか，その顔ぶれを知るうえで参考になる。

　以下には，特定の雑誌の比較的長年月にわたる期間の収載記事(論文)
を対象とする図書形態の総目次・総索引を列挙し，その対象誌・期間を
付記しておく。

エコノミスト目次総覧 同編集部　大空社　1998　12冊および3冊（別冊）
　『エコノミスト』創刊号から1998年8月25日号まで

演藝画報総索引 国立劇場芸能調査室　平凡社　1974-77　3冊
　『演藝画報』第1号(1907年1月)から第37巻10号(1943年10月)まで

改造目次総覧 横山春一　新約書房　1966-72　3冊および執筆者索引（1冊）
　『改造』第1号(1919年4月)から第36巻2号まで

國華索引 新版　国華社　2003　807, 49p
　『國華』第1号(明治22年)から第1274号（2001年12月)まで

史学雑誌総目録 史学会　山川出版社　1993　420p
　『史学雑誌』創刊号から第100編まで

ジュリスト内容総索引 有斐閣　2002　256, 160p
　『ジュリスト』1101号から1200号まで

新小説総目次・執筆者索引 稲垣達郎，紅野敏郎　日本近代文学館　1989
829p
　『新小説』同好会版，創刊号(明治22年1月)から改題『黒潮』終刊号(昭和2年3
月)まで

新潮総目次・執筆者索引 小田切進　八木書店　1977　28, 1010p
　『新潮』第1号(1904年5月)から第42巻3号(1945年3月)まで

世界総目次 岩波書店　1975　141, 28p
　『世界』第1号(1946年1月)から第361号(1975年12月)まで

図書館雑誌総索引 細谷重義　日本図書館協会　1987　652p
　『図書館雑誌』第40巻1号(1946年1月)から第78巻12号(1983年12月)まで

文章倶楽部総目次・執筆者索引 保昌正夫　日本近代文学館　1995　489, 259p
　『文章倶楽部』創刊号(大正5年5月)から終刊号(昭和4年4月)まで

文章世界総目次・執筆者索引 紅野敏郎　日本近代文学館　1986　37, 532, 352p

　『文章世界』創刊号（明治39年 3 月）から，改題『新文学』終刊号（大正10年12月）まで

三田文学総目次 慶応義塾三田ライブラリー　講談社　1976　457, 75p

　『三田文学』第 1 号(1910年 5 月)から60周年記念号(1960年 4 月)まで

8.5.2
複数誌の総目次・総索引

　複数の雑誌に対する総目次あるいは総索引もある。いわゆる目次集が多く，これらからは個別の雑誌の総目次のようなきめ細かさを期待することはできないが，単一誌の総目次と同様の利点があるとともに，その探索範囲を広げ，また目次集成を通覧することによって時代的潮流を読みとることもできる。以下に，その若干の事例を列挙する。

近代雑誌目次文庫 国語・国文学編　真壁隆治，近川澄子　ゆまに書房　1989－
2000　24冊　　　　　　　　　　　　　　　　　　　　　　　　　　　*812*

　明治以降1989年 1 月 7 日までの関係雑誌の目次を誌名の五十音順のもとに収録した目次集成で，2 冊の執筆者索引がある。同「外国語・外国文学編」(目次文庫編集委員会　1995－2005) 26冊,「社会学編」(目次文庫編集委員会　2003－　　)は続刊中である。

書物関係雑誌細目集覧 書誌研究懇話会　日本古書通信社　1974－76　2 冊
　　　　　　　　　　　　　　　　　　　　　　　　　　　　　　　　813

　第 1 冊に『奇書珍籍』,『書物往来』など 9 種，第 2 冊に『東壁』,『書窓』など47種の雑誌の総目次を収載している。創刊年順に排列した各誌ごとに，創刊号の表紙写真，簡単な解説，所蔵機関名をあげ，そのもとに，巻号順の記事名とその執筆者を示す形式をとっている。各巻末に雑誌本文の五十音順執筆者名索引がある。

幕末明治研究雑誌目次集覧 柳生四郎，朝倉治彦　日本古書通信社　1968
265p　　　　　　　　　　　　　　　　　　　　　　　　　　　　　*814*

　『維新史料』,『開国史料』,『江戸会雑誌』,『史談会速記録（温和会)』,『史談会速記録(維新史料編纂会)』,『講演速記録』,『名家談叢』,『同方会報告』,『旧幕府』,『武士時代』,『江戸』,『新旧時代』,『明治文化研究』,『開化』の14誌と同系統の雑誌，合わせて18誌の目次をその創刊年順に排列し，1 誌ごとに表紙写真と略解をつけている。

明治雑誌目次総覧 ゆまに書店 1985 5冊 *815*

明治時代に創刊された文学，歴史，宗教，哲学関係の雑誌70誌を各誌名の読みの五十音順に排列し，創刊，終刊の年月，総冊数，発行所を示したうえで，明治末年までの目次を収録している。

日本史関係雑誌文献総覧 国書刊行会 1984 2冊 *816*

明治初年から1981年末までに発行された272誌を誌名の五十音順に排列し，巻号数，発行年月を示したうえで，日本史関係の論文を選んで，その論題名，著者名を記載している。巻末に，著者名索引がある。

日本における東洋史論文目録 東洋史研究論文目録編集委員会 日本学術振興会 1964-67 4冊 *817*

1880（明治13）年から1962年ごろまでに発行された雑誌のうちから，東洋史，アジア研究に関する記事を収載する雑誌190種と紀要類270種を選び，その誌名の読みの五十音順に排列し，それぞれのもとで，関係論文の目次をあげ，一覧できるようにしてある。なお，これには，ほかに記念論文集・講座類の内容一覧もある。第4冊は著者名索引。

戦後雑誌目次総覧 政治・経済・社会 東京大学社会科学研究所戦後改革研究会 東京大学出版会 1976-77 2冊 *818*

1945年8月から52年12月までに発行された社会科学関係雑誌と総合誌，合わせて約100誌の目次を各雑誌の発行年によって分け，各年ごとに誌名を五十音順に排列し，それぞれ目次一覧を添えている。下巻末に，執筆者名索引がある。なお，この追補編（1979）もある。

日本外交史関係文献目録 英 修道 慶応義塾大学法学研究会 1961-68 2冊 *819*

第1編は書名順に排列された約4870点の邦文図書の目録で，第2編が主要な部分で，誌名別に約6000点の論文を収録している一種の総目次である。第3編は680点の中国文図書の目録，第4編は著者名のABC順のもとに排列した約2470点の欧文図書の目録である。第2巻は追補で，邦文図書・論文は1961年1月から67年8月まで，欧文図書は1960年から66年までをカバーしている。

民俗学関係雑誌文献総覧 竹田 旦 国書刊行会 1978 803, 101p *820*

1976年12月までの民俗学，民具学，風俗史学，方言学，郷土研究などを対象とする214誌を誌名の五十音順，巻号順に排列し，各号の記事を目次一覧の形式にまとめたもの。著者名索引を付している。

近代婦人雑誌目次総覧 近代女性文化史研究会 大空社 1985-86 15冊 *821*

『女学雑誌』，『日本の女学』，『女鑑』，『女子の友』，『家庭雑誌』，『婦人衛生会雑誌』

など，明治期から1945年までの主要な婦人雑誌の目次を複製し，その雑誌の解題と著者名索引を付している。

教育関係雑誌目次集成 教育ジャーナリズム研究会　日本図書センター　1987－94　101冊　*822*

　明治期から昭和20年までに刊行された教育関係雑誌100余誌の目次を複製したもの。第1期「教育一般」(1987　20冊)，第2期「学校教育」(1988－89　20冊)，第3期「人間形成と教育」(1990－92　33冊)，第4冊「国家と教育」(1992－94　28冊)のセットがあり，各編に各誌解題，執筆者名索引等を付している。

現代日本文芸総覧 増補改訂　小田切 進　明治文献資料刊行会　1992　4冊　*823*

　大正・昭和期（昭和20年末まで）の文芸，思想関係の雑誌約150誌を選び，それぞれの雑誌の目次を年代順に排列するとともに，解説および注釈を付している。上巻（プロレタリア文学系雑誌66誌），中巻(同人文芸誌51誌)，下巻(商業文芸誌5誌)および補巻からなる。副書名は「文学・芸術・思想関係雑誌細目及び解題」。

　これより以前の期間，すなわち明治初年以来明治期に発行された雑誌の目次（全部あるいは一部）を収載しているのが『明治文学研究文献総覧』(岡野他家夫　冨山房　1976　復刻) 所収の「雑誌之部」である。また『近代日本における西洋文学紹介文献書目　雑誌篇』(佐藤輝夫 等　悠久出版　1970) も雑誌別に目次を掲載している。

8.6
雑誌記事索引

　雑誌の目次はふつう各号の記事の排列を示しているし，総目次は巻号順に記事が一覧できるようになっている。したがって，目次を使って目指す記事を見つけ出すには，雑誌名だけでなく，巻号または発行日付も分かっていないと手間取ることになる。巻号とか日付とかが分からないと，数巻あるいは数十巻分の目次に目を通したうえで，やっと目指す記事を拾い出すといった手数をかけなければならないかもしれない。

　それでも，雑誌名が分かっていれば，まだましである。雑誌名も巻号も分からない場合に，求める記事がどこにあるのかを調べるにはどうすればよいだろうか。そんなときに役立つツールが雑誌記事索引である。これには，2誌以上の雑誌の記事索引で，記事名の読みによって五十音

順(あるいは ABC 順)に排列したもの(記事名索引)，記事の執筆者名によって五十音順(あるいは ABC 順)に排列したもの(執筆者名索引)，記事の内容によって分類したり，適切な見出し語(件名)を与えたりして排列したもの(事項索引)などがある。さらに，これら三つを読みによって一系列に排列した辞書体索引もある。

　以下には，比較的長く継続的に発行されている雑誌記事をカレントなものと遡及的なものとに分けて紹介するが，これらにはしばしば雑誌記事以外の論文などが含まれている。

8.6.1
カレントな記事索引

雑誌記事索引 国立国会図書館　紀伊國屋書店　1948－95（季刊）　　**824**
　同館に受け入れられた学術雑誌，研究紀要などから採録した記事を索引対象とし，「人文・社会編」と「科学技術編」との2編に分載していた。それぞれ「人文科学編」(1948年9月創刊)，「自然科学編」(1950年1月創刊) を継承。1995年12月受入雑誌分をもって冊子体の刊行を中止し，CD-ROM 版として継続されていた。1948年から2001年まで（1974年までは人文・社会分野のみ）のデータ520万9179件を収録した「国立国会図書館雑誌記事索引　DVD-ROM 版　1948－2001」(2002) もある。現在，同索引はデータベース化されており，1948年以降の和雑誌に掲載された記事，論文情報の検索ができる。ただし，3ページに満たない記事は採録基準により原則採録対象とならない。このデータベースは「国立国会図書館オンライン」(NDL ON-LINE)，「国立国会図書館サーチ」(NDL Search)，「CiNii Articles」(https://ci.nii.ac.jp/，2022年4月，学術情報を広く一括して検索できる「CiNii Research」へ統合)の検索対象に含まれている。2023年10月1日現在，索引対象誌の総数は2万5906誌，そのうち現索引対象誌は1万765誌である。

法律判例文献情報 同研究会　第一法規出版　1981－ （月刊）　　**825**
　法律関係の雑誌論文だけでなく，図書，新聞記事（署名論文のみ）や判例情報も対象とする索引で，「文献編」と「判例編」からなる。別に，年間索引（事項索引，編著者索引，判例年月日索引，判例法条索引）がある(2008年版まで)。同 CD-ROM 版，DVD-ROM 版（2014年版まで）。現在は第一法規「法情報総合データベース」(D1-Law.com)から検索可能(会員制)。

　年刊の『邦文法律雑誌記事索引』(最高裁判所図書館　1958－2005) は昭和32年報から平成16年報を収録した2007年度版の DVD-ROM 版を最後に終刊，隔年刊の『法律関係雑誌記事索引』(法務図書館　1952－

2004) も終刊となった。

教育研究論文索引 1988年版−2003年版　東京法令出版　1992−2004　***826***
　国立教育研究所教育情報・資料センター（現 国立教育政策研究所）教育図書館が
毎年受け入れている逐次刊行物所収の論文記事を，教育一般，教育学・教育思想，
教育史・事情などの主題別に分類収録したもの。1964年以来，季刊で発行されてい
た『教育索引　和文編』が第117−120合併号を1990年3月に刊行した後，現誌名に
改題。同研究所の教育図書館のホームページ（https://www.nier.go.jp/library/）か
ら「教育研究論文索引」へのリンクがある。「CiNii Articles」（「CiNii Research」へ
統合）との連携があり，一部は本文の閲覧が可能。

8.6.2
遡及的記事索引

　過去の一定期間に発行された雑誌を対象として編集されるのが遡及的
記事索引である。新規に編集されるほか，カレントな記事索引が累積さ
れた結果，遡及的な性格を持ってきたものもある。

　きわめて大部なものとして『明治・大正・昭和前期雑誌記事索引集
成』の「社会科学篇」（皓星社　1994−97　70冊と別巻），同「人文科学
篇」(1995−97　50冊と別巻) その他がある。これらは本格的な記事索引
が存在しなかった時代に作成されていた索引類を複製合冊したものであ
る。各セットに別巻として，総目次，執筆者索引を設けているので，当
時の雑誌記事への手がかりを得ようとする際に利用できる。なお，これ
らの索引部分はデータベース化されており，更新データとともに同社
「ざっさくプラス」（会員制）から検索することができる。

大宅壮一文庫雑誌記事索引総目録 同文庫　1985−　　***827***
　大衆誌，週刊誌など，同文庫が所蔵する約2000の雑誌の記事を選択的に採録し，
人名見出し語を五十音順に排列した「人名編」（6冊）と分類式件名見出し語を与え
た「件名編」（6冊）とに分けて収録している。別巻として，件名を五十音順に排列
した件名総索引がある。なお「1985−1987」(1988) 4冊，さらに「1988−1995」(1996
−97)　9冊と件名総索引，追補版「1888−1987」，CD-ROM版もある。「Web OYA-
bunko」（会員制）は，1888年以降の732万件（2023年7月時点）を収録する。

学会年報・研究報告論文総覧 日外アソシエーツ　1994−　　***828***
　人文・社会科学分野の学会年報，研究報告（1945年から90年までに編集刊行され
たもの）の収載論文25万点を索引対象として5巻（16冊）にまとめ，各巻に論文執筆
者名索引，収載誌名索引，編者名索引があるほか，別巻の総合索引（2冊）もある。

さらに追録として「1991−95」(1999−2000　5冊),「1996−2002」(2003−2004　5冊),「2003−2009」(2010　5冊),「2010−2016」(2017　2冊) がある。これらの累積 CD-ROM 版「CD-学会年報・研究報告論文総覧　1945−2002」もある。

雑誌記事索引　人文・社会編　累積索引版　日外アソシエーツ　1975−　　　***829***
　国立国会図書館のカレント版 (*824*) を分野別に累積したもの。1948−54年，1955 −64年，1965−69年，1970−74年があり，その後，1975−79年，1980−84年，1985 年−89年の累積版は「政治・行政」,「法律・司法」,「経済・経営」,「産業」,「社会・労働」,「教育・スポーツ」,「歴史・地理」,「哲学・心理学・宗教」,「芸術・芸能」,「文学・語学」,「学術・文化」の各編となる。1948−64年，1965−74年，1975−79年，1980−84年，1985−89年の「総合索引著者名編」,「件名編」,1975−79年/1990−94 年の CD-ROM 版もある。

総合誌記事索引　81/87−　日外アソシエーツ　1988−　　　***830***
　『潮』,『現代』,『諸君！』,『新潮45』,『正論』,『世界』,『中央公論』,『文芸春秋』,『思想』などの総合雑誌18誌の記事索引。「人物編」,「企業・団体編」,「ニュース・事件編」の3編からなる。「87/94」(1995−96　3冊),「95/97」(1998),「1998/2000」(2001),「2001/2003」(2004),「2004/2006」(2007) などの追録もある。姉妹編に『週刊誌記事索引　81/87』(1988　3冊),『ビジネス誌記事索引　81/87』(1988　3冊) がある。「CD-ジャーナルインデックス　1981−2000」(2001) もある。

大東亜戦争書誌　福島鋳郎，大久保久雄　日外アソシエーツ　1981　3冊　***831***
　第二次大戦期およびそれ以前 (1937−44) に発行された約2000種の雑誌の記事を収録している。上「政治・国際・外交」,中「軍事・国防・財政・経済・産業」,下「社会・婦人・教育・歴史・文学・従軍記・その他」に分類し，それぞれ〈支那事変〉,〈第二次欧州大戦〉,〈大東亜戦争〉の見出しのもとに，記事を五十音順に排列している。なお，姉妹編である『戦時下の言論』(1982　2冊) は，これらの記事のうち，執筆者名を明示している記事を，その氏名の五十音順に排列したもの。『復刻　シリーズ大東亜戦争下の記録 I』(1955　2冊) もある。

明治前期学術雑誌論文記事総覧　渡辺正雄　佑学社　1971　510p　***832***
　1887 (明治20) 年末までの理学，工学，農学など，各分野の雑誌57誌の収載記事の索引。日本人や外国人教師が海外の雑誌に寄稿した記事，海外誌に載った日本関係の記事など，約1万4000点を分類収録している。巻末に，著者名と標題中に現われた人名の索引がある。改訂版 (1990) も出ている。索引対象となった記事を復刻・編成したのが『明治前期学術雑誌論文記事集成』(ゆまに書房　1989　35冊) である。

社会科学論文総覧　日本図書センター　1984　6冊　　　***833***
　『法政・経済・社会論文総覧』(刀江書院　1927−28　2冊) および『国民経済雑

誌』の毎号の末尾に掲載されていた文献目録の復刻集成版。前者は正編と追編とからなり，正編は社会科学分野の雑誌98誌の創刊号から1926年6月までの記事を件名のもとに五十音順に排列している。また追編では18誌を加えるとともに，1927年末までの記事を追録し，さらに記念論文集や講座類の論文も索引対象にしている。追編には，両編共通の執筆者名索引がある。『国民経済雑誌』の文献目録は，1927年11月から1947年12月までに掲載された雑誌記事を中心に，図書も収録している。

　なお，『国民経済雑誌』に連載された文献目録を基礎に『経済・法律文献目録』(第1輯：1916－1925年，第2輯：1916－1930年)がそれぞれ1927年，1931年に発行されたが，新たに，この復刻版(ゆまに書房　1985　2冊)も出版されている。

経済学文献季報 経済資料協議会　1956－88，1992－2001　　　　　　***834***
　経済学を中心に，社会科学分野の和欧の雑誌および和書を対象とする索引で，人文・社会科学，経済理論，経済学史，経済史，経済地理など，16類からなる独自の分類表にしたがって記事を排列し，各号末に著者名索引を付している。127号(1988年)をもって休刊。1992年に復刊(紀伊國屋書店発行)したが，2001年に終刊。データベースとして国立情報学研究所が作成する学術研究データベース・リポジトリで「経済学文献索引データベース」が提供されていたが，本誌の終刊にともなって中止された。

8.6.3
書評索引

　本の内容は書誌の解題からだけでなく，雑誌や新聞の書評を読んで知ることもできる。たとえば，『週刊読書人』(読書人　1958－)，『図書新聞』(武久出版　1949－)，『出版ニュース』(出版ニュース社　1946－2019　2019年3月下旬号で終刊)なども書評紙誌に数えられる。

　書評が本の内容を紹介評価していることを知っていても，いざ特定の本の書評がどの雑誌あるいは新聞に，いつ掲載されたのかを調べようとすると，なかなか見つからないものである。書評記事を収録対象としている雑誌記事索引もあるが，以下の書評索引はすでに終刊となったものの，過去の書評を探すのには有用である。

書評年報 1970－2000年版　習志野市　同刊行会　1971－2001　30冊　　***835***
　「人文・社会・自然編」と「文学・芸術・児童編」の2編を毎年刊行。読書関係の新聞，一般紙，週刊誌，季刊誌等に収載された書評記事(原則として書評者の署名のあるもの。ただし，新聞の書評欄収載のものは署名がなくても採録する)の書誌データを採録し，粗い分類のもとに収録している。各記載事項は被書評書の書名，著訳編者名，出版者，価格，書評者名，書評紙誌名(発行日付)などからなる。各年

版に，書名索引，著訳編者名索引および書評者名索引を付している。

　なお，インターネット上では，『朝日新聞』の「好書好日」(https://
book.asahi.com)，『読売新聞』の「本よみうり堂」(https://www.yomi-
uri.co.jp/culture/book/reviews) などをはじめ多くの新聞からの書評を
検索することができる。

8.7
抄録誌

　近年の雑誌のタイトル数の増加はいちじるしい。それに比例して，当
然収載記事も増え続けている。学術的な専門雑誌も例外ではない。した
がって，研究者は目を通す必要のある論文が多くなり，それらを読むの
に追われがちである。本来研究そのものに費やすべき時間を文献利用に
より多く割かなければならなくなった研究者は少なくないだろう。どん
な論文が発表されているのか分からなければ，研究動向はとらえられな
いし，無駄な重複研究に労力や経費を費やすことにもなりかねないから
である。

　そこで，抄録（abstracts）の利用が考えられる。抄録は原著論文の内
容の要約であり，その論文が識別できるように，執筆者名，論題名，収
載誌，巻号（日付）などの書誌データを添える形式をとっている。雑誌の
一部として抄録が含まれている場合があるほか，抄録を編集してつくら
れた専門の雑誌すなわち抄録誌もある。科学技術領域で多くの抄録誌が
見られるが，人文・社会科学領域で抄録誌が発行される例は少ない。

　つぎに，わが国で発行されている抄録誌の一例を紹介する。

科学技術文献速報 科学技術振興機構　1958-　　　　　　　　　*836*
「機械工学(外国編)」，「科学・化学工業(国内編)」，「電気工学」，「土木・建築工学」，
「金属工学・鉱山工学・地球科学」，「物理・応用物理」，「原子力工学」，「管理・シ
ステム技術」，「環境公害」，「エネルギー・原子力工学」(CD-ROMのみ)，「ライフ
サイエンス」の各編からなる。発行頻度は旬刊，半月刊，月刊などまちまちだが，
いずれも国際十進分類表による排列のもとに記事を収録している。各記載項目は論
題(欧文の場合，和訳も)，発行国名，記事内容の種別，使用言語，原論題，著者名，
収載誌名，巻号，ページ数，発行日付などに抄録文を添える形式をとる。別に，各

編の年間索引がある。なお，現在は「科学技術文献速報（Web 版）」として，「JDream Ⅲ」（会員制）から抄録を含む文献情報が検索できるようになっている。「JDream Ⅲ」は，科学技術情報のポータルサイト「J-GLOBAL」(https://jglobal.jst.go.jp)からも利用できる。

第8章の 質問事例

8－1　かつての外務大臣松岡洋右による「須く堅忍自重せよ」という表題の文章は，いつ何という雑誌に掲載されたものか。　（**831**）

8－2　『国民雑誌』はいつ，誰によって創刊されたか。これは現在も継続発行されているかどうか，その後の経過も知りたい。　（**807**）

8－3　竹の子族に関する雑誌記事を探すには何を調べればよいか。その記事のなかに〈竹の子族〉の由来について書いたものはないか。　（**827**）

8－4　ある雑誌の特集号「大学生と読書」のなかに，R. カーソンの著書について書いた記事があったが，それは誰の何という記事か。　（**828**）

8－5　大正13年に発表された論文「日米移民問題」の執筆者名とその掲載雑誌名，巻号を知りたい。　（**832**）

8－6　『農林文化』は20巻1号から始まっているが，それまではどうだったのか。また，これは現在も発行されているか。　（**807**）

8－7　雑誌『槐』の何巻何号が本庄睦男追悼号であったか。また，その号にはどんな人たちが寄稿しているか。　（**823**）

8－8　美術雑誌『国華』には，何種類かの総索引がつくられているそうだが，それらの書誌データを知りたい。　（**811**）

8－9　ドレフュス事件は当時，わが国の新聞にどのように報じられたか。その判決文について報じたのは，いつの何という新聞だったのか。　（**810**）

8－10　「国民精神総動員と教育」と題する記事は，昭和10年代の雑誌に載ったものらしい。それはいつの何という雑誌か。　（**831**）

索　引

凡例

　この索引はタイトル索引と事項索引とからなる。いずれも見出し語の読みのかな表記を想定し，その字順による五十音順排列である。ただし，事項索引では，主件名でまず排列したのち，〈-〉に続く副件名によって二次排列してある。なお，濁音，半濁音は清音とみなし，拗音と促音は直音とみなした。また，長音は無視して排列してある。

タイトル索引

1)　冊子の図書名のほか，インターネット上のページ（Web），オンライン・データベース（DB），CD-ROM 版（CD），DVD 版（DVD）等のタイトルも含める。なお，図書以外のタイトルは，原則として「　」内に入れる。
2)　独立項目として解説したレファレンスブックの書名，その略称，別称の場合はその図書番号（太字イタリック）によって所在指示をし，その解題中の書名は図書番号に〈n〉を添えて指示する。
3)　本文中に現われたタイトル等は該当のページ番号によって指示する。
4)　同名異書の場合は，（　）内に編者名あるいは出版者名を添えて識別する。
5)　欧文およびローマ字ではじまるタイトルは ABC 順に排列し，末尾に添えてある。

事項索引

1)　独立項目として解説したレファレンスブックの事項見出しは図書番号によって所在を示し，その他は該当ページの番号で示す。なお，2ページ以上にわたるときは，最初と最後のページ番号を〈-〉（ハイフン）で結んである。
2)　本文中の図は，図の番号を表示するとともに，その所在ページを添えた。
3)　参照見出しのうち，〈を見よ〉参照は〈→〉で示し，〈をも見よ〉参照は〈⇢〉で示してある。

こ

や－よ

ら－ろ・わ

き

く・け

す

せ

そ

240

ね

の・は

ひ

■著者略歴■

長澤　雅男（ながさわ　まさお）
1933年　松江市に生まれる
1958年　慶應義塾大学文学部卒業
　　　　国際基督教大学図書館勤務
1961年　ジョージ・ピーボデー大学院修了
　　　　専攻：図書館情報学
1969年　慶應義塾大学文学部助教授
1973年　東京大学教育学部助教授
1983年　東京大学教育学部教授
1993年　東京大学名誉教授
　　　　愛知淑徳大学教授
1995年　愛知淑徳大学副学長
　　　　日本図書館学会会長
1998年　北京大学客座教授
1999年　愛知淑徳大学大学図書館長
2000年　愛知淑徳大学大学総合情報メディアセンター副所長

石黒　祐子（いしぐろ　ゆうこ）
1986年　慶應義塾大学法学部法律学科卒業
1988年　慶應義塾大学大学院文学研究科修士課程修了
　　　　専攻：図書館・情報学
　　　　慶應義塾大学三田情報センター勤務
現　在　鳥取大学地域学部非常勤講師
　　　　鳥取短期大学国際文化交流学科非常勤講師

レファレンスブックス　選びかた・使いかた　四訂版

2013年 1 月30日　初版第 1 刷発行
2015年 1 月30日　新訂版第 1 刷発行
2016年12月20日　三訂版第 1 刷発行
2020年 6 月30日　四訂版第 1 刷発行
2024年 1 月30日　四訂版第 4 刷発行

定　価：本体1,400円（税別）

著　者：長澤雅男，石黒祐子　©2013
発行者：公益社団法人　日本図書館協会
　　　　〒104-0033　東京都中央区新川 1-11-14
　　　　Tel 03-3523-0811㈹　Fax 03-3523-0841
表紙デザイン：アール・ココ
印刷所：船舶印刷㈱　Printed in Japan

JLA202312　　ISBN978-4-8204-2001-9
本文の用紙は中性紙を使用しています。

改訂新刊！

問題解決のための
レファレンスサービス
改訂版

長澤雅男・石黒祐子共著

A5　319p　定価 1800 円（税別）　ISBN978-4-8204-2305-8

レファレンスサービスの新たな展開を見据え 16 年ぶりに改訂！

『新版　問題解決のためのレファレンスサービス』の刊行から 16 年，レファレンスサービスをめぐる環境は大きく変わりました。インターネット情報資源が多く活用されるようになり，従来のレファレンスブックを用いたサービスとともに新たな情報源の特徴を理解し使いこなす必要があります。本書は，旧版におけるレファレンスサービスの基本をベースに，レファレンス事例を豊富に取り上げ，特にインターネットを利用した解答事例を詳しく解説しています。『レファレンスブックス　選びかた・使いかた』とともに，レファレンスサービスへの深い理解と，より幅広いサービスの展開に役立つ必携の 1 冊です。

発行：公益社団法人 日本図書館協会　〒104-0033 東京都中央区新川 1-11-14　出版部販売係
hanbai@jla.or.jp
　　　　　　　　　　　　　　　　　　　　　Tel 03-3523-0812　　Fax 03-3523-0842
（お問い合わせ・ご注文はメールでもお受けします）

公益社団法人
日本図書館協会
入会のお誘い

　日本図書館協会をご存知ですか？　明治 25 年その前身である「日本文庫協会」の設立から約 130 年の間，日本の図書館事業の発展を願う会員によって，支えられてきた，わが国の図書館界を代表する総合的な全国組織として知られています。2014 年 1 月には公益社団法人の認定を受けました。

　その歴史を振り返ると，わが国のさまざまな図書館界の動きと表裏一体をなしながら，広く社会文化・学術研究の基礎となる図書館の振興運動に努めてきました。

　全国の図書館員が毎年集う「全国図書館大会」は令和元年で 105 回，機関誌『図書館雑誌』は通巻 1100 号を超えるまでになりました。

　国際的には諸外国の図書館との交流を重ねると共に，国際的な専門職能団体である IFLA（国際図書館連盟）とは創設以来わが国を代表する機関として，深いつながりをもち，1986 年には，その世界大会を東京で開催いたしました。

　いま日本図書館協会は，今後の図書館運動を支え，ともに考え，行動し，これからの日本の図書館界に清新な活力を注いで下さるみなさまの参加を求めています。日本図書館協会への入会を心からお願いします。

＊

会費等の詳細は日本図書館協会のホームページをご覧下さい。
入会案内をお送りします。日本図書館協会事務局へお申しつけ下さい。